CAMPAGNES DES FRANÇAIS

1re SÉRIE GRAND IN-8°

Propriété des Éditeurs.

CAMPAGNES
DES FRANÇAIS

EN ITALIE, EN ÉGYPTE, EN HOLLANDE,
EN ALLEMAGNE, EN PRUSSE, EN POLOGNE, EN ESPAGNE,
EN RUSSIE, EN SAXE

HISTOIRE COMPLETE DES GUERRES DE LA FRANCE

PENDANT LA RÉVOLUTION ET L'EMPIRE

DE 1792 A 1815.

LIMOGES
EUGÈNE ARDANT ET C°, ÉDITEURS

CAMPAGNES DES FRANÇAIS.

CAMPAGNE DE 1792.

Déclaration de guerre ; invasion du territoire français ; enrôlements volontaires ; victoire de Valmy ; siége de Lille ; siége de Thionville ; prise de Spire, de Worms, de Mayence, de Francfort-sur-le-Mein ; victoire de Jemmapes ; conquête de la Belgique ; conquête de la Savoie et du comté de Nice.

La longue lutte des Français avec l'Europe commence en 1792.

La révolution française venait d'éclater. L'Assemblée Constituante avait solennellement déclaré que la France renonçait à entreprendre aucune guerre dans la vue de faire des conquêtes. Mais les puissances étrangères, inquiètes, obligèrent les Français à prendre les armes pour la défense du territoire.

La guerre fut déclarée le 20 avril au roi de Hongrie et de Bohême, empereur d'Autriche. Ses troupes, réunies à celles du roi de Prusse, sous les ordres du duc de Brunswick, formaient un effectif de deux cent mille hommes, auxquels nous avions à opposer à peine soixante-dix mille soldats, la plupart sans expérience et sans confiance dans leurs chefs. Cette supériorité numérique semblait assurer la victoire aux coalisés ; aussi le duc de Brunswick dit-il à ses officiers, après une revue : « Messieurs, pas tant d'embarras ; tout ceci ne sera qu'une promenade militaire. »

Les premiers événements de la campagne, qui s'ouvrit le 28 avril, justifièrent cette forfanterie. Deux corps d'armée furent défaits, l'un à Quiévrain, l'autre près de Tournay. Le maréchal Luckner s'empara de Courtray le 18 juin ; mais, n'étant point soutenu, il fut contraint d'en sortir. La marche des coalisés répandit une sorte de terreur panique ; et, le 10 juillet, pendant que l'ennemi franchissait sans obstacles les frontières dégarnies, les ministres, après avoir établi dans un rapport l'impossibilité de la résistance, donnèrent tous leur démission.

Le lendemain, l'Assemblée Nationale législative, qui avait succédé à l'Assemblée Constituante, déclara la patrie en danger, et, par une adresse, invita les Français à marcher contre l'ennemi. La proclamation du danger de la patrie se fit, à Paris, les dimanche 22 et lundi 23 juillet. Depuis six heures du matin jusqu'à sept heures du soir, le canon d'alarme du parc d'artillerie du Pont-Neuf et une pièce de canon placée devant l'Arsenal tirèrent d'heure en heure des salves de trois coups. On battit le rappel dans tous les quartiers. A huit heures, deux cortéges partirent de la place de Grève : chacun d'eux était composé de détachements de cavalerie, d'artillerie, de garde nationale, qui ouvraient et fermaient la marche. Quatre huissiers de la municipalité portant des enseignes; plusieurs notables et officiers municipaux, tous à cheval, entouraient un garde national à cheval qui tenait à la main une bannière tricolore, sur laquelle étaient écrits ces mots :

« *Citoyens, la patrie est en danger!* »

A des places désignées, on faisait halte; un roulement de tambour donnait le signal, et un officier municipal lisait à haute voix l'acte du Corps Législatif qui annonçait que la patrie était en danger.

On avait dressé sur les principales places publiques des amphithéâtres pour recevoir les enrôlements. Sur chacun d'eux s'élevait une tente dont le fond était tapissé de guirlandes de feuilles de chêne. Le devant de l'estrade était défendu par deux canons. Trois officiers municipaux, assistés de trois notables, étaient assis sous chaque tente devant une planche posée sur deux caisses de tambour, et inscrivaient les noms des citoyens. A côté d'eux des gardes nationaux gardaient les drapeaux de l'arrondissement. Ceux qui venaient s'enrôler se plaçaient devant l'amphithéâtre, au milieu d'un grand cercle formé par une haie de volontaires.

Une foule immense se présenta. Les magistrats pouvaient à peine suffire à l'enregistrement : jeunes gens, hommes mariés, bourgeois, ouvriers surtout, tous à l'envi demandaient à marcher. Les mères se séparaient de leurs fils sans murmures; les pères amenaient leurs enfants.

La joie régnait sur le visage de ceux qui venaient de recevoir leur certificat d'enrôlement. On voyait des jeunes gens, repoussés de l'inscription à cause de leur faiblesse ou de leur petite taille, se livrer à la douleur et s'arracher les cheveux dans l'excès du désespoir. Le soir du 22 juillet et des jours suivants, quand les officiers municipaux s'en retournaient à l'Hôtel-de-Ville, leur registre sous le bras, une multitude de nouveaux enrôlés les suivait en chantant, escortés jusqu'à la Grève par les spectateurs attendris; et dès le lendemain, le sac sur le dos, encore vêtus des habits de leur profession, ils allaient rejoindre l'armée et verser leur sang pour la cause du pays.

La prise de Longwy, dont les habitants, effrayés d'un bombardement, demandèrent à capituler ; celle de Verdun, qui ouvrit ses portes au roi de Prusse, bien qu'un décret condamnât à mort quiconque parlerait de se rendre dans une ville assiégée ; tous ces désastres, loin d'éteindre l'enthousiasme, multiplièrent les enrôlements. Du 3 au 15 septembre, dix-huit mille six cent trente-cinq volontaires, gendarmes, canonniers, etc., armés et organisés, partirent de Paris pour la frontière. Le ministre de la guerre Servan dit dans ses mémoires que la moyenne des départs fut de dix-huit cents par jour. Les femmes se réunirent en grand nombre, pour préparer des tentes et des effets de campement.

La chute du trône de Louis XVI, renversé le 10 août par une insurrection, l'installation d'une convention, la proclamation de la république, accrurent démesurément l'activité et l'énergie populaires.

Les troupes françaises formaient trois armées : l'*armée de Belgique* commandée par Dumouriez, l'*armée du Rhin* sous les ordres de Custine, l'*armée de Moselle* sous ceux de Beurnonville. Une partie de cette dernière et un détachement de l'armée du Rhin avaient été confiés à Kellermann, et chargés de couvrir la Champagne.

Les corps de Beurnonville et de Kellermann, présentant un total de quarante-trois mille hommes, se réunirent à une lieue environ de Sainte-Menehould, en face de la hauteur de *la Lune*, où campaient les Prussiens, et non loin de celle du moulin de Valmy. Le 20 septembre, à trois heures du matin, l'avant-garde prussienne vint donner sur celle de Kellermann. Un brouillard épais couvrit les deux armées jusqu'à sept heures ; mais le brouillard s'étant dissipé, le feu commença et se soutint jusqu'à dix heures. Alors un coup de canon tua le cheval de Kellermann, et en même temps des obus qui crevèrent au milieu du dépôt des munitions des Français firent sauter deux caisses d'artillerie, dont l'explosion tua et estropia beaucoup de monde. Dès lors le désordre se mit parmi les charrois, et les conducteurs s'enfuirent avec leurs caissons, ce qui ralentit bientôt le feu, faute de munitions. Au même instant, et sans qu'on pût en connaître la cause, une partie de l'infanterie reculait. Kellermann, sans se déconcerter, forme son infanterie sur trois colonnes, en disant : « Camarades, le moment de la victoire est arrivé ; laissons avancer l'ennemi, et quand il montera la hauteur de Valmy, chargeons à la baïonnette. » Puis, plaçant son chapeau au bout de son épée, il s'écrie : « Vive la nation ! allons vaincre ou mourir pour elle ! » Ce cri, répété d'un bout de la ligne à l'autre pendant un quart d'heure, électrise les troupes et fait succéder la confiance à l'inquiétude. Tous les chapeaux s'agitent au bout des fusils ; le feu de l'artillerie redouble. « La victoire est à nous ! » dit Kellermann à ceux qui l'entourent. En effet, peu de temps après les Prussiens se retirèrent. Les Français eurent environ neuf cents hommes tués ou blessés ; la perte des Prussiens fut un peu plus considérable.

Cinq jours après, vingt-cinq mille fantassins et huit mille cavaliers, commandés par le duc Albert de Saxe-Teschen, vinrent investir Lille, défendue seulement par huit mille hommes, et n'ayant que trente-deux canonniers pour servir une artillerie nombreuse. Plusieurs attaques successives furent repoussées les 26, 27 et 28 septembre. Le 29, le major autrichien d'Aspes est introduit dans la place, les yeux bandés et précédé d'un trompette : il remet au commandant et à la municipalité deux sommations par lesquelles le duc Albert promettait sûreté aux Lillois s'ils livraient la ville, les menaçant au contraire de subversion totale s'ils résistaient.

« La garnison que j'ai l'honneur de commander, et moi, répondit le général Ruault, sommes résolus de nous ensevelir sous les ruines de la place plutôt que de la rendre aux ennemis, et les citoyens, fidèles à leur serment, partagent nos sentiments, et nous seconderont de tous leurs efforts. »

André, maire de la ville, dit au nom des habitants : « Nous venons de jurer d'être fidèles à la nation, ou de mourir à notre poste ; nous ne sommes pas des parjures. »

Le duc Albert de Saxe-Teschen ordonna le bombardement dès que ces réponses lui eurent été transmises. Douze mortiers et vingt-quatre pièces de gros calibre chargées à boulets rouges commencèrent à tirer sur la ville avec une violence extrême, incendièrent l'église Saint-Étienne, les maisons voisines et le quartier Saint-Sauveur. Les habitants ne se découragèrent pas. On descendit des greniers et des étages les plus exposés tout ce qui pouvait servir d'aliment au feu. On rassembla à la porte de chaque maison des tonneaux toujours remplis d'eau ; les citoyens, distribués avec ordre, surveillaient la chute des bombes et des boulets rouges.

Dès qu'un boulet tombait, des volontaires, des habitants de la ville, des enfants même, couraient le ramasser avec des casseroles, et l'éteignaient en criant : « Vive la nation ! » D'autres se jetaient sur les bombes, et en enlevaient les mèches.

Le 5 octobre, on jouait à la boule avec des boulets sur la grande place, où il en tombait abondamment. Quand une maison devenait inhabitable, le voisin s'empressait d'offrir l'hospitalité aux victimes du moment, et de partager avec elles ses vivres et son aisance. Tout était mis en commun : « Buvez, mangez, leur disait chacun, tant que notre provision durera ; la Providence pourvoira à l'avenir. »

Trente mille boulets rouges, six milles bombes, furent lancés sur Lille dans l'espace de cent quarante heures. Le duc de Saxe-Teschen, rebuté par la résistance de la place, informé que l'armée coalisée, décimée par la disette et la dyssenterie, était traquée par les paysans et gardes nationaux de la Champagne, renonça à la conquête d'une ville où, contre toutes les lois de la guerre usitées entre nations civilisées, il avait porté le ravage sans avoir assez de troupes pour entreprendre un siége en règle.

Partout, animé par le danger, le patriotisme appelait la victoire. Verdun fut repris, le 16 octobre, par l'armée que commandait Kellermann, et le même jour les Prussiens levèrent le siége de Thionville. Depuis plusieurs mois la garnison de cette ville, forte de cinq mille hommes, luttait avec courage contre quarante mille. Les habitants, encouragés par le succès, avaient installé sur le rempart un cheval de bois portant au cou une botte de foin avec cette inscription :

« *Les Prussiens prendront Thionville quand ce cheval mangera du foin.* »

L'armée du Rhin s'empara de Spire, de Worms, où l'on trouva des magasins immenses, de Mayence, et de Francfort-sur-le-Mein (20-24 octobre). Au commencement de novembre, l'armée de Belgique était divisée en trois corps : l'aile droite, commandée par le général Valence, forte de seize mille hommes, portait le nom d'*armée des Ardennes;* l'aile gauche, forte de dix-huit mille hommes aux ordres du général Labourdonnaye, composait l'*armée du Nord;* le centre, sous le nom d'*armée de Belgique,* réunissait quarante mille hommes. A la droite du corps d'armée de Valence était l'armée de la Moselle.

Pour arriver à Mons, vers lequel Dumouriez dirigeait ses forces, il fallait se rendre maître de la hauteur de Jemmapes. Vingt-cinq mille hommes sous les ordres du duc Albert de Saxe-Teschen s'y étaient retranchés dans des redoutes étagées et défendues par des abattis pratiqués sur les coteaux boisés. Le corps d'armée française présent était d'environ trente mille hommes (6 novembre).

« Soldats, s'écria Dumouriez, voilà Jemmapes; là est l'ennemi. En avant! à la baïonnette! » Et il entonna la *Marseillaise,* que les bataillons français répétèrent en s'avançant sous la mitraille. Le premier étage de redoutes fut promptement emporté. Le lieutenant-général Louis-Philippe de Chartres guida bravement les troupes à l'attaque du second. Quelques colonnes semblaient hésiter. Saisi d'une inspiration héroïque, un domestique du général en chef, nommé Baptiste Renard, s'élance au milieu de l'infanterie, fait avancer sept escadrons, et ramène les soldats au combat par son exemple et ses exhortations. A la droite, le général Beurnonville, s'étant avancé imprudemment, se trouve exposé au feu de six bataillons autrichiens et de cinq grosses redoutes. Dampierre, à la tête du régiment de Flandre et du premier bataillon de Paris, culbute les six bataillons, enlève les deux premières redoutes où il entre avant tous, en tourne les canons contre les Autrichiens, délivre Beurnonville et fait seize cents prisonniers. Après la bataille, les soldats obligèrent Dumouriez à partager avec Dampierre une couronne qui lui fut décernée.

A la gauche, le vieux général Ferrand attaque le village de Jemmapes. Il a un cheval tué sous lui, et reçoit une forte contusion à la jambe. Il marche à pied au premier rang des grenadiers, qui emportent à la baïonnette toutes les positions de l'ennemi.

A deux heures les coalisés se retirent, abandonnant huit canons, et ayant perdu cinq mille hommes tués, blessés ou prisonniers. Cette victoire nous valut la Belgique : Mons, Tournay, Bruxelles, Nieuport, Ostende, Bruges, Menin, Gand, Liége, Anvers, Namur, Aix-la-Chapelle, se soumirent. L'armée du Rhin fut moins heureuse que l'armée de Belgique; Custine se replia au lieu d'avancer, et laissa reprendre par les Prussiens Francfort, où il n'avait mis qu'une insuffisante garnison de mille cinq cents hommes (1er décembre).

L'armée de la Moselle manœuvrait pour prendre Trèves. Le 11 décembre, Beurnonville attaque les retranchements de Pellingen. Le 12, seize cents hommes d'infanterie et de cavalerie autrichiennes se présentent devant un poste avancé sur la route de Hunds-Saarbruch. Il n'était gardé que par trois cents hommes commandés par le colonel des volontaires de la Meurthe, Pointcarré, vieillard de soixante-dix ans. Malgré sa supériorité, l'ennemi fut repoussé avec une perte considérable. Le 12, Pellingen fut enlevé; mais il fut jugé impossible de continuer la campagne avec la faible armée dont on disposait, et l'on se décida à la retraite, qui fut opérée sans perte.

Au midi de la France, le roi de Sardaigne ayant déclaré la guerre, une armée commandée par Montesquiou envahit la Savoie, dont on s'empara presque sans coup férir, et qui fut réunie à la France sous le nom de *département du Mont-Blanc*. Huit mille hommes, commandés par le général Anselme, entrèrent en même temps dans le comté de Nice. En multipliant les marches et les contre-marches, en donnant partout des ordres pour le logement de quarante mille hommes, ce général effraya tellement les habitants qu'il fut bientôt maître du comté.

CAMPAGNE DE 1793.

Situation de la France; invasion de la Hollande; prise de Bréda et de Gertruyenberg; bataille de Neerwinden; projets de Dumouriez; marche des troupes anglaises; mort de Dampierre; prise de Condé, de Mayence et de Valenciennes; organisation de l'armée; levée en masse; tentative des Anglais sur Dunkerque; bataille de Hondschoote; capitulation du Quesnoy; prise de Furnes, Turcoing et Lannoy; Jourdan, général en chef; bataille de Wattignies; prise de Menin et de Marchiennes; mouvement de l'*armée des Ardennes*.

Armée du Rhin. Combats de Hockeim et de Woldelgesheim; prise d'Arlon; combat de Nothweiller; prise des lignes de Weissembourg et du fort Vauban; siége du fort de Bitche.

Armée de la Moselle. Combat de Pirmasens; Hoche, général en chef; combat de

Bliescastel et de Kayserslautern ; prise des redoutes de Lauterbourg, Kayserslautern, Guemersheim et Spire.

Armée des Alpes. Prise de Lantosca ; combat de Sospello ; siége de Lyon ; combats de Saint-Maurice, de Gilette, du camp d'Utelle, de Castelgineste ; siége de Toulon ; courage des troupes.

Armées des Pyrénées-Orientales et Occidentales. Vaillance des habitants de Bonguls ; combat de la Montagne de Louis XIV ; attaque du camp de la Sarre ; combats de Val-Carlos et de Baggorry ; prise de Bellegarde ; combats d'Orriol, du camp de l'Union, de Mont-Louis, de Peyrestortes, de Vernet, de Truillas, d'Argeles ; prise de Villongue, de la Pargue, du fort Saint-Elme, de Port-Vendres et de Collioure ; fêtes des Victoires.

L'année 1793 vit s'accroître le nombre des ennemis de la France et les périls de sa situation. Le procès et l'exécution de Louis XVI entraînèrent une déclaration de guerre de l'Angleterre, de la Hollande, de l'Espagne. Des désordres intérieurs détruisirent l'union nécessaire pour résister à l'étranger. Tous les pouvoirs avaient été réunis entre les mains de l'assemblée nommée par le peuple, qui avait pris le titre de Convention Nationale et avait proclamé le gouvernement républicain ; mais les paysans vendéens se soulevèrent contre elle. Des troubles éclatèrent à Lyon, à Marseille, à Caen, à Toulon, dont le port fut livré aux Anglais : les généraux trahissaient, les soldats étaient sans souliers, sans habits et souvent sans pain, par suite des dilapidations des fournisseurs ; tout faisait pressentir une dissolution totale.

La France ne dut son salut qu'au dévouement de ses enfants. A mesure que le danger devint plus menaçant, de nouvelles armées s'organisèrent et formèrent autour des frontières une muraille inébranlable.

L'armée du Nord ouvrit la campagne par l'invasion de la Hollande. Laissant le général Miranda devant Maëstricht, Dumouriez entra, le 17 février, sur le territoire hollandais. Il attaqua Bréda le 21, et fit établir par le général d'Arçon, qui commandait le génie, deux batteries de mortiers du côté du village de Hage. Après un bombardement de trois jours, la ville capitula. Dumouriez prit le lendemain le fort de Klunder, et marcha, le 5 mars, sur Gertruydenberg, qui fut aussitôt assiégée. Le général d'Arçon y dirigea également les travaux du génie. On s'empara d'abord des forts de Steelinve et de Douck. Celui de Spuy, situé sur la gauche de la place, étant battu en brèche, le commandant de Gertruydenberg demanda à capituler.

Les revers éprouvés par les troupes restées en Belgique y rappelèrent le général en chef. L'armée autrichienne, sous le commandement du prince de Saxe-Cobourg, et l'armée prussienne, aux ordres du prince Frédéric de Brunswick, avaient passé la Roër, et repris plusieurs places. De retour le 13, Dumouriez fit attaquer, le 16, les Autrichiens près de Neerwinden. Cette bataille, imprudemment livrée avec trente-deux mille hommes contre cinquante-deux mille, postés sur des hauteurs, coûta aux Français quatre mille morts, deux mille cinq cents prisonniers, et la perte d'un matériel immense.

Cette défaite entrait, dit-on, dans les desseins de Dumouriez. En effet, ce général projetait le rétablissement de la monarchie et la formation d'une république hollandaise dont il eût été le chef. Il fit arrêter, le 2 avril, quatre commissaires envoyés par la Convention pour examiner sa conduite, puis il prit le parti de chercher un asile dans les troupes autrichiennes.

Exilé volontairement de la France, il n'y a jamais reparu, et est mort en Angleterre, où il s'était fixé.

Les villes de Bréda et Gertruydenberg furent reprises les 6 et 7 avril. Dampierre prit le commandement de l'armée que l'absence de Dumouriez laissait dans un désordre complet.

Cependant dix mille Anglais, commandés par le duc d'Yorck, étaient débarqués à Ostende, et avaient accru les forces des coalisés : les villes de Condé, Lille, Mayence, Maubeuge, Valenciennes, étaient menacées à la fois. Dampierre ayant eu la cuisse emportée par un boulet, dans un engagement près du bois de Vicogne, mourut le 9 mai à Valenciennes, et fut remplacé d'abord par Lamarche, puis par Custine, et par Kilmaine. L'armée, sans direction et sans discipline, ne pouvait empêcher l'investissement des places fortes que l'ennemi convoitait.

La garnison de Condé n'était que de quatre mille hommes, commandés par le général Chancel. Pendant trois mois, elle tenta continuellement des sorties que l'infériorité du nombre rendit inutiles. Bientôt la disette se fit sentir : les soldats furent réduits, pendant six semaines, à une ration quotidienne de deux onces de cheval, onze onces de pain, une once de riz, et deux tiers d'once de suif. Le service était pénible et beaucoup d'hommes tombaient malades. Il ne restait plus de vivres que pour quatre jours quand le conseil de guerre de la place s'assembla, et ce ne fut qu'après trois jours de nouveaux combats, le 12 juillet, que la garnison capitula, épuisée de fatigue et de faim.

Dès le 6 avril, soixante mille Prussiens, commandés par le roi de Prusse et le feld-maréchal Kalkreuth, assiégeaient Mayence, pendant que dix mille Saxons et Hessois entouraient le fort de Cassel. Mayence était défendue par trente-deux mille hommes. Le général Doyré commandait la place; Aubert-Dubayet dirigeait les travaux; Meynier, qui venait de défendre Kœnigstein contre les Prussiens, occupait Cassel avec douze cents hommes. Un conseil de guerre présidé par les représentants du peuple Merlin de Thionville et Rewbel, décidait des principales mesures.

L'armement de la place était incomplet. Il eût fallu trois cents pièces de canon sur les remparts, et il y en avait à peine deux cents. On était approvisionné de grains, mais la destruction des moulins établis sur le fleuve pouvait rendre cette ressource inutile. Les trois mille chevaux qui se trouvaient dans la place avaient du fourrage pour deux mois : pour en diminuer la consommation, on fit tuer et saler tous les bestiaux.

L'ennemi fut repoussé dans de fréquentes sorties. Les îles du Rhin furent prises et reprises plusieurs fois par les douze cents hommes aux ordres de Meynier; malheureusement ce général, en passant le Rhin sur un bateau, eut le genou fracassé par un biscaïen, et ne put résister aux suites de l'amputation. Il mourut le 13 juin, regretté même par le roi de Prusse, qui lui avait envoyé son chirurgien, et dit de lui : « Il m'a fait bien du mal, mais l'univers n'a pas produit un plus grand homme. » Pendant qu'on lui rendait les honneurs funèbres, les assiégeants firent une trêve de quelques heures, se portèrent en armes sur leurs lignes, et répondirent par une salve générale à celle dont les Français honoraient la tombe de ce vaillant officier.

La tranchée fut ouverte vers le milieu de juin. Il fallut que les assiégeants soutinssent trois nuits de combats acharnés pour assurer les premiers travaux. Jamais leurs batteries ne purent s'établir à plus de cent toises de l'enceinte extérieure des fortifications, et dans les derniers jours du siége, ils n'avaient pu se rendre maîtres que d'un ouvrage avancé, d'où ils furent délogés plusieurs fois.

Les vivres diminuaient; les soldats affaiblis étaient comme des spectres; on faisait de la soupe avec de l'huile de poisson; on mangeait les souris et le cuir; la livre de cheval se vendait quarante sous, et les chats six francs pièce. Aubet-Dubayet, invitant un jour plusieurs officiers supérieurs à un dîner de cérémonie, les alléchà par l'espoir de prendre leur part d'un beau chat entouré d'un cordon de souris.

Le général Doyré permit à un assez grand nombre d'habitants de quitter la ville. Pressés par le besoin, deux mille d'entre eux, vieillards, femmes, enfants, malades, sortirent des portes, et se présentèrent au camp ennemi. Là, repoussée, cette multitude fut obligée de passer la nuit dans l'espace qui séparait les combattants, exposée au feu des deux armées; plusieurs de ces malheureux furent tués, et le matin les soldats français rapportaient dans les pans de leurs habits des enfants blessés ou abandonnés. Doyré fit rouvrir les portes aux émigrants.

Le 23 juillet, le conseil de défense, contre l'avis de la garnison, qui demandait à combattre, considérant que la viande manquait absolument, que la garnison avait mangé ses chevaux, que les moulins étaient détruits et le grain bientôt consommé; enfin qu'en poussant les choses à l'excès les dix-huit mille hommes qui restaient seraient forcés de mettre bas les armes, tandis qu'il était possible de conserver à la patrie ce précieux noyau d'armée; considérant enfin que la défense d'une place étrangère ne méritait pas le sacrifice de tant de braves, négocia la sortie libre de la place.

Les ennemis avaient perdu pendant le siége environ trente mille hommes. Les troupes françaises évacuèrent Mayence le 25 juillet, et furent dirigées en poste vers la Vendée. La Convention décréta, le 4 août, que la garnison de Mayence avait bien mérité de la patrie.

Quelques jours après, Valenciennes capitula. L'armée anglaise et un corps de troupes autrichiennes l'investissaient depuis le 25 mai. Le général Ferrand en avait été nommé commandant le 15 avril, et bien qu'il fût âgé de soixante-onze ans, il montra la résolution et le courage d'un jeune homme. Cochon et Briez, représentants du peuple, s'étaient renfermés dans la place. La garnison se montait à neuf mille hommes. La ville fut bombardée pendant quarante-trois jours sans interruption, chose sans exemple jusqu'alors dans les fastes de la guerre. Deux cent mille boulets, trente mille obus, quarante-deux mille bombes, firent de la plupart des quartiers un amas de décombres, détruisirent les parapets et les remparts. Quand l'ennemi manqua de munitions, il lança dans la ville des pierres et des barres de fer. La brèche était si large que la cavalerie pouvait y passer. Dans cette situation, les habitants forcèrent à capituler la garnison, réduite à trois mille cinq cents soldats, la plupart malades et blessés (31 juillet).

Fiers de la prise de trois villes importantes, les coalisés pressaient la France de toutes parts. La Convention sonna le tocsin d'alarme; elle s'empressa d'organiser l'armée. Le 12 août, elle arrêta que l'infanterie serait formée en cent quatre-vingt-dix-huit demi-brigades, chacune forte de deux mille quatre cent trente hommes. Les compagnies de grenadiers furent composées de soixante-cinq hommes, celles de fusiliers de quatre-vingt-neuf, et celles de canonniers de soixante-quinze. Des secours et des pensions furent accordés aux militaires blessés, aux veuves et aux familles pauvres des défenseurs de la patrie.

Le 16 août, sur la pétition des électeurs et des commissaires envoyés par les sections de Paris, la Convention déclara, au milieu des acclamations du plus vif enthousiasme, que le peuple français se levait tout entier pour la défense de son indépendance, de sa liberté, de sa constitution, et pour la délivrance de son territoire.

Le Comité de Salut public, conseil exécutif tiré du sein de la Convention, recueillit les avis de tous les hommes expérimentés dans l'art militaire et organisa la victoire.

L'exécution du décret du 23 août porta le nombre des défenseurs de la patrie à un million deux cent mille. En voici les principales dispositions:

Art. Ier. Dès ce moment, jusqu'à celui où les ennemis auront été chassés du territoire de la république, tous les Français sont en réquisition permanente pour le service des armées.

Les jeunes gens iront au combat; les hommes mariés forgeront des armes et transporteront des subsistances; les femmes feront des tentes, des habits, et serviront dans les hôpitaux; les enfants mettront les vieux linges en charpie; les vieillards se feront porter sur les places publiques pour exciter le courage des guerriers.

II. Les maisons nationales seront converties en casernes; les places publiques en ateliers d'armes; le sol des caves sera lessivé pour en extraire le salpêtre.

III. Les armes de calibre seront exclusivement confiées à ceux qui marcheront à l'ennemi; le service de l'intérieur se fera avec les fusils de chasse et l'arme blanche.

IV. Les chevaux de selle seront requis pour compléter les corps de cavalerie; les chevaux de trait, autres que ceux employés à l'agriculture, conduiront l'artillerie et les vivres.

Les autres articles du décret règlent l'établissement des ateliers d'armes, et requièrent les citoyens non mariés ou veufs sans enfants, de dix-huit à vingt-cinq ans.

A cet appel, tout se mit en mouvement; un matériel immense fut créé; cent millions, mis le 5 septembre à la disposition du ministre de la guerre, servirent à former dans toutes les villes des ateliers d'armes; Paris seul en renfermait plus de deux cents. Le chimiste Chaptal mit en œuvre de nouveaux procédés pour simplifier et accélérer la confection de la poudre; la fabrique de Grenelle en fournissait seule deux cents milliers par jour. A la manufacture de Meudon, d'illustres savants s'occupaient de la pyrotechnie, du tannage des cuirs, des aérostats. Des commissaires envoyés aux armées, avec le titre de représentants du peuple, surveillaient les généraux, excitaient l'ardeur des soldats et les accompagnaient au combat.

La gravité des circonstances rendait tant d'activité nécessaire. Le prince de Cobourg assiégeait Maubeuge; le prince de Hohenlohe bloquait le Quesnoy; le duc d'Yorck, à la tête de soixante mille hommes, anglais, hanovriens, hollandais et hessois, s'avançait vers Dunkerque. Le corps d'armée anglaise d'observation, sous les ordres du maréchal Freytrag, fut attaqué près du village d'Hondtschoote par l'armée du Nord, composée de quarante mille hommes que dirigeait Houchard, successeur de Kilmaine. La bataille dura du 6 au 8 septembre, et se termina par la retraite des alliés, qui eurent plus de quatre mille hommes tués, blessés ou faits prisonniers. La garnison de Dunkerque, sortie du fort le 9 au matin, ne trouva plus d'ennemis, et s'empara de cinquante-deux pièces de gros calibre, de presque tout le bagage, et d'une quantité immense de munitions abandonnées. Mais les hésitations de Houchard, qui forma le siège d'Ypres et laissa les vaincus s'éloigner, firent perdre aux Français le fruit de la victoire.

Houchard leva le siège d'Ypres, en apprenant que le Quesnoy avait capitulé le 9, malgré les efforts du général Ithier pour le débloquer. En revanche, l'armée du Nord prit Furnes, Turcoing et Lannoy, les 12 et 13 septembre. En ces deux journées de combats, le corps hollandais, aux ordres de Frédéric, prince d'Orange, perdit quatre mille hommes, tués, blessés ou prisonniers, et quarante-deux pièces de canon. Le prince Frédéric fut grièvement blessé. Les Français n'eurent à regretter que six cent hommes.

Les chances redevenaient favorables aux Français. Toutefois, quatre-vingt mille Autrichiens, commandés par le prince de Cobourg, avaient passé la Sambre, et bloquaient Maubeuge, dont la disette et les maladies moissonnaient la garnison. La Convention mit à la place de Bouchard, dont la fidélité était suspecte et l'incapacité reconnue, Jourdan, qui s'était distingué comme général de brigade à Hondtschoote. Jourdan réunit environ cinquante mille hommes, et, le 15 octobre, attaqua l'ennemi, dont le centre occupait le village de Wattignies et les coteaux de Doulers. Les Français franchirent les hauteurs au pas de charge, malgré la mitraille qui emportait des rangs entiers. Les commissaires de la Convention, Carnot, Bar et Duquesnoy, marchaient à la tête des colonnes. Les deux armées demeurèrent toute la nuit sur le champ de bataille; le lendemain, l'armée ennemie repassa la Sambre, et Maubeuge fut délivré.

On prétend que le prince de Cobourg avait dit la veille : « J'avoue que les Français sont de fiers soldats; mais s'ils me chassent d'ici, je me fais républicain moi-même. » Ces paroles avaient été répandues parmi les soldats français, et ils avaient juré de se conduire de manière à rallier le prince à la cause qu'ils défendaient alors. Il fut vaincu, mais il ne réalisa pas sa promesse.

N'ayant pas assez de forces disponibles pour passer la Sambre, Jourdan chargea le général Souham d'opérer une diversion en Flandre. Le 23 octobre, celui-ci attaqua les Hanovriens retranchés dans les villages de Willem et de Sailly; les Français abordèrent les retranchements à la baïonnette, et firent mettre bas les armes à cinq cents Hanovriens; les autres se réfugièrent dans Menin, qu'ils ne tardèrent pas à abandonner. Les immenses magasins qu'on avait formés dans cette ville, estimés dix millions de francs, devinrent la proie des vainqueurs.

La ville de Marchiennes, que défendait une forte garnison autrichienne, fut prise le 25 octobre par une colonne de quatre mille hommes de l'armée de Souham. Mais l'approche du duc d'Yorck ayant obligé le général à la retraite, les soldats renfermés dans Marchiennes se trouvèrent isolés et cernés par une division autrichienne aux ordres des généraux Kray et Otto. Ils résistèrent avec courage, se défendirent dans les rues et dans les maisons; enfin, le 30, réduits à moins de deux mille, et presque tous blessés, ils consentirent à se rendre.

Cette action fut la dernière de la campagne sur ce point. Jourdan établit son quartier-général à Guise. Ses avant-postes y furent inquiétés par les troupes légères du prince de Wurtemberg; mais l'infanterie française, aidée du 5e régiment de hussards, rompit les rangs ennemis, et les mit en déroute.

Dans les pages précédentes, nous venons d'examiner à part les opérations de l'armée du Nord. Afin d'éviter la confusion dans le récit, nous allons successivement rendre compte des mouvements des autres armées.

L'armée des Ardennes appuyait l'armée du Nord, à laquelle elle fut un moment réunie sous le commandement de Dampierre. Après la mort de ce général, Lamarche en prit la direction, et la conduisit au camp de la Madeleine, dans le faubourg de Lille. Il s'empara de Sautoin et de Curgies, et tenta inutilement l'attaque d'Estroen et de Lébourg. Cinq mille hommes détachés de l'armée des Ardennes contribuèrent à la victoire de Wattignies.

L'*armée du Rhin* continuait à perdre du terrain au commencement de janvier 1793. Le 6, Custine envoie huit bataillons avec douze pièces de canon pour prendre le fort de Hockeim; les Prussiens en sont chassés, reviennent avec des renforts, tuent cinq cents hommes, et s'emparent de l'artillerie. A Woldelgesheim, le 28 mars, ils remportent un nouvel avantage et font prisonnier le général Neuwinger. Battant toujours en retraite, Custine arrive, le 29 mars, à Worms, et le 1ᵉʳ avril sous les murs de Landau. Le 23 mai, il est destitué et remplacé par Alexandre Beauharnais, qui bientôt après céda le commandement au général Carles.

Le 6 juin, l'armée du Rhin s'empara de la ville d'Arlon, défendue par huit mille Autrichiens. On y trouva des magasins immenses, d'abondantes munitions, des fourrages et huit mille sacs de farine.

Les Autrichiens avaient surpris un camp retranché formé à Nothweiller. Trois colonnes françaises les attaquent, le 15 septembre, dans ce camp et dans la forêt de Bienwald. Après un long combat, ils abandonnent cette dernière position, laissant sur le champ de bataille leurs munitions, leur artillerie, deux mille morts et cinq cents blessés. L'infanterie légère les chasse des redoutes du camp, les poursuit à coups de crosse et de baïonnette, et l'artillerie, portée à bras sur les hauteurs, mitraille l'ennemi dans sa fuite.

Un échec fit destituer le général Carles. L'armée du Rhin, attaquée dans les lignes qu'elle occupait à Weissembourg, fut repoussée jusque sur le territoire français. Pour achever l'occupation du pays évacué, sept mille hommes d'infanterie et quatre escadrons autrichiens bloquèrent, le 17 octobre, le fort Vauban, défendu par deux mille cinq cents hommes. La garnison capitula après un bombardement qui réduisit en cendres la plupart des maisons, et fut conduite prisonnière de guerre au-delà du Rhin.

Une tentative sur le fort de Bitche échoua par la vigilance et le courage de ses défenseurs. Dans la nuit du 16 au 17 novembre, une division prussienne, conduite par un officier de génie émigré, les surprend au milieu des ténèbres. La garnison, composée seulement de six cent soixante-dix hommes du bataillon du Cher, et de soixante-quatre hommes du 1ᵉʳ régiment d'artillerie, ne savait où porter ses coups. Le propriétaire d'une maison en bois, située près du point d'attaque, propose d'y mettre le feu. « Elle nous servira de torche, » dit ce généreux citoyen; et lui-même court y porter la flamme. A la lueur de l'incendie, on découvre les mouvements des Prussiens : ils venaient surprendre, ils sont surpris à leur tour; on les accable de grenades, on les assomme à coups de bûches; un seul volontaire, âgé de seize ans, en désarme quinze; les murs, les escaliers par lesquels ils ont pénétré sont teints de leur sang; huit cents sont massacrés; deux cents, qui se trouvent engagés dans un passage, mettent bas les armes.

Le 1er décembre, la Convention décréta que la garnison de Bitche avait bien mérité de la patrie.

Les opérations de l'armée du Rhin, pendant le mois de décembre, sont liées à celles de l'armée de la Moselle. Le 10 décembre, elle enleva aux Autrichiens le village de Dawendorff.

L'armée de la Moselle, qu'un décret du 16 mai subordonna à l'armée du Rhin, était, pendant les six premiers mois de 1793, commandée par le général Moreau, et occupait trois camps, dont le principal était à Hornbach. Longtemps elle se borna à escarmoucher avec quelques détachements prussiens. Enfin, le 14 septembre, on résolut l'attaque des retranchements formés par les Prussiens à Pirmasens. L'aile droite de l'armée s'avança sur la chaussée qui y conduisait, repoussa plusieurs corps d'avant-garde et de cavalerie, et, ayant en tête les représentants du peuple, gravit au pas de charge la position ennemie. Quarante pièces de seize font sur les assaillants, sans les arrêter, de continuelles décharges à mitraille. Pendant plus de dix minutes ils restent exposés à ce feu meurtrier, qui emporte des rangs entiers, et parvenus aux retranchements se préparent à les attaquer à la baïonnette; mais renversée presque à bout portant par une batterie masquée, la colonne de droite se disperse; son mouvement répand la confusion dans l'armée, qui se retire en désordre, avec une perte de quatre mille hommes et de vingt canons. Dans un combat, le premier bataillon de la Meuse fut réduit de deux cent quatre-vingt-dix-sept hommes à cent soixante-seize, presque tous couverts d'honorables blessures.

Au mois de novembre, un nouveau général, Lazare Hoche, débuta par la prise de Bliescastel et de Deux-Ponts. Le 17, malgré les fatigues d'une marche pénible dans un terrain fangeux, les Français enlevèrent à la baïonnette les retranchements de Bliescastel, garnis d'une batterie de vingt-cinq pièces de canon. Le 29, Hoche échoua dans une tentative sur Kayserslautern, mais sans que l'ennemi, supérieur en nombre, pût inquiéter l'armée de la Moselle dans sa marche.

Un corps d'armée, commandé par le général prussien Hotze, était retranché sur les hauteurs de Frescheveiller et de Werdt. Les redoutes ennemies étaient disposées en échelons et garnies d'une artillerie nombreuse, et nos soldats hésitaient à marcher à l'assaut de cette formidable position. « Camarades, s'écrie Hoche en parcourant les rangs, à six cents livres pièce les canons prussiens! — Adjugé! » répondent les soldats; et ils s'élancent dans les redoutes. Dix-huit canons, traînés avec vingt-quatre caissons devant le général, sont payés au prix de l'estimation, pendant que la cavalerie poursuit les Prussiens et leur fait douze cents prisonniers (22 décembre). Le 3e régiment de hussards reçut 5,600 liv.; le 14e de dragons, 2.400; le deuxième bataillon du 55° et le quatrième bataillon du Bas Rhin, pareille somme.

Le but de ces combats était de débloquer Landau, que les coalisés, sous le commandement de Wurmser, cernaient depuis trois mois. Cette ville avait essuyé un bombardement de cinquante heures. La garnison ne vivait depuis trois semaines que de chevaux, de chats, de pois, de pain de seigle. Un pain de munition s'y vendait jusqu'à 14 fr.; la livre de sucre, 80 fr.; une oie, 100 fr.

Hoche, nommé généralissime des armées du Rhin et de la Moselle, ordonna, le 26 décembre, une attaque générale, s'empara du château de Geisberg, reprit les lignes de Weissembourg, entra, le 27, dans Landau délivré, et occupa successivement Lauterbourg, Kayserslautern, Guemersheim et Spire. Une immense quantité de munitions de guerre et de bouche, d'équipages, de fourrages, fut abandonnée par l'armée vaincue. Les deux armées prirent leurs quartiers d'hiver après l'occupation du fort Vauban (15 janvier 1794).

Du côté des Alpes, *les armées des Alpes et d'Italie* soutenaient la lutte avec avantage. Dénoncé pour ses dilapidations, Anselme fut remplacé par Biron, qui prit Lantosca et défit à Sospello les Piémontais supérieurs en nombre.

Le 26 mai, la Convention nomma Brunet général en chef de l'armée d'Italie, et Kellermann général de l'armée des Alpes, avec la direction suprême des opérations. Ce dernier fut chargé de faire le siége de Lyon, qui avait pris les armes contre la république, et y emmena une partie de son armée. Profitant de cette diversion, quatre mille Piémontais entrent dans le département du Mont-Blanc, et occupent le poste de Saint-Maurice; mais Kellermann, de retour le 4 octobre, les met en fuite et les poursuit jusqu'au petit Saint-Bernard. Ils perdirent deux mille hommes et une quantité considérable d'argent et de munitions.

La modération que Kellermann avait montrée envers les Lyonnais fut la cause de sa destitution; Dugommier le remplaça. Renforcée par des troupes autrichiennes, l'armée des Piémontais tenta, le 19 octobre, de s'emparer du poste de Gineste; sept cents Français les arrêtèrent toute la journée; mille hommes commandés par Dugommier firent sept lieues pendant la nuit, vinrent culbuter les Austro-Sardes, leur tuèrent huit cents hommes, firent sept cents prisonniers, et s'emparèrent de l'artillerie, des tentes et des munitions. Le 22, le gros de l'armée austro-sarde surprend le camp d'Utelle à la faveur de la nuit et d'un brouillard épais; mais Dugommier revient sur ses pas et repousse les assaillants.

Chargé du siége de Toulon, dont une faction avait livré le port aux Anglais et aux Espagnols, Dugommier laisse à sa place le général Dumerbion. Celui-ci envoie le général de brigade Masséna avec cinq cents hommes pour enlever aux Austro-Sardes le poste de Castel-Gineste. Après un combat de deux heures, l'ennemi, chassé de ses retranchements, se retire sur la montagne du Brec, l'une des plus escarpées des Alpes maritimes, où l'on ne peut arriver que par un sentier bordé de rocs et de précipices, et où il paraissait impossible de conduire du canon. Masséna entreprend cependant d'y faire passer une pièce de quatre, qui est portée à bras l'espace de deux milles. Officiers, soldats, le général lui-même, tous contribuent à ce transport. Après six heures de marche pénible, le canon est mis en batterie. Les Piémontais, surpris de la hardiesse des Français, et épouvantés des effets de l'artillerie, n'opposent qu'une faible résistance. La colonne de Masséna gravit au pas de charge le plateau du Brec, en chasse l'ennemi, le poursuit encore longtemps de rochers en rochers, et ne lui donne pas le temps de se rallier (24 novembre).

Arrivé à Toulon, Dugommier y convoqua un conseil dans lequel il fut décidé que, vu la faiblesse de l'armée de siège (vingt-cinq à vingt-huit mille hommes), on attaquerait les principaux forts avant le corps de la place : ils étaient au nombre de trois ; le fort *Malbousquet*, le *Petit-Gibraltar*, et le fort *Faron*. Napoléon Bonaparte, commandant en chef l'artillerie de siége, eut la plus grande part à cette décision.

Le mouvement offensif des Français commença dans la nuit du 16 au 17 décembre, à une heure du matin. La principale redoute des Anglais était le Petit-Gibraltar. Elle était placée sur une hauteur vis-à-vis le village de *la Seine*, entourée de fossés profonds, de nombreuses palissades, d'abattis d'arbres, défendue par trente-six pièces de canon et quinze cents hommes d'élite. Elle formait le centre d'une ligne de retranchements qui couvrait un camp d'environ cinq mille hommes, la plupart Espagnols.

Malgré les difficultés du terrain, un orage épouvantable, une pluie de grenades et de boulets, des feux croisés et continus, deux colonnes, aux ordres des généraux Labarre et Victor, gravissent au pied de la redoute; là les soldats montent les uns sur les autres, et profitant du moment où les canons reculent après l'explosion, ils entrent par les embrasures. On combat corps à corps dans la redoute; mais les feux qui partent d'une seconde enceinte disposée dans l'intérieur obligent les Français à se retirer. Ils reviennent une seconde fois à l'assaut, et sont une seconde fois repoussés. Enfin, à la troisième attaque, toutes les traverses sont forcées, et la redoute reste au pouvoir de nos troupes.

En même temps, le corps d'armée du général Lapoype s'emparait du fort de la Croix-Faron. Les Anglais se rembarquèrent précipitamment après avoir mis le feu aux bâtiments du port. Neuf cents galériens du bagne de Toulon travaillèrent à éteindre l'incendie, et parvinrent à sauver les magasins à blé, la corderie, la poudrière, l'arsenal de la marine, la prison et le bagne ; ils allèrent ensuite reprendre leurs fers, disant qu'ils étaient glorieux de s'être aussi vengés des Anglais.

La prise des forts du Petit-Gibraltar et de la Croix-Faron ne coûta que douze cents hommes aux Français, et les alliés en perdirent six mille. Tous les soldats montrèrent le plus grand courage. « Apprenez à toute d'Europe, écrivaient les commissaires de la Convention Salicetti, Ricard, Robespierre jeune, Fréron et Barras, qu'une infinité de braves défenseurs de la république, criblés de coups, s'écriaient : « Nous sommes blessés, mais nous avons encore du sang à répandre pour la patrie : représentants, il est doux de mourir pour elle. »

» Nous arrivons à l'hôpital : quelques-uns de ceux à qui il manque un bras, nous présentent celui qui leur reste, en nous disant : « Que les ennemis tremblent, celui-là nous reste pour les anéantir. »

Pour achever la narration des événements militaires en 1793, il nous reste à examiner ceux qui eurent lieu sur la frontière d'Espagne.

La guerre fut déclarée à Charles IV le 7 mars, et une armée fut organisée sous les ordres de Servan. Le général Sahuguet commença les hostilités en s'emparant de Villa.

Un détachement espagnol parut, le 20 avril, devant la petite ville de Banyuls-la-Maizo. Les habitants se défendirent avec le courage que donne un ardent patriotisme.

Leur maire, qui les commandait, fut sommé de mettre bas les armes. « Les Français, répondit-il, savent mourir, mais ne rendent point leurs armes. » Paroles souvent répétées pendant le cours de nos longues guerres, et qui retentirent pour la dernière fois sur le champ de bataille de Waterloo.

Les femmes contribuèrent à la défense de Banyuls-la-Maizo. Elles portaient, au milieu d'une grêle de balles, des vivres et des munitions à leurs pères, à leurs maris, à leurs frères, à leurs enfants. Mais enfin le plus grand nombre succomba, et ce qui resta de ces généreux citoyens se dispersa dans l'intérieur; ils servirent depuis de guides à l'armée française, et rendirent encore d'importants services par la connaissance qu'ils avaient des localités. Les Espagnols se saisirent de tous les vieillards qui étaient restés dans le village, au nombre d'à peu près une centaine, et les envoyèrent prisonniers dans les cachots de Figuières et de Barcelonne.

L'armée espagnole, commandée par Don Ventura de Caro, franchit la Bidassoa, et ruina les batteries françaises établies sur la montagne de Louis XIV; mais, le 23 avril, les ennemis furent refoulés dans leurs limites. Ils en sortirent de nouveau dans la nuit du 30, pour piller et incendier le camp de la Sare.

Au mois d'avril, l'armée des Pyrénées fut divisée en deux corps, chargés, l'un de la défense des Pyrénées-Occidentales, l'autre de celle des Pyrénées-Orientales. Le décret du 26 mai, en conservant cette décision, ordonna que les deux armées seraient subordonnées à un seul général en chef.

Aux Pyrénées-Occidentales, le 23 mai, dix-huits cents Espagnols s'emparent du Val-Carlos, et s'y retranchent. L'adjudant-général Noguès propose au général La Genetière, dont le quartier était à Saint-Jean-Pied-de-Port, de chasser l'ennemi du Val-Carlos, en portant du canon sur des hauteurs presque inaccessibles. Il obtient la permission de tenter l'entreprise, et part avec une pièce de canon et cinq cents soldats. Quinze cents d'entre eux font un détour pour surprendre les Espagnols, pendant que les autres, nés dans le pays basque, et habitués dès l'enfance à chasser dans les montagnes, gravissent les rochers qui dominent le camp ennemi. L'endroit désigné pour y placer du canon se trouve trop éloigné du camp : les Basques descendent la pièce en faisant la chaîne, et en se tenant d'une main aux rochers, tandis que de l'autre ils soutiennent le canon pour l'empêcher de rouler dans les précipices.

Après des efforts longtemps inutiles, la pièce est mise en batterie et servie avec tout le succès qu'on en pouvait attendre. Attaqués vigoureusement par les quatre cents soldats français, foudroyés du haut d'une montagne inexpugnable, les dix-huit cents Espagnols s'enfuient, abandonnent leurs bagages, leurs armes, et laissent cent cinquante prisonniers entre les mains des vainqueurs.

Le 31 juin, dix-huit cents Espagnols surprennent la fonderie de Baygorry, et y mettent le feu. A la vue des tourbillons de flammes qui s'élèvent de ce magnifique édifice, nos soldats jurent de faire payer ce désastre aux ennemis. Trois cents hommes d'infanterie, commandés par Mauco, engagent avec l'ennemi une vive fusillade. Pendant l'action, une balle frappe Mauco au front : « Ce n'est rien, mes amis, s'écrie-t-il ; songez à me venger. » La vue du sang qui inonde le visage de leur commandant change en fureur le courage des Français. Ils se précipitent, la baïonnette en avant, sur l'ennemi qui se rompt et fuit en désordre. Le colonel espagnol, un adjudant-major, trois capitaines et un grand nombre de soldats ennemis sont faits prisonniers. Trois cents Espagnols restèrent sur le champ de bataille, et la perte fut presque insensible du côté des Français.

Le 22 juin, une nouvelle attaque infructueuse fut tentée sur les redoutes de la montagne de Louis XIV. Le 1er juillet, Servan fut destitué et remplacé successivement par Delbecq, Després-Cassier et Muller.

Dans les Pyrénées-Orientales, l'ennemi dirigea ses premiers efforts sur Bellegarde, défendue par une garnison de neuf cents hommes. Le général don Ricardos en vint former le siége ; il fit bombarder la ville pendant quarante jours ; on y jeta vingt-trois mille soixante-treize boulets, quatre mille vingt-une bombes et trois mille deux cent cinquante-une grenades. Tous les bâtiments qui n'étaient pas à l'épreuve de la bombe furent détruits ; les poternes, les portes, les grilles, les ponts-levis, furent rompus ; la majeure partie des parapets tomba dans les fossés, qui furent presque comblés par les ruines. Tous les mortiers et trente-deux canons sur quarante-quatre furent démontés.

Dans cette extrémité, le 26 juin, Ricardos somma la place de se rendre. Sept membres du conseil de guerre proposaient de s'ensevelir sous les ruines de la place; mais les quatorze autres furent d'avis d'accepter une capitulation. Ricardos accorda à la garnison les honneurs de la guerre, et, avant son entrée dans Bellegarde, adressa à ses troupes la proclamation suivante :

« Soldats! vous devez respecter le malheur. Ce principe, que dicte l'humanité, est le propre de la générosité de la nation espagnole. Le général ne peut présumer qu'aucun des braves qu'il commande se permette d'insulter du geste, de la parole, ou d'autre manière quelconque, les prisonniers français, soit à leur sortie du fort, soit dans leur marche pour se rendre au lieu qui leur sera assigné. Si le motif de l'honneur n'était pas suffisant pour vous contenir, songez que les chances de la guerre peuvent vous mettre dans un cas semblable. Mais si, contre toute espérance, il se trouvait des soldats, paysans, charretiers ou autres personnes qui se permissent la moindre insulte envers ces militaires malheureux, ils seront immédiatement arrêtés et passés par six jours de baguette. Le général peut encore moins présumer que, parmi les officiers ou autres personnes distinguées par leur rang dans l'armée, il s'en trouve qui manquent aux égards dictés par l'éducation et la générosité. Mais, dans le cas contraire, le général prévient qu'il punira le délinquant suivant son rang des insultes dont il se sera rendu coupable. »

Cet échec fit remplacer le général Deflers par Puget-Barbantane

Le 30 juin, deux mille Espagnols se portent sur le poste retranché d'Orriol. Le capitaine Serre, qui le défendait, n'avait avec lui que cent vingt hommes; néanmoins il obligea les ennemis à se retirer avec une perte de six cents hommes.

L'attaque du camp de l'Union ne leur réussit pas mieux, et leur coûta mille hommes. Le 28 août, le général Dagobert, à la tête d'une brigade, les chassa de leur camp du Mont-Louis. Ils ne gardèrent que deux jours les postes de Peyrestortes et de Vernet, surpris les 5 et 6 septembre. Le 18, ces postes furent repris par des détachements aux ordres des généraux Daoust et Gogué. Les conventionnels Cassagne et Fabre combattirent eux-mêmes à la tête des colonnes, et furent légèrement blessés. Les Espagnols laissèrent sur la place cinq cents morts; on leur prit cinq cents hommes, un drapeau, six étendards et quarante-six bouches à feu.

Enhardi par cet avantage, Dagobert, nommé le 9 septembre général à la place de Barbantane, attaque les Espagnols à Truillas, le 22 septembre. Favorisé par le nombre et la position, l'ennemi repousse les Français, les taille en pièces, et le peu qui parvient à se dérober à la poursuite de la cavalerie ne doit son salut qu'à l'encombrement des cadavres amoncelés sur la route.

Le même jour, Daoust fut nommé général en chef, et Dagobert resta général divisionnaire.

Celui-ci, prompt à reprendre l'offensive, franchit la frontière, chasse Ricardos du camp d'Argèles, le poursuit jusque dans les murs de Campredon, emporte cette place d'assaut en deux heures; mais le manque de renforts le contraignit à l'abandonner immédiatement (4 octobre).

Turreau, qui succéda à Daoust, fut moins heureux que lui. Il attaqua inutilement le camp de Boulou et la ville de Céret, et ne put sauver ni Villelongue ni la Roque (du 15 octobre au 6 décembre). Doppet, qui remplaça Turreau, arriva pour être témoin de la prise du fort Saint-Elme, livré par la trahison du commandant Dufour, et de la reddition de Port-Vendres et de Collioure, le meilleur port de la côte (22 septembre).

Le 24, six mille Portugais étaient venus augmenter l'armée espagnole qui attaqua l'armée française. Celle-ci fut victorieuse sur la gauche; mais la droite, ayant été forcée, se jeta sur le centre, et la déroute des Français fut complète. Fabre (de l'Hérault), commissaire de la Convention, après avoir fait de vains efforts pour rallier les troupes, se précipita dans les rangs ennemis et mourut les armes à la main. On trouva le lendemain son corps déchiré près d'une batterie qu'il avait défendue le dernier. Un décret du 12 janvier 1794 décerna les honneurs du Panthéon « à ce représentant fidèle à la cause des peuples et mort en combattant pour la patrie. »

Malgré cette défaite et quelques autres, les armées françaises étaient généralement triomphantes. Une fête en l'honneur de leurs victoires fut célébrée à Paris, le lundi 30 décembre. Le peintre David en était l'ordonnateur. A sept heures du matin, une salve d'artillerie donna le signal, et des députations armées des quarante-huit sections de la capitale se rendirent au palais des Tuileries, d'où partit le cortège. La marche s'ouvrit par un détachement de cavalerie, suivi de détachements de canonniers, d'un groupe de tambours, des citoyens des sociétés populaires, des tribunaux, des communes voisines, chacune avec leurs bannières respectives. Quatorze chars portant des blessés étaient consacrés aux quatorze armées, dont les principales viennent d'occuper notre attention :

Armée du Haut-Rhin;
— du Bas-Rhin;
— de la Moselle;
— des Ardennes;
— du Nord;
— des côtes de Cherbourg;
— des côtes de Brest;

Armée de l'Ouest;
— des Pyrénées-Occidentales;
— des Pyrénées-Orientales;
— de Toulon;
— du Var;
— des Alpes;
— Révolutionnaire.

Des jeunes filles, vêtues de blanc, parées de ceintures tricolores, ayant des branches de laurier à la main, environnaient chacun des chars, qu'escortaient trois détachements de section, formant bataillon carré, drapeaux en tête, et chantant des hymnes à la Victoire.

Venait ensuite toute la Convention Nationale, entourée d'un ruban tricolore que tenaient des vétérans et des enfants de soldats morts pour la patrie.

Un groupe nombreux de tambours et toute la musique de la garde nationale précédaient un char triomphal portant un faisceau, symbole de l'union des départements, et surmonté de la statue de la Victoire; du milieu du faisceau sortaient des bras armés comme pour le défendre. Ce char était chargé de drapeaux enlevés à l'ennemi.

Le cortége se rendit au Champ-de-Mars, où l'on chanta, dans un temple, un hymne dont Marie-Joseph Chénier avait composé les paroles. Les quatorze chars étaient rangés autour de l'édifice, et les jeunes filles, défilant successivement devant les chars, y déposèrent leurs branches de laurier. Un banquet offert aux blessés des différentes armées termina la cérémonie.

CAMPAGNE DE 1794.

Armée du Nord : Combat de Trois-Villes, de Priche; invasion de la Flandre autrichienne; les pièces de campagne; les grenadiers devant Menin; siége de Landrecies par les Autrichiens; plan de destruction; bataille de Tourcoing; seconde conquête de Belgique.

Armées des Ardennes et de Sambre-et-Meuse : Victoire de Fleurus; emploi du ballon; invasion de la Hollande par l'armée du Nord; prise de Malines, de Niewport; d'Anvers, de l'île de Catzand, du fort de l'Ecluse, de l'île de Bommel, du fort de Grave; propositions du stathouder; prise de Louvain, de Landrecies, de Namur, du Quesnoy, de Valenciennes, de Condé, d'Aix-la-Chapelle, de Juliers, de Bonn, de Cologne, de Coblentz et de Maëstricht; détresse des armées du Nord et de Sambre-et-Meuse.

Armées du Rhin et de la Moselle : Prise d'Arlon; combats de Schifferstadt, du Platzberg, de Tripstadt, de Pellingen, de Contz, de Kayserslautern; prise de Monbach et de Weissenau.

Armée des Alpes : Guerre de postes.

Armée d'Italie : Prise de Loano, Ponto-di-Nave, etc.

Armée des Pyrénées-Occidentales : Combats du camp des Sans-Culottes, de la Croix-des-Bouquets, d'Arquinzen; prise de Fontarabie, de Saint-Sébastien et de Toloza; évacuation de la Navarre.

Armée des Pyrénées-Orientales : Mort du général Dagobert; attaque du camp de Boulou; prise du fort Saint-Elme, de Port-Vendres, de Collioure et de Bellegarde; combat de la Montagne-Noire; mort du général Dugommier; prise de Figuières; siége de Bastia et de Calvi par les Anglais.

La France recueillit en 1794 le fruit de ses efforts et de son énergie. Les coalisés vaincus, la Belgique et la Hollande conquises, une foule de généraux illustres sortant des rangs du peuple pour guider quatorze armées à la victoire, une nation luttant seule contre l'Europe entière, et agrandissant son territoire que l'ennemi s'était promis de morceler : tel est le spectacle que les campagnes de 1794 offrent à la postérité.

L'*armée du Nord* fut mise sous la direction du général Pichegru; elle était composée en partie de nouvelles recrues, et avait à combattre environ cent mille hommes, animés par la présence de François II, empereur d'Autriche. Des pluies continuelles retardèrent les mouvements militaires; mais, le 20 avril, l'ennemi fut chassé des postes avancés qu'il occupait près de la ville de Guise. Le 26, une attaque imprudemment dirigée contre les Anglais, à Trois-Villes, et contre les Autrichiens, au village de Priche, coûta aux Français plus de quatre mille hommes.

Le même jour, cinquante mille hommes, aux ordres de Souham et de Moreau, envahirent la Flandre autrichienne. Souham prit Courtray, et Moreau, à la tête de vingt mille hommes, se présenta devant Menin.

Le 28 avril, les deux divisions réunies enlevèrent aux Autrichiens les retranchements de Castel et les hauteurs de Moërscroën, firent douze cents prisonniers, et se saisirent de quatre drapeaux et de trente canons. Un régiment avait perdu ses deux pièces de campagne dans un combat précédent, et Pichegru avait fait mettre à l'ordre de l'armée que les corps qui perdraient leurs canons n'en obtiendraient plus, à moins qu'ils ne les reprissent sur l'ennemi. Ce régiment en prit quatre au combat de Castel.

Dès le soir du 29, les soldats demandèrent à grands cris qu'on montât à l'assaut de Menin. Moreau leur fit observer que les remparts n'étaient point battus en brèche et que les fossés étaient profonds. Plusieurs compagnies de grenadiers réitérèrent leurs demandes.

« Qu'on nous laisse, disaient-ils, commencer l'attaque; nos corps serviront de fascines pour combler les fossés, et nos camarades escaladeront les remparts. »

Il n'était pas difficile de vaincre avec de pareils soldats; le lendemain ils étaient dans Menin.

Le 30, Landrecies se rendit aux Autrichiens, qui la bloquaient depuis le 17. Une partie des habitants du district d'Avesnes était venue, dès le commencement du siège, renforcer la garnison, forte de quatre mille et quelques cents hommes. Dans une sortie, le 25 avril, on enleva plusieurs postes, et l'on tua beaucoup de monde à l'ennemi. Mais le bombardement, qui commença le 26 avec violence, décida de la prise de la place. Au bout de vingt-quatre heures, la plupart des édifices étaient en feu, et le magasin à poudre sauta avec une explosion épouvantable. Une compagnie de canonniers, composée d'habitants de Landrecies, chargée de la défense du bastion du Moulin, périt presque tout entière par cette explosion.

La garnison ayant perdu tout espoir d'être secourue au milieu d'une ville qui n'offrait plus qu'un amas de ruines, capitula et resta prisonnière de guerre.

Maîtres de Landrecies, les coalisés se portèrent sur Courtray, le 11 mai; mais les divisions Souham et Macdonald les repoussèrent, après une lutte de sept heures.

Le 15 mai, l'empereur d'Autriche, le prince de Cobourg, le duc d'Yorck et l'archiduc Charles arrêtèrent un plan d'attaque qu'ils nommèrent *plan de destruction*, et dont l'exécution devait anéantir l'armée. L'événement trompa leurs espérances : le 18 mai, à la bataille de Tourcoing, soixante mille Français, commandés par Souham, Bonneau et Moreau, vainquirent quatre-vingt-dix mille coalisés.

Un combat sans résultats, livré le 23, près de Pont-Achin, coûta à chacun des deux partis environ trois mille hommes.

Le 5 juin, la division Moreau investit Ypres. Le général autrichien Slairfait tenta inutilement de secourir cette place. Dejean, commandant du génie, dirigea avec activité les travaux du siége, et les soldats le secondèrent dignement.

On venait d'achever la construction d'une des batteries de brèche; on manquait de chevaux pour conduire les pièces destinées à l'armement de cette batterie; le quatrième bataillon du Nord, empressé de la voir en jeu, s'attela tout entier aux six pièces de grosse artillerie qu'il s'agissait de placer, et parcourut ainsi un intervalle de cent cinquante toises sous le feu des assiégés. La Convention, par l'organe de son président, écrivit une lettre de félicitation à ces braves soldats.

Le 17 juin, vingt-huit bouches à feu tiraient ensemble sur la place. A onze heures, le pavillon blanc fut arboré sur les remparts. La garnison, forte de six mille hommes, se rendit prisonnière de guerre. On trouva à Ypres des grains en abondance, cent cinquante milliers de poudre, et de nombreuses munitions.

Pichegru mit Ypres en état de défense, et marcha, le 20 mai, sur la Mandel. Chassé par Souham de la petite ville de Deynse, Clairfait abandonna aux Français trois cents prisonniers et dix pièces de canon.

Du 1ᵉʳ au 13 juillet, Ostende, Gand, Tournay, Audenarde et Bruxelles ouvrirent leurs portes à l'armée du Nord, à laquelle se joignit dans cette dernière ville l'*armée de Sambre-et-Meuse*.

Cette armée de Sambre-et-Meuse était composée de l'*armée des Ardennes*, de trente mille hommes de celle de *la Moselle*, et d'une partie de celle *du Rhin*.

Au commencement de 1794, l'*armée des Ardennes*, commandée par le général Charbonnier, s'empara des hauteurs de Bossut, se réunit à Beaumont avec l'armée du Nord, occupa le 10 mai la petite ville de Thuin, passa la Sambre, et s'avança dans le comté de Namur.

Les représentants du peuple Le Bas et Saint-Just avaient ordre de faire investir Charleroy. En conséquence, du 23 au 29 mai, l'armée des Ardennes passa la Sambre à cinq reprises différentes, mais sans pouvoir former le blocus.

Le 3 juin au soir, trente et quelques mille hommes de l'armée de la Moselle vinrent au secours de celle des Ardennes. Quelques jours après, un ordre du Comité de Salut Public les réunit en un seul corps, sous le commandement du général Jourdan.

La nouvelle armée prit Charleroy, et défit à Fleurus, le 26 juin, les troupes coalisées du prince de Cobourg, du prince de Kaunitz, du général Beaulieu et de l'archiduc Charles. Au milieu de cette mémorable bataille, les obus enflammèrent les blés et les baraques du camp, au point qu'il semblait que l'on combattît au milieu d'une plaine de feu. Pendant cet incendie général, plusieurs caissons, sautant avec une forte explosion, enveloppent un moment le camp d'un nuage de flamme et de fumée : quelques bataillons effrayés demandent l'ordre de la retraite; Jourdan, qui combattait à leur tête, accompagné des généraux Championnet, Kléber et Marceau, s'y oppose :

« Non, dit-il, point de retraite aujourd'hui! Nous retirer quand nous pouvons combattre! Non, non, point de retraite! » Et ces mots, répétés par les soldats, ranimèrent tous les courages.

Les Français perdirent à Fleurus trois mille hommes, et les coalisés treize mille, dont trois mille prisonniers. Ce fut à cette bataille qu'on appliqua pour la première fois les aérostats à l'art de la guerre; un officier du corps des *aéronautes* monta dans un ballon captif pour observer les mouvements de l'ennemi. A l'aspect de la machine, les ennemis, se servant d'un surnom qu'ils donnaient alors aux soldats français, s'écriaient :
« Carmagnoles en haut, carmagnoles en bas, carmagnoles partout; nous sommes perdus! »

Le 6 juillet, les Autrichiens furent battus sur plusieurs points à la fois, chassés de Mons et de Nivelles, où Jourdan, après avoir opéré la jonction de ses troupes avec celles de Pichegru, établit son quartier-général.

Il semble qu'on eût pu retirer d'immenses avantages d'une masse de cent cinquante mille hommes; cependant les deux armées continuèrent à agir séparément.

Le 13 juillet, l'armée du Nord marcha sur Malines, et arriva sur le bord du canal de Vilvarden. Pendant qu'on faisait des préparatifs pour le passer, le lieutenant Dardennes, du troisième bataillon des tirailleurs, se jette à l'eau, va saisir sur l'autre bord un grenadier hanovrien, et le force à repasser le canal avec lui. Encouragés par cet exemple, un grand nombre de soldats franchissent le canal, s'établissent sur la rive opposée, malgré le feu violent des Hanovriens qui la gardaient, et facilitent la construction du pont. Les Hanovriens vaincus sont poursuivis jusqu'à Malines. Les portes de cette ville, barricadées et obstruées par des amas de fumier, n'arrêtent point les vainqueurs. Les murs sont escaladés, une des portes débarrassée, et l'armée française entre dans la ville en même temps que l'ennemi en sortait par la porte d'Anvers.

Des inondations, une flotte anglaise en rade, une garnison de trois mille cinq cents Hollandais, protégaient Niewport. La division Moreau en avait formé le siége le 4 juillet. Le climat et la localité offraient d'insurmontables difficultés. La plupart des tranchées, ouvertes dans un sable fin et mouvant, étaient faciles à creuser; mais il fallait des précautions inouïes pour consolider les revêtements. Les eaux de l'inondation, venant presque toutes de la mer, étaient saumâtres et insalubres. La seule eau potable qu'on pût se procurer se trouvait en creusant dans les dunes, et encore fallait-il y mêler une certaine quantité de vinaigre; aussi, pendant le siége, Moreau fit-il distribuer une double ration de cet acide, et une grande quantité de petite bière. Cependant, malgré tant de précautions, l'air était si malsain que déjà les maladies atteignaient l'armée, lorsque la garnison demanda à capituler. Le 19 juillet elle sortit de Niewport, déposa ses armes et ses drapeaux sur les glacis, et, prisonnière de guerre, fut dirigée dans l'intérieur de la France.

L'armée du Nord se présenta, le 27, devant Anvers, et trouva cette ville sans défense. Trois mille Anglais qui occupaient un des forts, le fort Lillo, évacuèrent leur poste à la première sommation, terrifiés sans doute par un décret de la Convention qui ordonnait de ne faire aucun prisonnier anglais ou hanovrien. Moreau, maître de Niewport, avait reçu des conventionnels Lacoste et Richard l'ordre de former le siége du fort de l'Ecluse. Pour réussir dans cette entreprise et compléter l'investissement de ce fort, il était nécessaire de faire passer des troupes dans l'île de Catzand, et cette île ne communiquait au continent que par une digue étroite inondée de tous les côtés, et défendue par une batterie de quatorze pièces de canon. On ne pouvait pénétrer dans l'île qu'en suivant cette digue; pour la suivre, il fallait culbuter les Hollandais qui s'y étaient fortement retranchés, et prendre la batterie.

Le 24 juillet, un détachement de chasseurs se précipite tout entier dans le canal de cent pieds de large qui sépare l'île du continent, et s'empare d'une redoute située sur la rive gauche.

Le 28 juillet, à cinq heures du soir, pendant que le commandant du génie Dejean construit un pont de bateaux, les soldats impatients demandent l'attaque, aux cris redoublés de « Vive la nation ! » Sous le feu des batteries hollandaises, et sans attendre l'achèvement du pont, les grenadiers et chasseurs s'élancent dans les premiers batelets qu'ils trouvent sous leur main, les assujétissent les uns aux autres en les liant avec leurs cravates et leurs mouchoirs, et vont affronter l'artillerie des Hollandais; d'autres Français se précipitent à la nage au milieu d'un courant rapide.

Ils abordent, se rendent maîtres de deux bouches à feu, et les tournent contre leurs adversaires, qui sont mis en déroute.

Le pont fut terminé à neuf heures, et avant minuit l'infanterie et la cavalerie étaient dans l'île.

La possession de l'île de Catzand permit d'investir le fort de l'Ecluse. Les travaux en furent vivement pressés. Les pluies, les inondations, les fièvres, les maladies, le manque de vivres, aucun obstacle n'arrêta nos soldats. Au lieu d'aller aux batteries par les tranchées, ils n'y marchaient jamais qu'à découvert, avec une intrépidité sans exemple, qui étonnait leurs propres généraux. Souvent, dans l'eau et dans la boue jusqu'à la ceinture, ils s'encourageaient les uns les autres en criant : « Vive la république ! nous n'en aurons pas le démenti. »

La garnison, forte de plus de deux mille hommes, capitula le 25 août. Le siége n'avait pas coûté plus de cent vingt hommes tués ou blessés ; mais, pendant sa durée, on envoya aux hôpitaux plus de sept mille malades.

Le gros de l'armée du Nord s'était mis à la poursuite des Anglais ; leur avant-garde fut défaite à Boxtel, perdit deux mille prisonniers et huit pièces de canon.

Le 23 septembre, Bois-le-Duc capitula. Moreau, auquel Pichegru malade avait remis provisoirement le commandement, prit Vanloo et Nimègue.

La conquête de l'île de Bommel et du fort de Grave furent les dernières opérations de l'année. Le froid, loin d'arrêter nos succès, nous ouvrit des routes nouvelles en solidifiant la surface des eaux.

Le 13 décembre, la Meuse fut entièrement gelée, et de manière à pouvoir porter des canons. Pichegru, profitant de l'occasion que lui présentait la fortune de surmonter des obstacles ordinairement invincibles, se prépara à franchir la Meuse sur la glace. Il se disposa à la passer sur trois points et à s'emparer de l'île de Bommel, tandis que la division qui bloquait Bréda attaquerait les lignes qui entouraient cette place. Le 28 décembre, par un froid de dix-sept degrés, nos soldats se présentèrent sur trois points, à Crèvecœur, Empel et au fort Saint-André, surprirent les Hollandais engourdis et les mirent en déroute. Cette conquête de l'île de Bommel fut le résultat de quelques heures d'attaque.

Le stathouder effrayé sollicita la paix, promettant de reconnaître la république française, et s'engageant à payer quatre-vingts millions de florins. Mais le Comité de Salut Public repoussa avec dédain ces propositions, et Pichegru répondit ironiquement aux envoyés du souverain des Provinces-Unies : « L'armée française ira traiter de la paix à Amsterdam ou à La Haye. »

L'armée de Sambre-et-Meuse, comme celle du Nord, fut constamment victorieuse. Le 18 juillet, la division Kléber se porta sur Louvain, ville occupée par les Autrichiens. Les portes furent brisées à coups de hache. Un combat très vif s'engagea dans les rues, qui furent en un moment jonchées de cadavres. Après une résistance qui leur fit honneur, les Autrichiens prirent le parti d'abandonner la ville au pouvoir des Français.

L'avantage le plus remarquable de l'occupation de Louvain fut la délivrance d'une grande partie des soldats de la garnison de Landrecies, qu'on y détenait.

La Convention, sur le rapport de Carnot, avait rendu un décret portant : « Que les quatre grandes places françaises (Valenciennes, Condé, Landrecies et Le Quesnoy) seraient sommées de se rendre à discrétion, et que, dans le cas de refus, après un délai de vingt-quatre heures, les garnisons ennemies seraient passées au fil de l'épée. »

Cependant les forces dont on pouvait disposer ne pouvaient entreprendre qu'un seul de ces siéges à la fois. On commença par celui de Landrecies. Un détachement de sept à huit mille hommes de l'armée de Sambre-et-Meuse l'investit dès le 3 juillet. Les gardes nationales des communes voisines s'empressèrent de demander à être mises en activité, et vinrent prendre part aux fatigues du siége.

Le 16 juillet, la garnison se rendit. On trouva dans la place quatre-vingt-douze pièces d'artillerie, des provisions de bouche, des magasins de poudre, et un très grand approvisionnement de fer coulé. Cette conquête importante ne coûta que cent cinquante hommes tués ou blessés.

Le même jour, les Autrichiens évacuèrent Namur. Jourdan n'y trouva que deux cents hommes et un officier, qui lui remit les clefs de la place Liége et Tongres furent occupés les jours suivants. Le Quesnoy fut repris le 16 août par la division Scherer.

Après un siége de vingt-sept jours, la garnison, forte de deux mille huit cents hommes, obtint grâce de la vie par le dévouement de ses chefs, qui offrirent de payer de leur tête la résistance qu'ils avaient opposée aux ordres de la Convention.

Ce fut à ce siége qu'on fit le premier essai des télégraphes. La reddition du Quesnoy fut connue à Paris au bout d'une heure, au moyen d'une ligne télégraphique établie de Lille à Paris, par l'ingénieur Chappe.

La place de Valenciennes, que les Autrichiens avaient réduite en cendres avant de s'en rendre maîtres, et qui s'était signalée par sa longue résistance, se trouvait maintenant avoir été réparée avec le plus grand soin par ses nouveaux possesseurs. Plus de trois millions avaient été employés à en relever les fortifications; et au moment où les Français se présentèrent pour l'investir, elles étaient dans un état bien plus formidable qu'auparavant. Ses remparts étaient couverts d'une artillerie nombreuse. Une garnison de quatre mille huit cents hommes, approvisionnée pour plus de dix mois, était renfermée dans ses murs. Dans toute autre circonstance il eût fallu cent mille hommes de bonnes troupes pour assiéger cette place et se flatter de la prendre; mais les alliés, repoussés de la frontière, ne pouvaient point la secourir; et Scherer, avec moins de vingt-cinq mille hommes, osa entreprendre de la forcer. Investie le 18 août, elle se rendit le 28. On y trouva de vastes magasins de vivres, deux cent vingt-six bouches à feu, près d'un million de poudre, et une immense provision de fer coulé.

Ainsi, par l'effet de la terreur qu'inspirait le terrible décret de la Convention Nationale, bien plus encore que par la force des armes, il ne restait plus à prendre que Condé, pour que la France eût recouvré les quatre places fortes restées au pouvoir de l'ennemi à la suite des revers éprouvés en 1793 et au commencement de cette année. Landrecies, Le Quesnoy et Valenciennes étaient rentrés dans le sein de la république. Scherer, qui avait été successivement chargé de ces trois conquêtes, fut encore envoyé pour former le siège de Condé. Dès le 26 août, le commissaire de la Convention Lacoste avait fait investir cette place par un détachement de l'armée occupée autour de Valenciennes; et, le lendemain de la capitulation de cette dernière ville, Scherer conduisit son armée victorieuse sous les murs de Condé.

La garnison capitula le 29 et sortit de la place, abandonnant cent soixante-une bouches à feu, six mille fusils, cent mille boulets, quinze mille cartouches, trois cents milliers de poudre, six cents milliers de plomb, et des vivres pour six mois. Les vainqueurs trouvèrent en outre, dans les canaux environnants, cent soixante-une barques, la plupart richement chargées. Ainsi cette place, l'une des meilleures de la frontière, fut rendue à la république sans avoir essuyé de siège régulier.

La division Scherer rejoignit le gros de l'armée, et Jourdan se hâta d'attaquer les Autrichiens dans leurs positions. Celle de la Chartreuse fut abandonnée par les ennemis, après quatre heures d'un combat opiniâtre.

Deux mille hommes restés sur le champ de bataille, douze cents prisonniers, trente-cinq pièces de canon, deux cents caissons et fourgons, cinq drapeaux, tels furent les résultats de cette journée, qui força les Autrichiens, après quelques autres engagements peu meurtriers, à se replier sur Juliers (17-18 septembre).

Le 22 septembre, Jourdan s'empara d'Aix-la-Chapelle; et Kléber, avec trente mille hommes, forma l'investissement de Maëstricht. Pour faire le siège de cette ville sans être inquiété, il fallait chasser les Autrichiens de leurs positions sur les bords de la Roër. En moins de deux heures, le 2 octobre, leur camp est forcé et les redoutes sont emportées avec une intrépidité sans exemple. Les soldats de l'avant-garde de la division Kléber, impatients du délai nécessaire pour la construction d'un pont, se jettent dans la Roër, passent le fleuve à la nage, courent attaquer les retranchements ennemis et s'en emparent à la baïonnette. L'infanterie autrichienne se présente pour protéger la retraite; elle est chargée, culbutée, et ne doit son salut, ainsi que toute l'armée, qu'au canon de la place de Juliers, qui empêche les Français de la poursuivre au-delà.

On vit deux escadrons de chasseurs, commandés par le général d'Hautpoul, charger quatre escadrons ennemis et les précipiter dans la Roër.

L'avant-garde, commandée par le général Lefebvre, s'était portée sur

Linnich. Lorsqu'elle s'y présenta, les Autrichiens avaient détruit les ponts et mis le feu à la ville; tous les passages avaient été rendus impraticables; Il fallut établir des ponts de bateaux, et leur construction ne put avoir lieu que sous un feu terrible. L'artillerie française montra dans cette occasion sa supériorité par la célérité du tir et la précision des manœuvres. La nuit seule fit cesser le combat. L'ennemi, qui avait perdu cinq mille hommes, profita des ténèbres de la nuit et d'un brouillard épais pour se retirer. La garnison de Juliers se rendit sans coup férir.

L'occupation de Bonn, de Cologne et de Coblentz précéda la prise de Maëstricht. C'était l'une des plus fortes places et des mieux approvisionnées de l'Europe. Louis XIV avait mis treize jours pour prendre Maëstricht; Louis XV ne l'avait soumis qu'au bout de trois semaines : Kléber s'en empara après onze jours de tranchée ouverte. Une grêle de bombes et autres projectiles furent lancés sur cette ville, et en réduisit une partie en cendres. Le prince de Hesse, apitoyé sur le sort des habitants, désespérant d'obtenir aucun secours, consentit, le 4 septembre, à rendre la place et à déposer les armes, à condition que sa garnison, forte de huit mille hommes, serait renvoyée sur parole, jusqu'à parfait échange. On trouva dans la place trois cent cinquante-neuf bouches à feu, parmi lesquelles trois cent deux en bronze, presque toutes de gros calibre, quatre cents milliers de poudre (l'assiégé en avait brûlé neuf cent cinquante milliers); quatorze mille fusils, outre ceux qui furent déposés par la garnison sur les glacis de la place, et trente-six drapeaux hollandais et autrichiens, qui furent apportés en grande pompe à la Convention par un aide-de-camp du général Kleber.

Les armées du Nord et de Sambre-et-Meuse, si formidables à l'ennemi, si grandes et si glorieuses, étaient, à la fin de 1794, dans un état de détresse qui rend plus admirable encore leur courage et leur dévouement. Sept mois de bivouac avaient usé leurs équipements. Il y en avait beaucoup qui auraient désiré se vêtir à leurs frais; mais, avant même que les villes ne fussent prises, la réquisition de tous les draps était déjà arrêtée, et quand les soldats y entraient il ne leur était seulement pas permis d'acheter de quoi rapiécer leurs vieux habits. Il n'y avait que l'agence du commerce et les réquisiteurs qui eussent le privilège de couvrir leur nudité. La position des officiers était encore pire, parce que, ne recevant aucun vêtement de la République, ils n'avaient aucun moyen de s'en procurer. Tous les généraux étaient outrés des obstacles qu'on faisait naître toutes les fois qu'un militaire réclamait les habits qui lui étaient dus ou ceux qu'il voulait se procurer avec son argent. Souham, plus impatient que les autres, prit sur lui de chasser de Nimègue tous les réquisiteurs de l'agence du commerce; il les menaça même de les faire arrêter s'ils s'avisaient d'y reparaître.

On établit des bureaux où des draps furent délivrés aux officiers, qui les payèrent comptant, et un très grand nombre eurent au moins de quoi se couvrir. Mais le soldat souffrit encore longtemps de la disette de bas, de souliers, de capotes, d'habits, et généralement de toutes les parties de l'équipement. Quoique le froid commençât à être très vif, il n'était pas rare de voir un factionnaire vêtu d'un habit dont les manches tombaient en lambeaux, sans capote, obligé de se couvrir avec son sac de campement. Notez que les subsistances n'étaient pas très exactement fournies, et il est encore difficile de se faire une juste idée du comble de misère où le soldat était réduit.

Les armées du Rhin et de la Moselle, qui avaient soutenu, en 1793, presque tout le poids de la guerre, ne figurent en 1794 que sur le second plan. Au mois d'avril, Jourdan remplaça Hoche, qui, prenant conseil de lui-même, n'exécutait pas assez docilement les plans arrêtés par le Comité de salut public.

Le 18 avril, le nouveau général s'empara d'Arlon. Le 23 mai, n'ayant avec lui que seize mille hommes, il fut attaqué, près de Schifferstadt, par quarante mille hommes, composant la division autrichienne du prince de Hohenlohe et l'armée prussienne du maréchal Moellendorf. Les Français pliaient quand le général Desaix s'avança à la tête de la réserve. Un officier, en lui rendant compte des progrès de l'ennemi, lui demanda ce qu'il ordonnait : « La retraite de l'ennemi, » répondit brusquement Desaix. Il continua sa marche et fut vainqueur.

Après la formation de l'armée de Sambre-et-Meuse, l'armée du Rhin, réduite à dix-huit mille hommes, aux ordres du général Michaud, se tint sur la défensive. Dix mille hommes de renfort détachés de l'armée de la Moselle, que commandait le général Moreau, vinrent au commencement de juillet lui fournir les moyens d'enlever plusieurs postes importants et presque inaccessibles. Le 18 juillet, Michaud entreprit de chasser l'ennemi du Platzberg, la plus élevée des collines du duché de Deux-Ponts, et fortifiée par les Prussiens suivant toutes les règles de l'art militaire. Le gros de l'armée du Rhin, sous le feu d'une artillerie formidable, gravit les pentes escarpées du Platzberg et en atteignit le sommet. Les Prussiens cédèrent la position en abandonnant neuf pièces de canon, des caissons, des chevaux, et un grand nombre de blessés et de morts.

Les divisions de l'armée de la Moselle avaient été chargées d'attaquer Tripstadt, position non moins favorable que le Platzberg, environnée de fortes redoutes hérissées de canons, occupées par l'avant-garde ennemie. Les Prussiens, pour augmenter les obstacles, s'étaient entourés d'abattis, et une nombreuse cavalerie devait seconder leurs efforts. Les soldats français abordèrent franchement l'ennemi, qui leur opposa d'abord la plus vigoureuse résistance. La cavalerie prussienne paraissait surtout très redoutable. Cinq fois l'infanterie républicaine fut repoussée dans ses efforts. La cavalerie prussienne fit plusieurs charges heureuses, et força les troupes françaises à se former en carré; mais la division Taponnier, après avoir combattu avec succès sur le flanc gauche de la montagne, s'étant emparée d'une redoute, en dirigea les canons contre l'ennemi. La cavalerie prussienne ne put tenir contre ce feu, et fit sa retraite. Alors l'infanterie française s'élança au pas de charge, et telle fut la vigueur de ce dernier choc que les Prussiens se virent contraints de céder le terrain. Ils furent enfoncés, rompus sur toute la ligne. Les Français s'emparèrent des retranchements, massacrèrent les canonniers sur leurs pièces, et, vainqueurs enfin après un combat qui avait duré dix-neuf heures, ils devinrent maîtres du camp de Tripstadt, des batteries de l'ennemi, de ses munitions, de ses magasins. La nuit les empêcha de poursuivre les Prussiens.

La défaite des ennemis dans cette journée leur coûta plus de quatre mille cinq cents hommes restés morts sur le champ de bataille, beaucoup de blessés, peu de prisonniers, mais une quantité considérable de déserteurs, entre autres une compagnie de grenadiers tout entière. La perte des Français fut beaucoup moindre en proportion.

Le 7 avril, le général Moreau fit attaquer les postes de Pellingen et de Contz, et occupa la ville de Trèves. Moins heureuse, l'armée du Rhin fut repoussée, le 20 septembre, des hauteurs de Kayserslautern; mais bientôt, ralliés et renforcés par quelques bataillons du centre de l'armée de la Moselle, les vaincus reprirent l'avantage, rentrèrent le 27 dans Kayserslautern, et vinrent assiéger le fort de Rheinfels; ce fort était protégé par de nombreuses batteries établies sur la rive droite du Rhin.

Cette place, dont les nombreux approvisionnements prouvaient l'intention de se défendre longtemps, fut emportée en deux jours par les Français. Les vainqueurs y trouvèrent trente-neuf bouches à feu, dont la plupart de bronze; des mortiers, des fusils, deux cent cinquante tentes, presque toutes d'officiers, des munitions de guerre et de bouche de toute espèce. Les Autrichiens avaient tout préparé pour faire sauter le fort aussitôt que les Français seraient entrés. On découvrit dans un souterrain une mèche allumée qui devait communiquer le feu au magasin à poudre et à plusieurs bombes dont l'explosion eût causé un dommage immense. Les habitants de Giwerlin, ville voisine du fort, dès que les Autrichiens l'eurent abandonné, s'empressèrent de remettre les clefs de la ville au représentant du peuple Bourbotte.

Le 12 novembre, l'armée du Rhin s'empara de Monbach, et la division Desaix entra dans Weissenau. Le 1ᵉʳ décembre, le général Saint-Cyr enleva, devant Mayence, la redoute dite de Merlin, après y avoir tué plus de six cents hommes, et fait plus de quatre-vingts prisonniers. On y trouva quatre caissons et deux obusiers. Enfin, le 3 décembre, une division de l'armée de la Moselle s'empara des redoutes de Zalbach, très près de Mayence, prit six pièces de canon, un obusier, tua six cents Autrichiens et fit deux cents prisonniers. Les armées du Rhin et de la Moselle, alors réunies, attaquèrent la tête du pont du Rhin devant Manheim, et préparèrent l'investissement de Mayence, qu'elles exécutèrent sur la rive gauche pendant l'hiver rigoureux qui allait suivre.

La guerre avec les peuples méridionaux fut moins importante, mais non moins glorieuse pour les Français que celle qu'ils soutenaient dans le nord.

Au mois d'avril, *l'armée des Alpes*, commandée par le général Alexandre Dumas, après deux jours de marche au milieu des neiges, prit les postes du Mont-Valaisan et du Petit-Saint-Bernard.

Vingt pièces de canon, plusieurs obusiers, treize pièces d'artillerie de montagne, deux cents fusils et deux cents prisonniers, parmi lesquels se trouva le commandant piémontais, restèrent au pouvoir des Français.

Le 8 mai, l'armée des Alpes enleva tous les retranchements du Mont-Cenis et envahit la vallée de la Sture. Elle resta presque inactive pendant le reste de l'année.

L'armée d'Italie, que commandait en chef le général Dumerbion, s'empara d'Oneille le 8 avril. Du 17 au 29 avril, le général de division Masséna prit Loano, Ponte-di-Nave, Ormea, Garessio, le camp de Saorgio, Rocabigliera et Saint-Martin. Le 8 mai, de concert avec le général Macquart, il s'ouvrit la route du Piémont par la prise des retranchements de la Briga et du village de Tende. Le 11 septembre, le corps autrichien du général Wallis, posté en avant de Cairo, fut culbuté en moins d'une heure et demie, avec une perte de plus de mille hommes tués, blessés ou prisonniers. L'armée trouva dans Cairo des magasins de vivres et de fourrages. Le général Dumerbion, dans le rapport qu'il fit de cette affaire au Comité de Salut Public, se loua beaucoup des talents et de la belle conduite du général de division Masséna, et des généraux de brigade Laharpe et Cervoni. Un soldat, nommé Brimont, quoique blessé de deux coups de feu à la cuisse et de deux coups de baïonnette, tua de sa main quatre Autrichiens qui cherchaient à le faire prisonnier; il fut nommé officier sur le champ de bataille par les commissaires conventionnels Salicetti et Albitte, présents à cette affaire. La faiblesse de l'armée d'Italie l'empêcha de poursuivre le cours de ses succès.

L'armée des Pyrénées-Occidentales avait formé, sous les murs de Saint-Jean-de-Luz, le camp des *Sans-Culottes*. Quinze mille Espagnols l'attaquent le 15 février; on court aux armes; des recrues arrivées de la veille, et n'ayant point de fusils, s'arment de tout ce qui leur tombe sous la main. Le général Moncey, malade depuis quinze jours à Bayonne, vient en hâte se mettre à la tête de sa brigade. Les prisonniers détenus pour délits militaires au quartier-général de Chauvin-Dragon supplient le général en chef Moller de leur accorder la permission d'aller combattre; ils obtiennent cette permission: l'un d'eux, qui était officier, répond de tous et se met à leur tête. Tous les soldats rivalisent d'ardeur, et les Espagnols se retirent avec perte.

A la fin de la journée, les prisonniers déposèrent leurs armes et revinrent à Chauvin-Dragon pour y reprendre leurs fers. Ce trait de discipline parut si sublime à la Convention qu'elle rendit par acclamation un décret portant que leurs fautes leur seraient pardonnées, et qu'ils seraient sur-le-champ remis en liberté.

A la fin de mai, Muller reçut des renforts et occupa le village des Aldudes. Le 23 juin, les Espagnols font une tentative sur les postes français, et enlèvent ceux du Maudal, du Rocher et du calvaire d'Urugne. Le poste de la Croix-des-Bouquets tient ferme, et donne le temps à Muller d'envoyer des détachements près du camp des Sans-Culottes : l'action change de face ; les positions prises par les Espagnols leur sont enlevées au pas de charge. Bientôt l'artillerie, dont ils s'étaient emparés, mais que les Français reprennent dans leur charge impétueuse, est dirigée sur les fuyards, et la déroute est bientôt complète.

Les ennemis perdirent beaucoup de monde dans cette affaire, qui fut moins sanglante pour les Français, malgré leur premier échec. Les Espagnols, pressés de fuir, avaient, contre leur usage, abandonné presque tous leurs blessés. Ceux-ci furent traités dans les hôpitaux de l'armée avec les mêmes soins et les mêmes égards que les soldats français.

Les Espagnols se retirèrent derrière la Bidassoa.

Le 9 juillet, le général Moncey s'empare du camp d'Arquinzun, où le marquis de Saint-Simon commandait un corps de sept mille Espagnols.

Le 26, Muller ordonne une attaque générale sur la vallée du Bastan ; des pièces de canon sont hissées à force de bras sur les hauteurs ; tous les postes qui défendaient encore la vallée sont pris successivement : les frontières d'Espagne sont franchies ; le 1ᵉʳ août, les Espagnols sont chassés du camp de Saint-Martial et du poste d'Haya. Trois cents hommes, guidés par le général Fregeville et le représentant Garrau, somment la ville de Fontarabie. Le commandant de la place demande des délais ; Garrau ne lui accorde que six minutes, en le prévenant que, ce délai expiré, la garnison et lui seraient passés au fil de l'épée. Le commandant, effrayé, se hâta de capituler, et à six heures du soir il sortit de la place avec sa garnison qui, forte de huit cents hommes, déposa ses armes sur le glacis et resta prisonnière de guerre.

Jusque-là Fontarabie n'avait jamais été prise, et se glorifiait du surnom de *la Pucelle*, que lui donnaient les Espagnols. La conquête de cette place et l'occupation des positions d'Haya et de Saint-Martial étaient extrêmement avantageuses aux Français. Ils y gagnèrent deux cents bouches à feu, quinze à seize cents tentes, deux mille prisonniers, dont deux régiments entiers, des munitions de guerre en abondance, quatre mille bombes et obus, dix à douze mille fusils, des magasins considérables en subsistances et en effets militaires, et six drapeaux qui furent portés avec un grand appareil à la Convention par le capitaine Lamarque. En gravissant la montagne de Saint-Martial, les soldats s'écriaient : « Pour cette fois, on parlera de nous à la Convention, et on lui fera un rapport de notre conduite. » Ils obtinrent la récompense qu'ils ambitionnaient ; et l'Assemblée décréta à l'unanimité que l'armée des Pyrénées-Occidentales avait bien mérité de la patrie.

Les Espagnols ne purent se maintenir ni dans la petite ville d'Hernani, ni au port du Passage; l'armée victorieuse parut devant Saint-Sébastien. Cette ville renfermait une garnison de deux mille hommes, et ses remparts étaient garnis d'une artillerie considérable. Moncey, chargé d'en faire le siége et n'ayant point de canons, essaie d'intimider les habitants par des menaces. Il envoie dans la ville le capitaine Latour-d'Auvergne. Celui-ci, qui possédait parfaitement l'espagnol, confère avec l'alcade Michelena, harangue le peuple qu'il trouve disposé à fraterniser avec les Français, épouvante le gouverneur, et lui annonce l'arrivée prochaine d'une artillerie formidable.

La garnison voulait se défendre; l'alcade était d'avis de capituler; le gouverneur hésitait. Enfin, à demi persuadé par les discours de Michelena, ce commandant dit au parlementaire français : « Mais, capitaine, vous n'avez pas tiré un seul coup de canon sur ma citadelle; faites-moi du moins l'honneur de la saluer; sans cela, vous sentez bien que je ne puis vous la rendre. » Latour-d'Auvergne revient au camp, et fait jouer la seule pièce de huit que possédaient les Français; les batteries des forts y répondent par une grêle de boulets. Le capitaine retourne à la place, et détermine le gouverneur à se rendre. La garnison sortit avec tous les honneurs de la guerre, mais resta prisonnière. Les habitants reçurent les Français avec les démonstrations de la joie la plus vive.

La ville de Tolosa fut prise le 8 août. Au mois d'octobre Moncey remplaça Muller. Le 23, l'avant-garde de l'armée enleva aux Espagnols le poste d'Eguy. En deux jours les Français se rendirent maîtres de toute la vallée de Roncevaux. Ce succès fut célébré avec emphase dans le sein de la Convention. En mémoire de l'échec éprouvé par Charlemagne, les Espagnols avaient fait élever une pyramide dans cette vallée; les conventionnels Baudot et Garrau la firent abattre, et écrivirent à ce sujet à la Convention : « Citoyens, l'armée des Pyrénées-Occidentales, en remportant une victoire signalée sur les Espagnols, a vengé une injure d'ancienne date faite à la nation française. Nos ancêtres, au temps de Charlemagne, furent défaits dans les plaines de Roncevaux. L'orgueilleux Espagnol, en mémoire de cet événement, avait élevé une pyramide sur le champ de bataille. Vaincu à son tour, au même endroit, par les Français, déjà son propre sang en avait effacé les caractères; il ne restait plus que le fragile édifice, qui a été brisé à l'instant même. Une musique touchante et guerrière a suivi cette inauguration; les mânes de nos pères ont été consolés, et l'armée de la République a juré de vaincre pour la gloire du nom français de tous les âges et pour le bonheur de la postérité. »

Un passage de cette lettre fait allusion à une massue que la tradition disait avoir appartenu au chevalier Roland, et qui disparut dans l'incendie du monastère de Roncevaux, auquel les Espagnols mirent le feu par accident. On montrait dans ce monastère des pantoufles que, suivant la même tradition, l'archevêque Turpin avait laissé échapper de ses pieds en s'enfuyant.

La supériorité numérique des vaincus pouvait devenir funeste à leurs adversaires. En conséquence Moncey arrêta l'évacuation de la Navarre, et en fixa l'époque au 29 novembre. Pour masquer sa retraite, il envoya trois brigades attaquer le poste de Bergara.

Le 28, à midi, le chef de bataillon Gravier commença le combat en jetant en avant quelques compagnies d'infanterie légère en tirailleurs. Bergara est dans une position d'un accès très difficile. Les Espagnols y avaient élevé des retranchements en gradins, et s'y trouvaient en force. Une compagnie des gardes-du-corps du roi d'Espagne faisait partie des troupes. Les tirailleurs ayant été soutenus successivement par d'autres troupes, les Français abordèrent bientôt les retranchements ennemis, et le mouvement des différentes colonnes se trouva si bien combiné dans cette attaque que les Espagnols qui occupaient les retranchements, et notamment les gardes-du-corps, prirent l'épouvante et s'enfuirent : cet exemple fut bientôt suivi par les autres troupes. Les retranchements furent emportés. Trois cents Espagnols furent tués, deux cent cinquante faits prisonniers ; quatre drapeaux, cinq mille fusils, la caisse militaire et trente-huit caissons, tombèrent au pouvoir des Français.

Les vaincus s'enfuirent avec une telle rapidité que le général espagnol Ruby, qui avait été surpris au moment où il allait se mettre à table, fut obligé de se jeter à la nage pour se sauver; un tambour français s'était attaché à sa poursuite, et le général ne trouva point de meilleur expédient, pour éviter d'être fait prisonnier, que celui d'ôter son uniforme brodé, et de le jeter à ce tambour.

Les Espagnols se retirèrent à Salinas, abandonnant toute la vallée d'Arraguil. Après avoir pillé Bergara, les Français occupèrent les villages d'Ascoitia et d'Aspeitia, et s'emparèrent des superbes fonderies que la retraite précipitée de l'ennemi ne lui permit point de détruire.

Le 29 novembre, toutes les divisions de l'armée des Pyrénées-Orientales effectuèrent leur retraite sans que l'ennemi y portât obstacle.

Le combat de Gatzelu fut le dernier engagement de la campagne. Le 7 décembre, Harriet, chef du premier bataillon des chasseurs basques, eut ordre d'occuper Gatzelu, village à une lieue et demie à la gauche de Tolosa. Il y trouva des Espagnols; une fusillade très vive s'engagea, à la suite de laquelle Harriet chassa les ennemis du village, et les poursuivit au-delà de Gorriti.

L'armée des *Pyrénées-Orientales*, forte d'environ quinze mille hommes, eut successivement pour généraux Frégeville, Dubouquet, Mauco et Dugommier. Dagobert, qui l'avait commandée, tomba malade au mois d'avril. Ses derniers succès furent la prise du poste de Belver et de la ville d'Urgel. Il mourut le 21 avril à Puycerda, à l'âge de soixante-quinze ans.

Il était entré fort jeune au service; sa pauvreté était telle que les officiers se cotisèrent pour les frais de ses funérailles. La Convention décréta que son nom serait inscrit sur une colonne dans le Panthéon.

Les Espagnols, au nombre de trente mille, sous les ordres du comte de la Union, occupaient un camp retranché à Boulou. Dugommier les fait attaquer le 30 avril. Leur déroute fut une des plus complètes dont l'histoire fasse mention. Le général Augereau, chargé de les poursuivre, arriva le 6 mai devant le bourg de Saint-Laurent, situé sur cette rivière, à la tête de quatre mille hommes. Saint-Laurent de la Mouga est ceint de murs, et renfermait alors une fonderie considérable et plusieurs fabriques de draps. Augereau s'en empara après quelque résistance de la part d'un détachement qu'y avait jeté le comte de la Union.

La prise de ce bourg fut très avantageuse aux Français. Le drap servit à habiller les troupes, qui avaient un grand besoin de vêtements, et la fonderie approvisionna l'artillerie d'une grande quantité de projectiles. Cet établissement, qui avait coûté, dit-on, plus de six millions à l'Espagne, servait à l'approvisionnement de la plupart des places fortes de la Catalogne. On y trouva quatre pièces de canon, deux obusiers, deux pièces françaises, quarante mille boulets de tout calibre, et cinq cents bombes ou obus.

Après cette expédition, le général Dugommier redoubla ses préparatifs pour assiéger Bellegarde, Collioure et les autres places françaises que tenaient encore les Espagnols.

Le fort Saint-Elme, Port-Vendres et Collioure furent repris du 16 au 20 mai. La garnison de Collioure, composée de sept mille hommes, mit bas les armes au village de Banyuls-la-Maizo. Dugommier fit remettre en liberté et exigea qu'on indemnisât les vieillards faits prisonniers en 1793. La Convention décréta que les citoyens de Banyuls avaient bien mérité de la patrie, ainsi que l'armée des Pyrénées-Orientales, et que sur la place de ce village il serait élevé un obélisque de granit avec cette inscription : *Ici sept mille Espagnols déposèrent les armes devant les républicains, et rendirent à la valeur ce qu'ils tenaient de la trahison.*

Vingt-cinq mille hommes, aux ordres d'Augereau, de Pérignon et de Sauret, furent employés à bloquer Bellegarde. Après avoir supporté tous les excès de la famine, après avoir vu les troupes de la garnison réduites au quart de leur ration dès le 31 juillet, et le plus grand nombre d'entre elles infecté par le scorbut, le marquis de Valsantaro, gouverneur de la place, se vit forcé de demander à capituler. Dugommier lui fit répondre qu'il ne voulait admettre aucune condition; que la garnison se rendrait à discrétion, et attendrait son sort de la générosité française. Le commandant espagnol se soumit à cette détermination, et la place se rendit le 18 septembre. Les Français trouvèrent soixante-huit bouches à feu sur les remparts, et quarante milliers de poudre dans les magasins. Bellegarde était la dernière place française qui fût restée au pouvoir de l'ennemi; sa prise ayant rendu le territoire de la république entièrement libre, la Convention Nationale décréta que l'armée des Pyrénées-Orientales, qui l'avait conquise, continuât de bien servir la patrie, et que Bellegarde prendrait désormais le nom de *Sud-Libre*, comme déjà elle avait donné celui de *Nord-Libre* à la ville de Condé. On célébra à Paris une fête nationale en réjouissance de l'entière évacuation du territoire par les coalisés.

Le 19 novembre, les Français attaquèrent les Espagnols à la Montagne-Noire. Au commencement de l'action, un obus éclate sur la tête de Dugommier; ce général est renversé, sa tête est fracassée, son sang rejaillit sur ceux qui l'entourent. Ses officiers, et deux de ses fils qui se trouvaient à ses côtés, le relèvent; un reste de vie l'animait encore; il dit aux officiers qui l'entourent : « Faites en sorte de cacher ma mort à nos soldats, afin qu'ils achèvent de remporter la victoire, seule consolation de mes derniers moments. »

Dugommier (Jean-François-Coquille), né à la Basse-Terre, dans l'île de la Guadeloupe, en 1736, était entré au service à l'âge de treize ans; il rentra au bout de quelque temps dans la vie privée, et n'en sortit qu'à l'époque de la révolution. Venu en France en 1792, il avait constamment commandé avec honneur. A la nouvelle de sa mort, les soldats s'écrièrent : « C'est notre père que nous avons perdu, vengeons-le ! » L'attaque recommença le 19, et le 20 les Espagnols furent défaits avec une perte considérable.

Dugommier fut enterré au milieu de la forteresse de Bellegarde, et l'armée suivit tristement sa pompe funèbre.

Son successeur, Pérignon, s'empara de Figuières le 29 novembre. C'était une place bien approvisionnée, et l'une des plus belles de l'Europe; sa reddition subite étonna les vainqueurs eux-mêmes. Après la signature de la capitulation, le représentant du peuple Delbrel dit au lieutenant-colonel Ortozonar, l'un des parlementaires espagnols :

« Maintenant que tout est signé, vous pouvez parler franchement. N'est-il pas vrai que vous manquiez d'une artillerie suffisante pour la défense de la place? — Il y a deux cents pièces d'artillerie en batterie sur les remparts. — Vous n'aviez donc pas de munitions? — Nous en avions pour six mois. — Manquiez-vous de subsistances? — Tous les magasins en sont remplis. — Votre garnison est donc trop faible? — Elle est de dix mille combattants. — Que vous manquait-il donc pour vous défendre? — Cela (en mettant la main sur son cœur). Si j'avais eu sous mes ordres trois mille hommes de vos troupes, vous n'auriez jamais été maîtres du fort. »

Les Anglais, que nous avions vu s'enfuir honteusement de Toulon, se dirigèrent vers la Corse, où les appelait un parti dirigé par le général Paoli. Le général Lacombe-Saint-Michel, membre de la Convention et commandant des troupes de l'île, n'ayant que douze mille hommes, Bastia et Calvi furent les seules villes qui reconnurent son autorité; il eut recours à la ruse pour empêcher l'ennemi de former le siège de Bastia. Il ait venir le capitaine d'un vaisseau ragusain mouillé dans le port, lui remet mystérieusement une lettre pour le consul de France à Gênes, lui compte une somme, et lui en promet une bien plus forte s'il parvient à soustraire cette lettre à la vigilance des croiseurs anglais. Il instruisait le consul de quelque échec qu'il venait d'éprouver; mais il lui marquait en même temps qu'il avait pris à Bastia une nouvelle position où il avait tendu aux Anglais un piége tel que, s'ils y tombaient, il n'en échapperait pas un seul. A peine sorti de Bastia, l'avide Ragusain ne manqua pas, comme Lacombe l'avait prévu, de vendre sa dépêche aux Anglais. La ruse réussit : l'amiral ennemi n'osa, de six semaines, former aucune entreprise sur Bastia. Pendant ce temps Lacombe était parvenu à se fortifier; mais les Anglais, de leur côté, avaient fait venir des Napolitains pour les aider. Vingt vaisseaux de ligne croisaient en même temps dans ces parages pour empêcher toute espèce de secours d'y pénétrer. Fiers de leurs forces, les Anglais forment le siége de Bastia et de Calvi; Bastia est aussitôt sommé de se rendre : le général français répond qu'il est prêt à les recevoir avec des boulets rouges. Dès le soir une de leurs frégates parut dans la rade, et s'embossa devant la ville. Placé à la batterie la plus avancée, le général lui laisse jeter ses ancres, mais en même temps donne l'ordre à toutes ses batteries de tirer dessus : le feu prend bientôt à la frégate. Malgré les secours de vingt vaisseaux, elle brûle pendant douze heures, puis s'engloutit dans les flots. Lacombe semblait avoir fait passer son courage dans le cœur de ses soldats. Pendant plus de deux mois la garnison et les habitants supportèrent avec une résignation héroïque toutes les fatigues d'un siége poussé avec vigueur, jointes à toutes les horreurs de la famine. Enfin Bastia, à moitié réduit en cendres, et n'espérant plus de secours, capitula et se rendit aux Anglais le 20 juillet.

Les habitants et la garnison de Calvi se défendirent avec non moins de vaillance. Les femmes elles-mêmes firent preuve de patriotisme, et pendant qu'un feu très vif faisait pleuvoir sur leur ville une grêle de bombes et de boulets, elles apportaient, jour et nuit, de la terre sur les bastions, pour amortir l'effet des projectiles. Les jeunes gens prirent part à la défense commune. L'un d'eux, âgé de quinze ans, blessé par l'éclat d'une bombe, était près d'expirer; il voit sa mère verser des larmes : « Ma mère, ne pleure pas, lui dit-il; je meurs pour la patrie! »

Pendant deux mois la ville fut continuellement battue par trente-sept pièces de gros calibre; presque toutes les maisons furent détruites, les fortifications renversées, les batteries démontées. La disette fut telle qu'un œuf valut trente sous en numéraire. Les habitants et les soldats ne se nourrissaient que de chair de cheval, d'âne, de mulet et des animaux les plus immondes. Enfin, la garnison, réduite à deux cent soixante hommes, travaillée par la dyssenterie, accablée de veilles et de fatigues, était incapable de continuer son service, et de garder une place ouverte de toutes parts. La cruelle nécessité décida enfin ces malheureux à demander une capitulation, qui fut conclue le 1er août. Ils sortirent avec les honneurs de la guerre, et s'embarquèrent pour Toulon, suivis de la plupart des habitants, qui aimèrent mieux abandonner aux Anglais les débris de leur ville que de reconnaître leur autorité.

CAMPAGNE DE 1795.

Création du Directoire exécutif.

Armée du Nord : Conquête de la Hollande.

Armée de Sambre-et-Meuse : Prise de Luxembourg; passage du Rhin; prise de Dusseldorf; investissement de Mayence; passage du pont de Neuwied; diversion dans le Hunsdruck; défense de Manheim; armistice.

Armée des Alpes et d'Italie : Guerre de postes; combat du Col-del-Monte et du Petit-Gibraltar; bataille de Loano.

Armée des Pyrénées-Occidentales : Combat de Marquirnechu.

Armée des Pyrénées-Orientales : Prise de Roses; paix avec l'Espagne.

La rigueur de l'hiver, les fatigues d'une campagne de dix mois, n'ôtèrent aux soldats français ni leur activité ni leur courage, et leurs victoires contraignirent toutes les puissances ennemies, à l'exception de l'Autriche, à quitter les armes, ou à solliciter la paix. La France se serait donc trouvée dans une situation florissante, si le gouvernement qu'elle avait choisi avait été moins indifférent pour les intérêts nationaux; mais l'Assemblée Conventionnelle, épuisée par l'immensité de ses travaux, divisée par les factions, après quelque temps d'un règne orageux, laissa le pouvoir entre les mains d'un Directoire exécutif sans patriotisme et sans équité. Ce conseil, composé de cinq membres, Barras, Sieyes, Treilhard, Lareveillère-Lepaux et Merlin (de Douai), abandonna les armées en proie aux manœuvres des dilapidateurs, négligea d'entretenir le zèle des soldats et de pourvoir à leurs besoins, et le salut de la nation fut de nouveau compromis.

L'*armée du Nord* acheva rapidement la conquête de la Hollande. Le duc d'Yorck abandonna tout-à-coup l'armée anglo-hanovrienne, et la laissa sous la direction du général hanovrien Walmoden. Les 9 et 10 janvier, l'armée passa le Wahal sur la glace; le fort de Knossembourg, les villes de Heusden, Wagningen, Utrecht, Gorcum, Arnheim, capitulèrent. La rapidité de la marche de l'armée française était telle que les commissaires conventionnels envoyés en mission près d'elle avaient peine à la suivre, et que Pichegru, la veille de l'occupation d'Utrecht, fut obligé de leur écrire pour presser leur arrivée. Le stathouder s'enfuit à Londres, et, le 20 janvier, le général en chef, accompagné des trois représentants Bellegarde, Lacoste et Joubert, fit son entrée dans la ville d'Amsterdam, et en prit possession au nom de la république.

Les Français y furent reçus comme des libérateurs par un peuple qui déjà avait tenté, en 1787, de secouer le joug du stathouder. Aussi des acclamations universelles, et qui paraissaient franches, accompagnèrent la marche des commissaires de la Convention jusqu'au palais qui leur avait été préparé. Le nom du vainqueur des coalisés, Pichegru, se mêlait aussi aux cris de *vive la nation française!* qui retentissaient de toutes parts.

L'occupation de la ville n'en troubla nullement la tranquillité; le jour même où les Français entrèrent dans Amsterdam, la Bourse fut ouverte; toutes les opérations commerciales eurent lieu comme de coutume, et les dettes furent acquittées avec la même fidélité.

La prise d'Amsterdam excita un vif enthousiasme dans la Convention. Carnot, membre du Comité de Salut Public, proposa de décréter que les armées du Nord et de Sambre-et-Meuse ne cessaient de bien mériter de la patrie. L'Assemblée tout entière, par un mouvement spontané, se leva pour sanctionner ce projet de décret. Un représentant du peuple, Blad, trouva même que ce témoignage de reconnaissance n'était point suffisant, et prétendit que ces deux armées avaient usé, par leurs triomphes, ce protocole adopté par la Convention pour récompenser les braves défenseurs de la patrie; il proposa d'adopter pour eux une nouvelle dénomination, et de décréter que les soldats de ces deux armées seraient appelés les *héros du Nord et de Sambre-et-Meuse*. Cette proposition extraordinaire allait être décrétée, lorsque, sur l'observation de Bourdon de l'Oise, on réfléchit que cette dénomination pourrait humilier les autres armées; et la première proposition de Carnot fut seule adoptée.

La division du général Bonneau s'empara de Gertruydemberg, de Dordrecht, de Rotterdam et de La Haye; les princes d'Orange avaient dans cette ville un palais magnifique. En le quittant, le stathouder avait ordonné à ses domestiques d'avoir pour le général français les mêmes égards que pour lui-même; en conséquence, à son arrivée à La Haye, Pichegru fut reçu dans le palais du prince.

Les états-généraux de la Hollande envoyèrent à tous les commandants de places fortes l'ordre de les rendre aux Français. Les généraux et soldats hollandais prêtèrent serment de ne plus porter les armes contre la France. Il n'y avait donc qu'un petit nombre de provinces à soumettre et d'obstacles à vaincre. Un détachement de cavalerie et d'artillerie légère fut envoyé dans la Nord-Hollande, avec ordre à la cavalerie de traverser le

Texel, de s'approcher des vaisseaux de guerre hollandais qu'on savait y être à l'ancre, et de s'en emparer. C'était la première fois qu'on parlait de prendre une flotte avec de la cavalerie. Cependant cette manœuvre réussit; les Français traversèrent au galop les plaines de glace, arrivèrent auprès des vaisseaux, les sommèrent de se rendre, et firent, sans combat, l'armée navale prisonnière (15 février).

La province de Zelande se soumit vers la fin de février. Au mois de mars, malgré le dégel qui rendait les chemins impraticables, les Anglais furent chassés de tous les postes qu'ils occupaient encore. Frédéric-Guillaume, roi de Prusse, s'empressa de signer, le 5 avril, un traité par lequel la France conservait toutes les possessions prussiennes situées sur la rive gauche du Rhin. La république batave fit avec la république française un traité de paix offensif et défensif, qui fut négocié par les deux représentants du peuple Sieyes et Rewbell, et signé par eux à La Haye, le 16 mai de cette année. Par ce traité, la république batave cédait à la France les différentes forteresses dont celle-ci voulait se faire une barrière sur la Meuse, et la France donnait à la Hollande trente-six mille hommes de troupes pour la soutenir contre les tentatives que le prince d'Orange pourrait faire pour renverser sa liberté.

Les armées du *Rhin*, de la *Moselle* et de *Sambre-et-Meuse* contribuèrent autant que l'armée du *Nord* au succès de la campagne. Par un décret du 2 mars, les deux premières, réunies sous les ordres de Pichegru, prirent le nom d'armée de *Rhin-et-Moselle*.

Pichegru, au lieu d'aller prendre son nouveau commandement, se rendit à Paris. Le général Michaud resta seul pour diriger les opérations.

L'armée de *Rhin-et-Moselle* fut chargée de bloquer Mayence. La garnison de cette ville était sans cesse renouvelée, et c'était toujours contre des troupes fraîches que les Français avaient à combattre, avantage qui n'empêchait pas les ennemis d'être fort souvent vaincus. C'était au point que, quoique supérieurs en nombre, et n'ayant affaire qu'à des soldats harassés de fatigue, les Autrichiens osaient rarement attaquer les premiers, et ne s'y hasardaient jamais que lorsque leur grande supériorité numérique leur donnait l'espoir d'accabler les Français.

Le 22 mai, le général Clairfait, commandant les troupes autrichiennes, tenta une attaque sur le poste du bois de Monbach, celui du Hardenberg, et une grande redoute récemment établie sur un terrain appelé le Junden-Sandi. Averti par un déserteur, le général français se tint sur ses gardes, et les Autrichiens furent repoussés.

Dans un combat livré le 26 mars, Michaud avait eu la cuisse fracturée par un biscaïen. Il se vit obligé de remettre à Kléber le commandement de l'armée. « Mes camarades, écrivait-il aux soldats en leur annonçant sa retraite, l'arrivée d'un successeur me cause une joie d'autant plus vive qu'elle sera pour vous le signal de nouvelles victoires, et qu'aux jours de fatigues et de privations que vous avez supportés avec une patience héroïque vont succéder des jours de triomphe et de gloire. Si en quittant le commandement j'ai un souhait à former, c'est celui d'être guéri promptement, afin d'être à même de combattre avec vous les ennemis de notre patrie. Il me reste un regret : c'est celui de ne pouvoir exprimer avec assez de force, à tous les soldats et aux chefs de l'armée, les sentiments d'estime et de reconnaissance qu'ils m'ont inspirés. Leur bravoure, leur patience et leurs talents, ainsi que la confiance et l'amitié dont ils m'ont honoré, ont considérablement allégé le pesant fardeau qui m'accablait, et le souvenir de ces témoignages d'affection ne cessera de faire la joie et le bonheur de ma vie. »

Le nouveau général attendit pour agir que Jourdan vînt le seconder à la tête de l'armée de Sambre-et-Meuse, après la prise de Luxembourg.

Le blocus de cette ville fut commencé, en novembre 1795, par une division de l'armée de la Moselle, aux ordres du général Debrun. Cette division prit, le 21 octobre, position devant la forteresse ; elle longea la forêt de Grumen-Wald, où l'ennemi, retranché derrière des abattis considérables, avait quatre cents hommes d'infanterie, trois cents hussards, et six pièces d'artillerie. Debrun, arrivé vis-à-vis les redoutes autrichiennes, donna aussitôt l'ordre d'attaquer. Le combat commença par un feu très meurtrier de part et d'autre ; mais les Français, avec leur audace accoutumée, s'élancèrent à la baïonnette contre les redoutes ennemies ; et, malgré tout l'avantage de leur position, les Autrichiens, frappés de terreur, évacuèrent à la hâte leurs retranchements et les abandonnèrent aux Français. Quatre canons et leurs caissons restèrent au pouvoir du vainqueur. La brigade aux ordres du général Péduchelle se porta à la poursuite de l'ennemi avec une telle vigueur qu'il ne put se rallier que sous le canon de Luxembourg, où il arriva en désordre, et ayant essuyé une perte considérable en morts ou blessés, et surtout en prisonniers.

Cette action, qui fut très chaude de part et d'autre, avait duré depuis onze heures et demie du matin jusqu'à la nuit. Attirée par le bruit du canon, la garnison de Luxembourg était sortie au secours du camp de Grumen-Wald, à l'exception de deux bataillons restés seuls dans la forteresse. Mais vainement elle venait dans l'espoir de disputer la victoire : elle fut repoussée sur tous les points. Les Français étaient animés d'une ardeur si bouillante que, dans plusieurs endroits, les chasseurs se jetèrent en tirailleurs jusqu'aux palissades des ouvrages avancés de Luxembourg.

Le lendemain de cette affaire, le général Moreau forma le blocus avec trois divisions de l'armée de la Moselle.

Luxembourg avait pour gouverneur le feld-maréchal baron de Bender, fameux par la conquête facile et rapide du Brabant, en 1787 ; le commandant de la place était le feld-maréchal lieutenant de Schroder. Le général Sabothendorf et deux autres généraux-majors se trouvaient aussi employés à la défense de cette forteresse, qui avait une garnison forte de plus de quinze mille hommes et un immense approvisionnement de munitions de guerre et de bouche.

L'armée française était loin de jouir de cette abondance de moyens de défense et de subsistance : tout lui manquait ; les soldats, réduits à la demi-ration, pillaient les convois à main armée, et se répandaient dans les villages voisins pour y enlever tous les comestibles qu'ils y trouvaient.

Dans les derniers jours de janvier, Moreau fit proposer à Bender une capitulation que celui-ci refusa. Les assiégeants établirent alors diverses batteries, dont les décharges fréquentes et bien dirigées ne laissèrent pas de causer un dommage assez visible dans la place. Un boulet de vingt-quatre, entrant dans une croisée au moment où l'on était à table chez le gouverneur, frappa à mort une abbesse assise en face du feld-maréchal.

Le 20 mars, le gouvernement donna ordre aux trois divisions de l'armée de la Moselle, employées à l'investissement de Luxembourg, d'aller se réunir aux troupes de siége cantonnées autour de Mayence, et fit avancer pour les remplacer deux divisions de l'armée de Sambre-et-Meuse. Le général Hatry commandait cette nouvelle armée de siége. Le service de l'artillerie fut confié au général Bellemont.

Au mois de mai, les habitants s'assemblèrent en tumulte, et demandèrent à capituler ; Bender, désespérant de recevoir des secours, envoya le 1er juin un parlementaire au général Hatry. Par une circonstance singulière, c'était aussi le 1er juin que cette même place de Luxembourg, assiégée, en 1684, par le maréchal de Créqui, avait demandé à entrer en accommodement.

La capitulation fut signée le 7 juin : elle portait que la garnison sortirait avec les honneurs de la guerre ; que, lorsqu'elle serait arrivée sur les glacis du front de Trèves, elle déposerait ses armes, canons, caissons drapeaux, chevaux, et prêterait le serment de ne point servir contre la France ou ses alliés, avant d'avoir été échangée.

En conséquence, la garnison autrichienne, forte de douze mille trois cent quatre-vingt-seize hommes, infanterie, cavalerie et artillerie, dans le meilleur état possible, mit bas les armes, le 12 juin, devant onze mille Français environ, dont plus de la moitié étaient des soldats de nouvelles recrues, maigres, exténués de fatigue et de faim, et presque nus. La plus grande partie de la dernière colonne autrichienne était composée de Belges wallons, qui, arrivés sur les glacis de la place, rompirent leurs rangs, jetèrent bas les armes, et se refusèrent à suivre les Autrichiens. Ces soldats wallons demandèrent à servir la France, et formèrent deux régiments.

On trouva dans Luxembourg huit cent dix-neuf bouches à feu, seize mille deux cent quarante-quatre fusils et mousquetons, quatre mille cinq cents sabres, trois cent trente-six mille huit cent cinquante-sept boulets de tous calibres, quarante-sept mille huit cent une bombes et cent quatorze mille sept cent quatre grenades ; un million trente-trois mille cent cinquante-trois livres de poudre à canon et à fusil, et neuf mille cinq cent quatorze livres de poudre avariée ; deux cent deux mille quatre cent quatre-vingt-sept livres de bronze, quatre cent huit mille vingt-cinq livres de plomb ; vingt-huit mille sept cent quarante outils de toute espèce, tant à pionniers que tranchants ; un immense approvisionnement en artifices de guerre ; enfin, dans des magasins à l'abri de la bombe, une énorme quantité de riz et de viandes salées.

Le général Hatry disait, dans une lettre adressée à la Convention, en date du 15 juin : « Enfin elle est à la République, cette première forteresse de l'Europe, et la dernière colonne autrichienne l'a évacuée hier, 12, à cinq heures du matin : je vous envoie vingt-quatre drapeaux et un étendard, que l'adjudant-général Charpentier vous remettra. Je ne puis assez faire l'éloge des troupes dont le commandement m'est confié ; officiers et soldats, tous y ont mis le plus grand dévouement ; et malgré le feu continuel des plus vifs et de toute espèce que la place faisait jour et nuit, soit sur les travailleurs, soit sur les différents camps, jamais les travaux n'ont été ralentis un seul instant, etc..... »

Les représentants du peuple, en mission auprès des armées, écrivaient de leur côté au Comité de Salut Public : « On doit les plus grands éloges aux généraux et officiers de tous grades, et aux soldats de l'armée, non-seulement pour la direction et construction des travaux militaires, et leur courage à supporter toutes les fatigues et les privations de tout genre, mais aussi pour le sang-froid avec lequel l'armée bravait la canonnade, les boulets et les obus que l'ennemi faisait pleuvoir, pendant le blocus, pour empêcher l'achèvement de nos redoutes et batteries. L'on doit aussi rendre la justice la plus éclatante à la brave armée de la Moselle, qui a eu la plus grande part aux superbes et immenses travaux qui forment notre ligne de circonvallation... »

Ils terminaient en recommandant spécialement l'adjudant-général Alexis, chef d'état-major de l'artillerie, et le chef de bataillon de génie Bizot, qui avait conduit les travaux.

Sur le rapport de Cambacérès, la Convention vota des remerciements à l'armée qui avait préparé, et à celle qui avait effectué la conquête.

La seule ville de Mayence restait aux Autrichiens sur la rive gauche du Rhin. Pichegru revint au mois de septembre en presser le siège, et Jourdan lui fut subordonné avec l'armée de Sambre-et-Meuse.

L'armée de Sambre-et-Meuse, forte de soixante-dix mille fantassins et de quatorze mille cavaliers, se mit en mouvement pour passer le Rhin. L'aile gauche, commandée par Kléber, et composée des divisions Lefebvre, Grenier, Tilly et Championnet, formant environ quarante mille combattants, fut chargée de se rendre maîtresse de Dusseldorf.

Le 1ᵉʳ septembre, Jourdan fit occuper l'île de Neuwied, au bas du village de Weisenthurn. Dans la nuit, douze cents grenadiers, commandés par le général Jacopin, passèrent sur des nacelles préparées à la hâte et assez légères pour traverser le fleuve avec rapidité. Ils réussirent dans leur entreprise sans avoir couru aucun danger, et déjà ils travaillaient à élever dans l'île des retranchements et des batteries propres à en assurer la possession, lorsque le bruit qu'ils faisaient entendre en construisant ces ouvrages avertit les Autrichiens, campés sur la rive opposée, de la présence des Français. L'ennemi dirige aussitôt sur l'île de Neuwied un feu terrible d'artillerie et de mousqueterie; les batteries françaises y répondent. Il s'établit une canonnade opiniâtre pendant tout le reste de la nuit; mais, au jour, les Français avaient achevé leurs ouvrages et demeurèrent maîtres de l'île, qui fut promptement et fortement retranchée, et dans laquelle on éleva trois batteries. Plusieurs autres furent ajoutées à celles qui existaient déjà sur la rive gauche du fleuve.

Le lendemain, Jourdan fit conduire en arrière de Weisenthurn un équipage de pont réuni sur la Moselle. Les bateaux descendirent cette rivière et entrèrent dans le Rhin, voguant sous le feu de la forteresse d'Ehrenbrestein et de toutes les batteries dont les Autrichiens avaient hérissé les hauteurs de la rive droite. La clarté de la lune découvrait à l'ennemi la marche des bateaux, qui continuèrent leur navigation malgré une grêle de boulets et d'obus, et arrivèrent ainsi à l'île dont les Français venaient de s'emparer. Cette action hasardeuse eut tout le succès qu'en attendait le général en chef.

Le 5 septembre, la division Championnet se porte près de l'embouchure de l'Erfft, et quatorze compagnies de grenadiers passèrent dans cinquante-deux nacelles, en face de Dusseldorf.

Cette ville était fortifiée, défendue par une garnison de deux mille hommes, protégée par un camp retranché où se trouvaient douze à quinze mille Autrichiens, et par une citadelle dont les remparts, hérissés de plus de cent bouches à feu, semblaient défier les plus courageux efforts.

Tandis que Championnet parcourt les bords du Rhin pour reconnaître les postes autrichiens, il aperçoit un héron immobile au milieu du fleuve, vis-à-vis de l'embouchure de l'Erfft, où devait s'opérer le débarquement. Il en conclut que le fleuve, dans cet endroit, manque de profondeur. Des soldats aussitôt se jettent à la nage et reconnaissent un long banc de sable recouvert à sa surface de quelques pouces d'eau. Championnet change ses dispositions, fait remorquer deux lieues plus haut ses embarcations, dirige sur le Rhin l'artillerie qui doit le protéger, en fait prudemment empailler les roues; et s'adressant à ses soldats : « Camarades, demain au soleil levant, nous serons à Dusseldorf, ou nous serons morts glorieusement pour la patrie. »

La flottille s'embarque à onze heures du soir. La lune, levée depuis une heure, permet aux Autrichiens de les apercevoir; aussitôt cent cinquante pièces de canon dirigent leur feu sur la flottille. L'artillerie française, rangée sur la rive gauche, riposte avec vigueur. Plusieurs bateaux dérivent; d'autres sont coulés bas. Championnet avait défendu, sous peine de mort, de

Campagnes des Français. 4

faire feu durant le passage; ses ordres furent ponctuellement exécutés. Plusieurs grenadiers furent atteints par les obus ou les boulets. Pas un seul ne songea à venger leur mort en tirant contre l'ennemi.

Enfin deux barques touchent le bord. Le général Legrand se jette dans le fleuve, et s'écrie : « Camarades, suivez-moi ! » Le capitaine Penne s'élance sur ses traces avec les grenadiers qu'il commandait. Déjà un bataillon tout entier a mis pied à terre. Legrand fait aussitôt battre la charge, et s'avance audacieusement contre les Autrichiens, surpris d'une telle intrépidité.

Les Français se jettent sur eux, les enfoncent et les culbutent en poussant des cris de victoire; les mêmes cris retentissent sur les eaux. Le reste de la flottille arrive; les grenadiers courent à la charge avec d'autant plus de fureur qu'ils ont été plus longtemps obligés de la contraindre; ils poussent les Autrichiens dans les bois, la baïonnette dans les reins, s'emparent d'une batterie armée de quatre canons, et chassent entièrement l'ennemi de l'anse de Haneim. Legrand, avec son bataillon, parvient jusque sur les glacis de Dusseldorf. Les Français appellent alors à grands cris leurs braves camarades, que la flottille était allée chercher. Les débarquements successifs augmentent la force des assaillants. La réserve autrichienne est culbutée; Dusseldorf est canonné et bombardé de la rive gauche, pendant que le général Legrand, qui, depuis le commencement de l'action, occupe les glacis de la place, somme avec énergie le gouverneur de la rendre. Ce dernier tergiverse et demande du temps; dix minutes lui sont accordées. Quelques boulets et des obus ébranlent sa résolution; Dusseldorf capitule, et sa garnison, composée de deux mille hommes, met bas les armes et defile devant sept cents grenadiers.

Les vainqueurs trouvèrent dans Dusseldorf cent soixante-huit pièces de canon, dix mille fusils, et des munitions de guerre de toute espèce.

Le premier soin du général Championnet, en prenant possession de Dusseldorf, avait été d'établir l'ordre et une discipline sévère dans cette ville conquise. En voyant les soldats conserver l'obéissance la plus entière dans Dusseldorf, dès le moment de leur entrée, on eût pu croire que ces troupes se trouvaient depuis longtemps en garnison dans une ville de leur patrie. C'est un témoignage que les Autrichiens eux-mêmes se plurent à leur rendre dans les relations du temps.

Des ponts de bateaux jetés à la hâte fournirent en peu de temps à nos troupes le moyen d'atteindre la rive droite du fleuve. Les Autrichiens s'enfuirent en désordre. Nassau, Dietz, Limbourg, Weilburg, Wetzlar, furent pris par les divisions Bernadotte, Poncet, Championnet, Grenier et Lefebvre.

Le 19 septembre, Jourdan parcourut les postes de son armée, et donna des ordres pour effectuer une attaque générale le lendemain. Mais l'ennemi avait senti toute l'imminence des dangers qui le menaçaient en acceptant le combat. Le conseil des généraux autrichiens décida qu'une prompte retraite était le seul moyen de salut qui restât à leur armée. Ils mirent donc à profit la nuit du 19 au 20 septembre pour opérer ce mouvement rétrograde; et quand, à la pointe du jour, les tirailleurs français se répandirent dans la plaine, ils ne rencontrèrent que les dernières colonnes de l'armée autrichienne en retraite. Jourdan fit aussitôt marcher à la poursuite des fuyards plusieurs régiments de cavalerie; mais l'ennemi avait sur eux trop d'avance. Les cavaliers français ne réussirent qu'à ramasser quelques centaines de prisonniers, et des déserteurs.

Le 26 septembre, l'avant-garde de l'armée de Sambre-et-Meuse se présenta devant Mayence, qui se trouva ainsi investie sur les deux rives du Rhin.

Cette ville aurait sans doute succombé sous tant d'efforts, sans la trahison de Pichegru. Partisan secret de la cause royaliste, et jaloux de Jourdan, il reçut à son quartier-général des agents envoyés par l'Autriche et l'Angleterre; il entretint une correspondance avec le prince de Condé, et négocia l'inaction complete de l'armée de Rhin-et-Moselle. En même temps il travaillait à corrompre les soldats par des libelles, des chansons et des placards que colportaient dans les tentes des étrangers déguisés en marchands. Ce général a mérité d'être flétri de ces paroles de Napoléon : » Le plus grand crime qu'un homme puisse commettre sur la terre est celui de faire égorger froidement les hommes dont la vie est confiée à sa discrétion et à son honneur. »

Jourdan, privé de renforts, et ne pouvant disposer que de quarante mille hommes, se vit obligé de rétrograder et de repasser le Rhin; la retraite de l'aile droite, commandée par Kléber, faillit être troublée par l'inadvertance d'un officier français. Souhait, chargé de mettre le feu au pont de Neuwied après le passage de l'armée, apporta trop de précipitation dans l'exécution de l'ordre que lui avait donné Marceau, commandant l'arrière-garde, et des bateaux chargés de matières incendiaires avaient embrasé le pont au moment où les premières colonnes allaient le passer. L'armée, poursuivie par les Autrichiens, se trouvait ainsi acculée au Rhin; cette position était embarrassante. A la vue du danger que courent les Français, Marceau, désespéré d'un événement qu'il se reproche, veut se punir de ce qu'il appelle son crime, porte ses pistolets sur son front. Il allait se brûler la cervelle, lorsque son aide-de-camp et ami Maugars se saisit de l'arme fatale, et conserve ainsi à l'armée l'un de ses plus chers et plus braves officiers.

Kléber était depuis quelque temps brouillé avec Marceau. Il accourt, et lui dit en l'embrassant : « Eh quoi! est-ce que vous ne comptez plus sur votre ami, sur votre frère d'armes? Est-ce que vous avez oublié Kléber? Montons à cheval, et tout sera réparé. » Puis il fait appeler le chef des pontonniers : « Combien vous faut-il de temps pour jeter un nouveau pont? — Vingt-quatre heures. — Je vous en donne trente, et vous m'en répondez sur votre tête. »

Kléber, accompagné de Marceau, apaise les cris de ses troupes, dont le désespoir fait retentir le rivage : « Soldats, leur dit-il, les Autrichiens commencent d'être dignes de lutter contre nous. Eh bien! faisons-leur voir que, lorsque nous sommes arrêtés par un fleuve, c'est sur eux que nous nous précipitons. Ouvrons-nous dans leurs rangs un passage que le fleuve nous refuse encore. » Les soldats s'animent à ces mots, et résistent avec vigueur aux Autrichiens. Kléber place la division de Championnet sur le plateau de Bendorf, en disant à ce général : « Mon ami, vaincre ou mourir. Si l'ennemi nous attaque, point de coups de fusil, la baïonnette en avant. » Le pont s'achève; les Français passent le fleuve sans obstacle, et le vaillant général met le dernier le pied sur ce pont qui vient de s'élever comme par enchantement.

La retraite de l'armée de Sambre-et-Meuse ôtait à l'armée de Rhin-et-Moselle son principal appui. Le général Clairfait fit attaquer cette dernière devant Mayence, le 29 octobre; la division du général Schall, laissée sans secours par Pichegru, fut mise en déroute malgré une vive résistance, et perdit plus de trois mille hommes et soixante canons.

A la nouvelle de ce désastre, Jourdan ordonna à Marceau de se porter sans délai sur le Hunsdruck avec quinze mille hommes, pour faire une diversion puissante. Le 10 novembre, Marceau attaqua les gorges de Stromberg, occupées par plusieurs détachements de l'armée de Clairfait. Déposter les Autrichiens de cette position était une chose d'autant plus difficile que, munis d'une nombreuse et formidable artillerie, ils étaient encore défendus par des escarpements et les hauteurs des gorges. Mais le général français avait animé ses soldats d'une telle ardeur que les Autrichiens sentirent bientôt la nécessité de leur céder. Attaqués vigoureusement à la baïonnette par des hommes qui semblaient braver impunément l'atteinte des boulets et de la mitraille, les bataillons campés dans les gorges de Stromberg prirent la fuite après une heure d'un combat meurtrier, et laissèrent aux vainqueurs le champ de bataille couvert de morts et de blessés.

Le lendemain, les Autrichiens revinrent à la charge; repoussés vivement, ils s'enfuirent par-delà Creutznach, avec une perte de plus de quatre cents hommes tués. Deux cents chevaux et quelques centaines de prisonniers, dont sept officiers faisaient partie, et la possession de Creutznach, étaient les fruits de ce nouvel avantage. Mais, le soir, l'ennemi reçut un renfort de dix-huit bataillons et de trente escadrons; ce qui portait son nombre à peu près au double de celui des troupes de Marceau. Ce général vit alors qu'il lui était impossible de résister; et plutôt que d'exposer ses troupes au danger d'un combat trop inégal, il reprit la première position qu'il occupait dans les gorges de Sohn-Valt.

Pichegru s'était porté vers l'Alsace, laissant dans Manheim une garnison de neuf mille hommes. Le général Montaigu, commandant de cette place, refusa toute capitulation. Les Autrichiens lancèrent sur les maisons un si grand nombre de projectiles enflammés que des quartiers entiers devinrent la proie de l'incendie allumé de toutes parts. Enfin Montaigu, n'espérant plus être secouru, n'ayant plus de munitions, et se voyant totalement isolé de l'armée de Rhin-et-Moselle, fut obligé de subir la loi de la nécessité, et se rendit prisonnier avec ses braves compagnons d'armes; mais plus de la moitié étaient morts avec le désespoir de n'avoir pu rendre leur bravoure utile à leur patrie.

L'armée de Sambre-et-Meuse s'établit dans le Hunsdruk. Elle était réduite, de plus soixante mille hommes, à trente-cinq mille. Cette forte diminution provenait de l'épouvantable misère dans laquelle l'armée entière était plongée depuis le premier passage du Rhin, et surtout de ce que les soldats étaient excités à abandonner leurs drapeaux par leurs parents, qui leur mandaient que les déserteurs n'étaient plus recherchés dans l'intérieur, et qu'ils pouvaient sans crainte regagner leurs foyers.

Jourdan s'attendait à être attaqué avec vigueur, lorsque, à sa grande surprise, il reçut au quartier-général, le 21 décembre, un parlementaire autrichien envoyé par Clairfait, et chargé de demander un armistice. Cette proposition était trop avantageuse pour ne pas être acceptée sur-le-champ.

L'armistice était offert par les Autrichiens à la seule armée de Sambre-et-Meuse. Mais le généreux Jourdan ne voulut rien conclure avant d'être assuré que l'armistice serait commun à l'armée de Pichegru comme à la sienne. Les Autrichiens, qui voyaient l'armée de Rhin-et-Moselle peu dans le cas de leur résister, firent d'abord quelque difficulté d'accorder ces conditions. On vit alors tout ce que pouvait sur l'âme haineuse de Pichegru la jalousie qu'il portait en toute occasion à Jourdan. Quoique l'armistice fût surtout avantageux à son armée; quoique, ayant été vaincu dans toutes les rencontres, depuis le désastre de Mayence, il eût bien moins que Jourdan encore le moyen de résister à des armées victorieuses, cependant il refusa d'abord cette proposition d'armistice qui lui fut communiquée par le général de l'armée de Sambre-et-Meuse. Mais enfin, pressé par sa conscience, et surtout par les officiers de son armée, il accepta les offres des Autrichiens, et détermina la ligne qui serait occupée par ses avant-postes et ceux de l'armée ennemie qui était devant lui.

C'était peut-être la première fois qu'on voyait des armées en retraite dicter des conditions à leurs vainqueurs. Mais telle était toujours la terreur que la France inspirait à l'Europe, que les Autrichiens accordèrent tout ce qui fut demandé. Jourdan exigea donc et obtint que les troupes du général Clairfait se retirassent au-delà de la Nahe, et que tout le terrain compris à une distance de deux lieues des bords de cette rivière, tant sur la rive gauche que sur la rive droite, fût considéré comme pays neutre.

Les opérations des *armées des Alpes et d'Italie* se bornèrent à garder ou enlever des postes et des défilés. Kellermann fut nommé général en chef des deux armées, et eut sous ses ordres le général Moulins, commandant l'armée des Alpes. L'armée d'Italie comptait trente-un mille hommes, et celle des Alpes quinze mille. Les forces ennemies montaient à cent cinquante-un mille hommes; savoir : quarante-cinq mille Autrichiens, six mille Napolitains et cent mille Piémontais. Des partisans appelés *barbets*, faisaient aux Français une guerre d'escarmouches et d'embuscades.

Le 17 avril, le général Moulins ouvrit la campagne en s'emparant du Col-del-Monte. Les ennemis, pour faire diversion, tentèrent vainement une attaque sur le mont Saint-Bernard. La possession du Col-del-Monte permettait aux Français d'envahir la vallée d'Aoste et de tenir en échec trois mille Piémontais avec trois cent cinquante soldats.

Dans plusieurs combats livrés aux mois de juin et de juillet, les Autrichiens furent constamment battus. Quatre cent quatre-vingts Français, commandés par l'adjudant-général Saint-Hilaire, défendirent une redoute, dite le *Petit-Gibraltar*, contre deux mille Austro-Sardes d'élite, et, les ayant mis en pleine déroute, les poursuivirent si vigoureusement que quinze cents restèrent sur le champ de bataille. A la suite de ce brillant exploit, Saint-Hilaire fut nommé général de brigade.

Dans les derniers jours de septembre, Scherer, général de l'armée des Pyrénées-Orientales, vint, après la paix avec l'Espagne, prendre le commandement de l'armée d'Italie. Kellermann fut réduit à celui de l'armée des Alpes. Avant qu'il arrivât à son poste, le 23 septembre, les Piémontais attaquèrent les Français; mais cinquante hommes, commandés par l'adjudant-général Chambaud, les battirent et prirent le village de Malchaussée. Le 14 octobre, on fit prisonnières toutes les troupes des postes de Sainte-Marie et de Venaus; il n'y eut de tué dans cette affaire qu'un seul carabinier.

Kellermann ordonna aux détachements de l'armée des Alpes de harceler constamment les Autrichiens, ce qui fut exécuté avec succès. Mais le froid devint si vif, et la neige si abondante, que, dans l'impossibilité de continuer ses opérations, l'armée des Alpes prit ses cantonnements d'hiver.

Placée sous un climat moins défavorable, l'armée d'Italie ne cessa de combattre qu'après la bataille de Loano (13 au 24 novembre). Dans cette brillante affaire, où se distingua le général de division Masséna, trente-deux mille Français, sans cavalerie, sans pain, sans souliers pour la plupart, et sans habits, vainquirent cinquante à soixante mille Autrichiens et Piémontais fournis de toutes choses nécessaires, postés sur des montagnes escarpées, derrière des retranchements défendus par cent pièces de canon. Les résultats de cette journée furent immenses pour les Français. Les ennemis, obligés d'abandonner toutes leurs positions et la plus grande partie de leur artillerie, laissèrent en outre quatre mille morts ou blessés, et cinq mille prisonniers, parmi lesquels on remarquait plus de deux cents officiers de tous grades. Les Français obtenaient encore l'avantage de se trouver maîtres de tout le pays occupé auparavant par les Austro-Sardes, de vil es qui renfermaient tous les approvisionnements de guerre et de bouche de l'ennemi.

La victoire de Loano ouvrait enfin aux Français le Milanais.

L'armée des *Pyrénées-Occidentales* était ravagée par une épidémie et par la disette. Dans les villes voisines de l'armée, des pommes de terre étaient la seule nourriture de l'habitant. Dans l'armée, on fut forcé de suspendre la fourniture de pain et de la remplacer par le riz, aliment donné en quantité insuffisante à des hommes qui venaient d'éprouver autant de fatigues. Les soldats français souffrirent ces privations avec la plus rare résignation. Chaque jour, à Saint-Sébastien, chez les boulangers, sur les places et dans les boutiques, des pains blancs étaient étalés pour la subsistance des Espagnols; la garnison française, quoique tourmentée par la faim, n'y toucha jamais.

Cet état de malaise empêcha l'armée des Pyrénées-Occidentales de se mettre en mouvement avant le 21 mars. Après quelques combats peu importants, elle s'empara, le 9 mai, d'un camp établi par l'ennemi sur la montagne de Marquirnecnu; elle avait pris possession de Bilbao et de toute la Biscaye lorsque la cour d'Espagne se décida à demander la paix.

Après la prise de Figuières, l'*armée des Pyrénées-Orientales* se partagea en deux grandes divisions : l'une, aux ordres du général en chef, forma le siége de Roses; l'autre, sous la conduite d'Augereau, campa aux environs de Figuières.

Roses est située dans une plaine de la Catalogne, à quatre lieues à l'est de Figuières, et au fond d'un golfe qui porte le même nom. Cette ville s'étend sur une ligne droite au bord de la mer, et sa position, aussi bien que les ouvrages qu'elle renferme, en rendent l'occupation très difficile. Mais sa principale défense est dans la forteresse que les Espagnols appellent le fort de *la Trinité*, et les Français *le Bouton de Roses*.

Le Bouton domine toutes les positions environnantes. Il est dominé lui-même par la montagne du Puig-Bon. La ville était défendue par cinq mille hommes et une flotte de treize vaisseaux de ligne et quarante-cinq bombardes.

Six batteries furent, le 7 décembre 1794, dirigées contre Roses et la flotte. Voyant le peu d'effet qu'elles produisaient, le général Pérignon résolut de s'emparer du Bouton, en gravissant la hauteur qui le dominait, élevée de près de deux mille toises au-dessus du niveau de la mer. Le plateau de cette montagne inaccessible lui parut propre à l'établissement d'une batterie. En vain les ingénieurs de l'armée déclarèrent qu'il était impossible d'y monter pour y placer des batteries : « C'est l'impossible que je veux, » répond le général français; et, par ses ordres, les travaux furent aussitôt commencés dans cette intention.

Du 9 au 14 décembre, on ne s'occupa plus que des moyens de répondre aux vœux de Pérignon. Malgré l'intempérie des saisons, en moins de six jours, les audacieux travailleurs réussirent à tailler un chemin de trois lieues de long sur le flanc de la montagne. La terre, durcie par la gelée, ne cédait qu'avec effort aux instruments les plus tranchants; et quand cette route fut achevée, c'est avec des difficultés non moins pénibles qu'on parvint à conduire sur le plateau l'artillerie nécessaire. Les soldats montèrent à la prolonge, sur cette hauteur presque perpendiculaire, douze obus et huit mortiers.

On porta sur cette sommité les projectiles sur l'arçon de la selle, et, le 15 décembre, les batteries commencèrent leur feu; le 7 janvier 1795, les Espagnols évacuèrent le fort, dont les murs avaient été battus par deux mille deux cent quatre-vingt-cinq boulets de 24, quarante-trois bombes, et un grand nombre d'obus et de grenades.

Le 9 janvier, le général espagnol don Joseph Urrutia fit attaquer le parc d'artillerie de réserve du Pla-del-Coto, et menaça les Français sur la Fluvia. Mais ces vaines tentatives pour délivrer Roses n'arrêtèrent point les travaux du siége.

Le 15 janvier, il y avait trois pieds de neige dans le camp français; on trouva une sentinelle gelée à son poste; la terre devint si dure que le travail de la tranchée devint impossible; mais les soldats ne se rebutèrent point. Pérignon leur donnait l'exemple de la patience et du courage.

Assis sur un quartier de rocher, il commandait un jour des manœuvres; une bombe tombe et brûle un pan de son habit; on lui crie de se retirer; il reste immobile, et continue à commander.

Les officiers du génie vinrent lui faire part des obstacles que le froid apportait à la continuation du siége, insistant sur la nécessité d'enlever les retranchements. « Qu'on se prépare donc, dit Pérignon; je serai demain à la tête des grenadiers. » C'était le 31 janvier. Le lendemain, à cinq heures du matin, la colonne des grenadiers, ayant à leur tête le général en chef, sort de la tranchée. A huit heures tous les retranchements en avant de la place étaient enlevés, malgré la plus vive résistance et le feu plus meurtrier. Le 3 février, les Espagnols évacuèrent la place, à l'exception de trois cents soldats qui restèrent prisonniers.

La place de Roses avait tiré sur les assiégeants treize mille six cent trente-trois boulets, trois mille six cent deux bombes, douze cent quatre-vingt-dix-sept obus. Les chaloupes canonnières ou bombardes lancèrent quatre mille sept cent soixante-treize boulets, deux mille sept cent trente-six bombes, et deux mille quatre cent quatre-vingt-treize obus ou grenades : ce qui fait un total de vingt-huit mille cinq cent trente-quatre projectiles. On estime à quarante mille les boulets, bombes ou grenades envoyés par les assiégeants. Cependant la perte de part et d'autre fut peu considérable. On évalue les morts à treize, et les blessés à quatre cent soixante-dix.

Epouvantée des succès des Français, la cour d'Espagne porta la force de l'armée à trente-cinq mille hommes, sans compter les corps francs. L'armée française était d'environ vingt à vingt-cinq mille hommes. La supériorité du nombre donna aux Espagnols quelque avantage. Le général Scherer, qui, au mois de mai, remplaça Pérignon, n'avait pu parvenir à chasser l'ennemi des postes qu'il occupait, quand la paix conclue à Bade, le 22 juillet, fut ratifiée par la Convention le 1er août, et le 4 par le roi d'Espagne. La France abandonna toutes les conquêtes faites au-delà des Pyrénées.

CAMPAGNE DE 1796.

Armée du Nord : Elle est destinée à servir de réserve.

Armée de Rhin-et-Moselle : Sa force ; force des Autrichiens ; affaires de la Rehbach, de Danstadt et de Rheingenheim ; passage du Rhin à Kehl ; combats d'Appenwihr, de la montagne de Kniebis, du Rothensohl, de Malsch ; prise d'Hasslach ; armistices, bataille de Neresheim ; combat de Kamlach ; invasion de la Bavière ; retraite de l'armée.

Armée de Sambre-et-Meuse : Combat sur les bords de la Sieg ; mouvements de la divion Kléber ; combat de Bendorf ; passage du Rhin ; capitulation de Francfort ; prise de Kœnigstein, Wurtzbourg, Ebelsbach, etc. ; retraite de l'armée ; belle conduite des soldats de la 23e demi-brigade ; siége de Kehl.

Armée d'Italie : Bonaparte général en chef ; le colonel Rampon ; victoire de Montenotte ; grande revue ; paix avec la Sardaigne, Parme et Plaisance ; le pont de Lodi ; entrée de l'armée française à Milan ; proclamation de Bonaparte aux soldats ; révolte de Pavie ; combat de Borghetto ; paix avec les Deux-Siciles et la cour de Rome ; allocution ; mouvement insurrectionnel à Lugo ;   velle armée autrichienne ; combat de Lonato ; bataille de Castiglione ; prise de Vérone ; Wurmser se renferme dans Mantoue ; combat de la Favorite et de Saint-Georges ; troisième armée autrichienne ; bataille d'Arcole.

La campagne de 1795, malheureuse sur les bords du Rhin, fut en Italie une série de victoires : à l'intérieur, la Vendée, désolée depuis 1793 par la guerre civile, fut pacifiée par les soins du général Hoche.

L'*armée du Nord*, forte de quarante mille hommes, avait été confiée au général Beurnonville, et destinée à servir de réserve. Moreau la quitta pour aller remplacer Pichegru, dont les manœuvres avaient enfin éveillé l'attention du Directoire.

La force de l'*armée de Rhin-et-Moselle* était de soixante-onze mille cent hommes d'infanterie et de six mille cinq cent quarante de cavalerie. Les troupes autrichiennes qu'elle avait à combattre présentaient dans leur effectif sept mille hommes de plus; mais vingt-cinq mille hommes en furent détachés pour aller en Italie.

Deux divisions autrichiennes occupaient, sur la rive gauche du Rhin, des retranchements protégés par des inondations. Moreau envoie contre elles la division Delmas; elle passe la Rehbach, ayant de l'eau jusqu'à la ceinture, et sous le feu le plus vif chasse l'ennemi de toutes ses positions, sans éprouver de perte. La division du général Beaupuy s'empare des postes du village de Danstadt, et se réunit à celle de Delmas, dans la plaine de Mutterstadt.

Le 20 juin, l'infanterie de la première division prend d'assaut les redoutes du village de Rheingenheim. Ces attaques partielles avaient pour but de donner le change à l'ennemi sur le projet de passer le Rhin à Kehl. Pour l'effectuer, vingt mille hommes se réunissent à Strasbourg, sous la direction du général Desaix. Ils s'embarquent à une heure et demie après minuit dans le plus grand ordre et en silence, culbutent les Autrichiens campés sur la rive droite, emportent les redoutes du cimetière et du Trou-de-Loup, le village et le fort de Kehl, et se mettent à la poursuite des vaincus sur la route d'Offenbourg, pendant qu'un pont de quarante-sept bateaux s'achève sur le Rhin. Le résultat des différentes attaques fut pour les vainqueurs la prise de quatre à cinq cents hommes, celle de deux mille fusils, de treize pièces de canon, d'un obusier et de plusieurs caissons; l'ennemi avait eu six cents hommes tués ou blessés, et les Français n'en avaient pas perdu le quart.

Le 25 juin, le Rhin était traversé. L'armée se dirige, le 26, vers le camp de Wilstadt, que l'ennemi abandonne, et se met en marche sur trois colonnes pour attaquer le contingent de la Souabe, commandé par le général Stain. L'adjutant-général Decaen, à la tête de la deuxième colonne, engage le combat en repoussant l'ennemi du village d'Appenwihr. En y arrivant, il rencontre un corps de cavalerie que l'ennemi y avait placé pour assurer ses communications avec Rastadt; il attaque vigoureusement, emporte le village, et défait ce corps, qui perdit cent chevaux, cent cinquante prisonniers, et un nombre considérable de tués ou blessés.

Le reste du détachement de Decaen poursuivit sa route. Mais sa cavalerie ayant été arrêtée à Appenwihl, il ne put pousser vigoureusement l'attaque dont il était chargé. On lui envoya pour le seconder de nouvelle cavalerie de la réserve : mais, forcée à de grands détours, cette cavalerie ne put arriver qu'à la nuit. Ce contre-temps, joint à la pluie qui tombait avec une violence extraordinaire, empêcha les Français de pousser plus loin ce premier succès, et les troupes bivouaquèrent dans leurs positions, par un temps épouvantable, et ayant de la boue jusqu'à mi-jambe.

Le lendemain, Moreau attaqua sur les bords de la Renchen le corps autrichien du général Starray, le mit en déroute, lui tua dix-huit cents hommes, et lui prit dix pièces de canon avec leurs caissons. Avant de pénétrer plus avant, il envoya, le 3 juillet, le général de brigade Laroche avec la 21e demi-brigade d'infanterie légère et une partie du 2e régiment de chasseurs à cheval, pour remonter la vallée de la Renchen et s'en rendre maître. Ce général trouva les gorges défendues par des tirailleurs et des paysans armés, et les repoussa aisément. La montagne de Kniebis, une des plus hautes des Montagnes-Noires, était occupée par les Wurtembergeois, que le prince de Wurtemberg commandait en personne.

On avait construit sur la sommité la plus élevée une redoute très forte, avec des casemates ou souterrains voûtés pour la défense des fossés. Quoiqu'il n'eût pas d'artillerie, Laroche n'hésita point à commencer l'attaque, et réussit à pousser l'ennemi après une vive résistance. La nuit était déjà profonde quand il parvint au sommet de la montagne; mais, excité par l'ardeur de la troupe qu'il commandait, il fit attaquer la redoute à la baïonnette par ses intrépides chasseurs. Les Wurtembergeois firent vainement pleuvoir sur les assaillants une grêle de grenades. Rien ne put arrêter les soldats français : conservant leur ordre au milieu de l'obscurité, ils pénétrèrent dans la redoute, en chassèrent l'ennemi, qui se retira non sans avoir éprouvé une perte considérable en tués et en blessés. Quatre cents prisonniers, dont dix officiers, deux pièces de canon et deux drapeaux, furent le résultat de cette action brillante.

Le 4 juillet, le même général s'empara de Frewdenstadt, que défendaient également les Wurtembergeois, malgré leur vive résistance et une pluie d'orage qui interdit aux soldats l'usage des armes à feu.

Le 5 juillet, les deux armées se trouvèrent en présence près de Rastadt. Les Autrichiens furent contraints à la retraite. Moreau demeura trois jours dans les positions qu'il venait d'y prendre, et, le 9 juillet, il se détermina à livrer une nouvelle bataille.

La nouvelle position prise par les Autrichiens était très forte de sa nature. Le centre de leur armée était placé sur la crête de Rothensohl, plateau escarpé le plus élevé des Montagnes-Noires, et que recouvrent en abondance des bois épais qui en rendent l'accès très difficile; la droite était protégée par le ravin de Frauenalb contre Moosbrunn. Cette redoutable position, qui n'était accessible que par la route de Herrenald, était défendue par six bataillons, quatre escadrons et une formidable artillerie. De forts retranchements élevés avec des peines incroyables, et qui attestaient la prévoyance autrichienne, environnaient le tout.

Le général Saint-Cyr fut chargé de l'attaque du Rothensohl, qui fut pris, et le prince Charles se retira lui-même, le 10 juillet, au matin, par une marche forcée, d'abord sur Durlach et Carlsruhe, et ensuite sur Pforzheim.

L'aile droite de l'armée de Rhin-et-Moselle, commandée par Férino, devait occuper la vallée de Kintzig, et se réunir à Ulm avec le gros de l'armée, pour entrer de concert dans la Bavière. Après quelques jours d'inaction, le 14 juillet, elle chassa l'ennemi des postes d'Ettenheim, de Rhindenheim et d'Herbolzheim.

Le même jour, la brigade du général Hardy, formant la gauche du corps de Férino, emporta Hasslach, malgré la vive résistance de l'ennemi.

Le 16 juillet, la division Laborde, la première de l'aile droite, passa le Rhin, et s'empara des villes forestières où l'ennemi avait abandonné plusieurs pièces de canon et des magasins de grains très considérables. Par cette dernière opération, le Brisgaw et le Margraviat se trouvèrent entièrement au pouvoir des Français.

Le 18 juillet, le centre de l'armée, commandé par le général Saint-Cyr, entra dans Stuttgard, après avoir éprouvé en avant de cette ville une forte résistance. Le 20, il attaqua les avant-gardes qui défendaient Esslingen et Canstadt, sur la rive gauche du Necker, mais sans pouvoir leur faire abandonner ces positions.

Des armistices conclus entre la république française et le duc de Wurtemberg, le margrave de Bœden, les princes de Souabe et de Saxe, affaiblirent l'armée autrichienne, qui, le 22 juillet, ne s'élevait pas à plus de vingt-quatre mille fantassins et onze mille chevaux.

Le 17 août fut livrée la bataille de Neresheim; elle coûta trois mille hommes aux deux partis, sans qu'aucun d'eux pût s'en attribuer le succès. Le même jour, l'aile droite, aux ordres de Férino, s'empara de Landau et de Bregentz. On trouva dans cette dernière ville vingt-deux pièces de canon, trois mortiers, quatre couleuvrines, un obusier, et quarante bateaux chargés de grains et de farine.

Après la bataille de Neresheim, Moreau laissa l'archiduc détacher de son armée un corps considérable pour accabler les troupes de Jourdan, et se dirigea vers la Bavière (24 août). L'armée de Rhin-et-Moselle passa le Lech à Haustetten, chassa les Autrichiens des bords du fleuve et des hauteurs de Friedberg, prit dix-sept pièces de canon, deux drapeaux, et fit deux mille prisonniers, parmi lesquels se trouvaient deux majors de hussards, et un bataillon entier avec le commandant et tous ses officiers.

Le 1er septembre, les avant-gardes de la division Desaix et de la division autrichienne Nauendorff se rencontrèrent auprès de Geisenfeld. Les Français, attaqués de front et en flanc, se défendirent longtemps avec succès; mais l'ennemi se renforçant continuellement, l'aile gauche fut obligée de céder. Les hauteurs de Geisenfeld restèrent au pouvoir des Autrichiens, qui traversèrent le village de Langen-Pruck, et essayèrent deux fois inutilement d'achever la défaite des Français retranchés sur un coteau voisin. Ceux-ci, commandés par Desaix, revinrent bientôt à la charge, et reprirent les positions qu'ils avaient perdues. L'ennemi perdit plus de quinze cents hommes et quelques centaines de chevaux.

Le 3, l'avant-garde de l'armée poursuivit jusqu'à Aerding un détachement de trois bataillons et neuf cents chevaux. Le corps de l'armée passa l'Iser le 5. Le 11, à Neuburg, le centre fut forcé de battre en retraite. Les succès de l'archiduc déterminèrent Moreau à continuer son mouvement rétrograde, suivi pas à pas par les troupes autrichiennes. Le seul engagement important jusqu'au 19 septembre fut la bataille de Biberach, où les Français firent quatre mille prisonniers, prirent deux drapeaux et dix-huit pièces de canon. Il est vrai qu'ils avaient l'avantage du nombre, n'ayant affaire qu'aux vingt-trois mille hommes du corps du général Latour.

L'archiduc Charles vint réunir ses troupes à celles des généraux Petrasch, Nauendorf, Latour et Frœlich, battit les Français sur l'Elz, leur prit six à sept cents hommes, deux pièces de canon et plusieurs caissons, les accabla encore par la supériorité du nombre à Schliengen, mais sans pouvoir les empêcher de passer le Rhin à Huningue (19-26 septembre). L'archiduc Charles réunit devant le fort de Kehl trente-quatre mille neuf cents hommes pour en former le siége.

Ce fut une grande faute du gouvernement français de ne point faire manœuvrer ensemble et dans un même but toutes les forces dont il disposait sur les bords du Rhin. Leur masse aurait sans doute accablé aisément les armées autrichiennes. Toutefois l'*armée de Sambre-et-Meuse*, isolée de celle de *Rhin-et-Moselle*, remporta des avantages signalés.

Cette armée formait un total de soixante-seize mille combattants : elle avait à combattre quatre-vingt-douze mille Saxons et Autrichiens.

La rupture de l'armistice fut dénoncée le 21 mai. Le 31 mai, la division Kléber, chargée de la direction des troupes destinées à agir sur la rive droite du Rhin, rencontra l'ennemi sur les bords de la Sieg, et le mit en déroute. Le 4 juin, elle enleva la position d'Altenkirchen. Dans ces différents engagements, les Français, suivant le rapport de Kléber, ne perdirent que cent vingt hommes, tant tués que prisonniers. Les Autrichiens perdirent trois mille hommes, quatre drapeaux, douze pièces de canon, des caissons et des équipages. Le même jour, un détachement commandé par l'adjudant-général Ney prit Dierdorf et Montabaur; le général Collaud, avec sa division, occupa Valmerode. Ces diverses conquêtes procurèrent à l'armée des provisions en abondance.

A la nouvelle de ces succès, l'archiduc Charles se hâta de passer le Rhin, et vint camper à Wetzlar avec soixante-quatre mille hommes; nous n'en avions que quarante-cinq mille; cependant le général Lefebvre commença l'attaque avec sa division et repoussa l'ennemi (14-15 juin); mais des forces supérieures nous forcèrent à battre en retraite.

L'armée passa le Rhin le 18, pendant que la division Kléber se retirait sur Dusseldorf. Assaillie à Uckerad par onze mille hommes de l'avant-garde autrichienne, cette division fut repoussée avec perte d'un drapeau. Elle arriva sans autre échec jusqu'aux bords du Rhin, et, le 28, prit position sur la Wipper.

Le 2 juillet, à deux heures du matin, les grenadiers de la division Championnet repassèrent le Rhin qui les séparait de l'ennemi, et occupèrent Neuwied et Heddersdorf. Quatre cents grenadiers de la division Bernadotte, sous la conduite de l'adjudant-général Mireur, débarquèrent peu de temps après, et en dix minutes enlevèrent la redoute et le village de Bendorf.

Cependant l'ennemi, qui s'était aperçu du petit nombre des Français, s'était rallié à une faible distance du village, et renforcé de deux bataillons et de quatre escadrons. Attaqués avec fureur, les quatre cents grenadiers de l'adjudant-général Mireur se défendirent pendant six heures avec acharnement, se rendirent maîtres de deux canons, les braquèrent sur les Autrichiens, et demeurèrent vainqueurs.

Un pont de bateaux ayant été achevé à dix heures du matin, les troupes de toutes armes traversèrent le Rhin ; mais l'ennemi s'était replié, laissant quatre cents prisonniers, deux pièces de canon et leurs bagages au pouvoir des vainqueurs, qui n'eurent que cinquante à soixante hommes hors de combat. Le 4, la division Lefebvre gravit les montagnes escarpées de Kaltensich, en arrière Wildendorf, et en débusqua l'infanterie autrichienne. Le 7, le général de brigade Damas remporta par un coup de main le pont et la ville de Runckel, sur la Lahn. Après divers engagements où les Français eurent toujours l'avantage, à Bamberg, à Batzbach, à Friedberg, l'aile gauche de l'armée vint bombarder Francfort, qui capitula le 16 juillet. Le Directoire ordonna d'y lever une contribution de dix millions, et d'y prendre les meilleurs tableaux et objets d'art que renfermaient les musées et les églises.

Un corps d'observation de vingt-neuf mille hommes, confié au général Marceau, s'avança en Allemagne, prit Kœnigstein (26 juillet), et forma le siège du fort d'Ehrenbreitstein. Le gros de l'armée de Sambre-et-Meuse poursuivit les Autrichiens avec vigueur, et occupa Wurtzburg. Jourdan, tombé malade le 3 août, remit le commandement à Kléber. Ce jour-là, l'avant-garde de la division Lefebvre fit capituler Konigshofen, où l'on trouva soixante-neuf pièces de canon et des munitions. Le général Ney, avec quatre cents chevaux, s'empara de Ebeisbach ; le 4, les divisions Grenier et Championnet chassèrent les Autrichiens de Bamberg, et, le 6, renforcées par la division Bernadotte, passèrent l'Eberach, et culbutèrent l'ennemi jusqu'à Altendorf. Le général autrichien Kray combattit en se retirant jusqu'à Neukirchen. Ney vint sommer la ville de Forchheim et s'en rendit maître. On trouva dans Forchheim soixante-deux pièces de canon, dont cinquante-deux en bronze, sept cents bombes, quatre cents obus, seize mille boulets, six cents fusils, trois cents quintaux de poudre, et une grande quantité de vivres et d'objets d'équipement et d'habillement. Ney, dont le courage et l'intelligence avaient contribué au succès de ces journées, fut nommé général de brigade sur le champ de bataille.

Le soir de la prise de Forchheim, Jourdan reprit le commandement, et, grâce à son activité, l'armée de Sambre-et-Meuse échappa à tous les dangers. Toutefois, las de cette pénible campagne, il offrit sa démission, que le Directoire n'accepta qu'avec regret, et partit, le 29 septembre, pour sa retirer dans sa famille. Un armistice conclu par son successeur Beurnonville suspendit les hostilités.

Le mécontentement qu'il éprouvait de la malheureuse situation des troupes n'avait pas moins contribué que les fatigues de la guerre à faire abandonner à Jourdan son commandement.

Heureusement que les victoires de Bonaparte fournirent au Directoire les moyens de faire cesser cette détresse.

Si l'Autriche, sur les rives du Rhin, dut quelques succès à la masse de ses armées, en Italie elle épuisa ses forces dans une lutte infructueuse. Nommé général en chef de l'*armée d'Italie*, Bonaparte, avec trente-cinq mille hommes, en battit plus de soixante mille, et justifia par des triomphes le choix du Directoire qui, dans un jeune homme de vingt-six ans, avait su deviner le plus illustre des capitaines des temps modernes.

Nommé général de brigade aux mois de janvier et de février 1794, Napoléon fut chargé en cette qualité de faire exécuter des travaux de défense sur les côtes de l'Océan, et d'y reconnaître les mouillages propres aux vaisseaux de haut bord. Après cette mission, il fut envoyé à l'armée d'Italie, en qualité de commandant en chef de l'artillerie. Il se distingua, le 29 avril, à la prise de Saorgio, dans le comté de Nice. Le général en chef Dumerbion écrivait au comité de la guerre : « C'est au talent du général Bonaparte que je dois les savantes combinaisons qui ont assuré notre victoire. »

De nouveaux événements vinrent interrompre un moment la carrière de Napoléon. Après le 9 thermidor an II (29 juillet 1794), jour où fut abattu le parti démocratique de la Convention, Napoléon fut arrêté et gardé à vue au quartier général de Nice. On l'accusait d'avoir eu des relations avec Robespierre jeune, et d'être partisan des idées des *terroristes*. Il avait été mandé à la barre de la Convention, et se serait vu forcé d'y comparaître, si les représentants à l'armée d'Italie n'avaient écrit qu'on ne pouvait se passer de lui.

Par une basse jalousie, Aubry, ancien capitaine d'artillerie, chef du comité de la guerre, retira à Bonaparte son grade, et lui offrit celui de chef de brigade dans l'armée de l'Ouest. Il donnait pour prétexte la jeunesse du général. « On vieillit vite sur le champ de bataille, et j'en arrive, » lui dit Bonaparte. » Ses représentations furent inutiles.

Privé de son emploi, Bonaparte se logea avec ses amis Junot et Sébastiani dans un petit appartement de la rue de la Michodière. Après avoir épuisé toutes ses ressources, il vendit, pour vivre, une précieuse collection d'ouvrages militaires qu'il avait rapportée de Marseille. Il ne pouvait guère prévoir qu'un jour il aurait à sa disposition tous les trésors de l'Europe.

De nouvelles circonstances le remirent en scène. La Convention, en se séparant, avait décrété, le 30 avril 1795, que les deux tiers de la prochaine législature seraient pris dans son sein, et trente-trois sections de Paris, soulevées par cette décision, avaient pris les armes contre le pouvoir

Napoléon était au théâtre Feydeau, pendant que la section Lepelletier luttait dans la rue Vivienne avec les troupes du général Menou; il court au Comité de Salut Public. Il y trouve Barras, qu'il avait connu à Toulon, et que la Convention venait de nommer commandant en chef de l'armée de l'intérieur; celle-ci défère au jeune général toute l'autorité militaire.

Bonaparte fit placer sur divers points, autour des Tuileries, quarante pièces de canon; les insurgés, au nombre d'environ quarante mille, occupaient les abords de Saint-Roch et du Théâtre-Français, et la butte des Moulins. Le feu commença à quatre heures après midi; à six heures les sections étaient en déroute complète, après avoir perdu onze à douze cents hommes.

Ainsi Napoléon s'était levé sans argent, sans emploi, sans influence, presque sans pain, et à la fin du jour il se trouvait à la tête d'une armée, commandait en maître dans la capitale, et sauvait le gouvernement attaqué.

Le 16 octobre, il fut nommé général de division. Chargé du désarmement général des sections, dont on craignait un nouveau soulèvement, il vit venir un jour chez lui un jeune enfant de douze à treize ans, qui réclamait l'épée de son père; c'était Eugène Beauharnais, fils du général Alexandre de Beauharnais, mort sur l'échafaud en 1793. L'épée fut rendue. La veuve de Beauharnais, Marie-Joséphine Tascher de la Pagerie, vint remercier Bonaparte. Il l'épousa le 9 mars 1796. L'acte civil, enregistré au 2ᵉ arrondissement de Paris, fait naître Bonaparte le 5 février 1768, et Joséphine le 23 juin 1767. Il est toutefois constaté que Napoléon est né le 15 août 1769, et Joséphine le 23 juin 1763.

Ce fut principalement au crédit de Joséphine, dont le salon était le rendez-vous des principaux hommes d'état de l'époque, que Napoléon dut d'être nommé général en chef de l'armée d'Italie, ce qui le plaça enfin sur un théâtre digne de lui. Lorsqu'un homme est appelé à accomplir une haute fonction parmi ses semblables, il est à croire que la puissance providentielle qui l'y destine ne l'abandonne pas en chemin. Elle lui fournit les instruments de son œuvre; et, en le voyant s'élever, elle prend soin d'affermir pour lui les degrés de l'échelle par laquelle il monte au rang suprême.

Bonaparte arriva le 20 mars à Nice, au quartier-général qu'il transporta à Alberga; il s'attacha dès son arrivée à se concilier l'affection des soldats; il les entretint de leur gloire passée et à venir :

« Soldats! leur dit-il, vous êtes nus et mal nourris; le gouvernement vous doit beaucoup. Il ne peut rien vous donner. Votre patience, et le courage que vous montrez au milieu de ces rochers sont admirables; mais ils ne vous procurent aucune gloire, aucun éclat ne jaillit sur vous. Je veux vous conduire dans les plus fertiles plaines du monde : de riches provinces, de grandes villes seront en votre pouvoir; vous y trouverez honneur, gloire et richesse. Soldats d'Italie! manqueriez-vous de courage ou de constance? »

L'armée française était ainsi divisée :

Cinq divisions d'infanterie.	30,000
Deux divisions de cavalerie.	2,500
Artillerie et génie.	2,500
Total.	35,000

D'après les instructions de Beaulieu, général en chef de l'armée autrichienne d'Italie, vieillard de soixante-seize ans, d'une haute réputation de courage et de talent, le général Argenteau commença, le 11 avril, à quatre heures du matin, l'attaque des hauteurs de Montenotte, occupées par la division La Harpe. Il réussit à enlever assez rapidement les positions d'avant-garde de l'armée française. La brigade du général Rocavina parut, à une heure après midi, devant la redoute de Monte-Legino, que commandait le colonel Rampon, et qui était le dernier retranchement de cette ligne à emporter. Animés par leurs premiers avantages, les Autrichiens s'avancent avec confiance pour franchir cet obstacle opposé à leur marche victorieuse. Le colonel Rampon avait sous ses ordres un bataillon de la 21ᵉ demi-brigade de ligne, et les trois compagnies de grenadiers de la 117ᵉ, formant un total d'environ douze cents hommes.

A la vue des forces supérieures qui le menacent, le colonel Rampon fait prêter à sa troupe le serment de mourir dans la redoute avant que d'y laisser pénétrer les assaillants. De longues files d'Autrichiens tombent renversées par la mitraille que vomit l'artillerie et la grêle de balles qui les couvrent de toutes parts. Impassible, Rocavina n'est point effrayé de tout ce carnage; il presse sa marche et arrive au pied du retranchement. Tout est prêt pour l'assaut. Les palissades cèdent aux efforts de ceux qui les ébranlent, et la redoute va être enlevée, lorsque, transportés d'un nouvel enthousiasme, les Français, électrisés par leur digne colonel, s'écrient unanimement : « Mourons tous dans ce poste! »

Les munitions leur manquent. Le feu vif et soutenu qu'ils ont fait sans interruption a vidé les gibernes et épuisé jusqu'au dernier paquet de cartouches en réserve dans les poches; mais, à défaut de poudre et de plomb, la baïonnette leur reste. Ils se serrent en masse, et présentent un front menaçant. C'est en vain qu'Argenteau vient lui-même ranimer l'ardeur de ses soldats; Rocavina est obligé de se retirer.

Voici la lettre que le Directoire écrivit au chef de brigade Rampon, défenseur de la redoute de Monte-Legino :

« Intrépide militaire, amant de la liberté, continuez à la servir : que le serment que vous avez fait prêter aux braves soldats que vous commandiez dans la redoute de Montenotte soit répété dans l'occasion par tous les républicains qui sont dignes de le tenir, et qu'il serve à fortifier chez eux, s'il en était besoin encore, la haine de l'esclavage, et le désir de vaincre des ennemis qui n'ont pas renoncé au projet insensé de nous donner des fers. La valeur française les forcera bientôt à demander la paix.... Vous y aurez concouru par le trait héroïque qui vous honore. »

Le 12 avril, Bonaparte fait presser l'ennemi sur tous les points à la fois, et le met en déroute. L'occupation d'une partie des Alpes, quinze cents morts, deux mille cinq cents prisonniers, dont soixante officiers, furent les résultats de cette journée. Plusieurs drapeaux tombèrent au pouvoir des Français, et de tout le corps d'Argenteau il ne resta qu'environ huit à neuf cents hommes, le surplus ayant été tué, pris ou dispersé. Le succès eût été encore bien plus complet si la cavalerie française eût pris part au combat; mais Bonaparte avait été dans la nécessité de la laisser dans des cantonnements le long de la côte, tant à cause de la pénurie des fourrages que de la nature du terrain, qui permettait bien difficilement l'emploi de cette arme.

Battue les 13 et 14 avril à Dego et à Millesimo, l'armée autrichienne perd vingt-deux pièces de canon, quinze drapeaux, deux mille cinq cents morts et huit à neuf mille prisonniers. Un renfort envoyé par le roi de Sardaigne est défait à Vico et à Mondovi, les 20 et 22 avril, et ce monarque effrayé s'empresse de conclure un traité par lequel il cède à la France le comté de Nice et la Savoie.

Beaulieu, poursuivi par le vainqueur, se porte à marches forcées sur le Milanais. L'armée française passe le Pô et vient occuper Plaisance; le duc de Parme et de Plaisance sollicite la paix, et l'obtient moyennant une contribution de deux millions, douze cents chevaux de trait avec leurs colliers, quatre cents chevaux de dragons harnachés, cent chevaux de selle, dix mille quintaux de blé, cinq mille d'avoine, deux mille bœufs, et vingt des plus beaux tableaux qui se trouvaient dans les deux duchés.

L'armée autrichienne se retira à Lodi, et se retrancha derrière l'Adda, fleuve aussi rapide que profond. Dix mille Autrichiens, aux ordres du général Sebottendorf, avec trente pièces de canon, sont chargés de défendre le pont de Lodi, long de six cents pieds. Le 12 mai, Bonaparte fait lui-même la reconnaissance de la position. Par son ordre, et sous ses yeux, malgré une grêle de mitraille épouvantable, une batterie composée des canons de la division Masséna est aussitôt établie, afin de répondre à celle des Autrichiens. En même temps il ordonne au général Masséna de former tous les bataillons de grenadiers en colonne serrée en masse, et de la conduire à l'attaque du pont, tandis qu'il la ferait soutenir par le reste de sa division et celle du général Augereau. Les tambours battaient la charge, et la redoutable colonne de grenadiers, dont le deuxième bataillon de carabiniers forme la tête, s'élance au débouché du pont, aux cris accoutumés de Vive la république! La mitraille les fait hésiter; un moment d'incertitude de plus allait tout perdre; mais les généraux français ont reconnu toute l'imminence du danger : Berthier, Masséna, Cervoni, Dallemagne, le chef de brigade Lannes et le chef de bataillon Dupas se mettent à la tête de leurs soldats, et les rappellent à leur courage habituel. Les grenadiers s'élancent de nouveau sur les traces de leurs généraux, ils courent plutôt qu'ils ne marchent au combat. En un moment ils ont traversé le pont, culbuté la première ligne de l'ennemi, et enlevé vingt pièces de canon.

Bonaparte s'empressa de se rendre à Milan, que les Autrichiens n'étaien plus en état de défendre. L'archiduc de Milan s'enfuit; la ville se souleva et se déclara en faveur des Français. On couvrit de boue les armes de la maison d'Autriche gravées sur les édifices publics, et l'on écrivit sur la porte du palais de l'archiduc : *Maison à louer; s'adresser au commissaire Salicetti*.

Le 15 mai, à onze heures du matin, l'armée fit son entrée solennelle dans Milan. Toujours actif, Bonaparte ne s'endormit point au sein de son triomphe. Dès le lendemain il s'occupa du soin de presser le siége de la citadelle; les habitants, craignant de voir les Autrichiens tirer sur leur ville, firent avec le gouverneur un accommodement par lequel il s'engageait à ne tirer que sur les troupes employées au siége. Le même jour les scellés furent mis sur toutes les caisses, tant archiducales que de la ville, et il fut arrêté qu'elles seraient versées dans les caisses françaises. Une contribution de vingt millions fut en outre imposée sur la ville.

Le 17 mai, une colonne française s'empara de la ville de Côme; une autre, en s'approchant de Modène, fit prendre la fuite au duc de cette contrée, qui acheta la paix au prix de vingt de ses tableaux au choix, et de sept millions cinq cent mille livres.

La proclamation de Bonaparte aux soldats, après ces victoires, est un modèle de harangue militaire.

« Soldats, leur dit-il, vous vous êtes précipités comme un torrent du haut de l'Apennin ; vous avez culbuté, dispersé tout ce qui s'opposait à votre passage.

» Le Piémont, délivré de la tyrannie autrichienne, s'est livré aux sentiments naturels de paix et d'amitié qui l'attachent à la France. Milan est à vous; le pavillon républicain flotte dans toute la Lombardie; les ducs de Parme et de Modène ne doivent leur existence qu'à votre générosité.

» L'armée qui vous menaçait avec tant d'orgueil ne trouve plus de barrière qui la rassure contre votre courage. Le Pô, le Tésin, l'Adda, n'ont pu vous arrêter un seul jour; vous avez franchi ces boulevards vantés de l'Italie aussi rapidement que l'Apennin.

» Tant de succès ont porté la joie dans le sein de votre patrie; vos représentants ont ordonné une fête dédiée à vos victoires, célébrée dans toutes les communes. Là vos pères, vos mères, vos épouses, vos sœurs, se réjouissent de vos succès, et se tantent avec orgueil de vous appartenir.

» Oui, soldats, vous avez beaucoup fait, mais il vous reste encore beaucoup à faire; dirait-on de nous que nous avons su vaincre, mais que nous n'avons pas su profiter de la victoire? La postérité nous reprocherait-elle d'avoir trouvé apoue dans la Lombardie?.... Non, je vous vois déjà courir aux armes; un lâche repos vous fatigue, les journées perdues pour la gloire le sont pour votre bonheur. Eh bien! partons. Nous avons des marches forcées à faire, des ennemis à soumettre, des lauriers à cueillir, des injures à venger. Que ceux qui ont aiguisé les poignards de la guerre civile en France, qui ont lâchement assassiné nos ministres, incendié nos vaisseaux à Toulon, tremblent..... L'heure de la vengeance a sonné....

» Soldats, le peuple français, respecté du monde entier, donnera à l'Europe une paix glorieuse qui l'indemnisera des sacrifices de toute espèce qu'il fait depuis six ans : vous rentrerez alors dans vos foyers, et vos concitoyens diront en vous montrant : *Il était de l'armée d'Italie!* »

L'enthousiasme des Milanais pour leurs vainqueurs fut de peu de durée. L'enlèvement de l'argenterie des églises, la levée arbitraire de la contribution exigée, mécontentèrent le peuple lombard, et un grand nombre de paysans prirent les armes.

Pavie était le foyer du soulèvement. Bonaparte, qui était à Lodi, revint à Milan, et par sa présence y contint les insurgés.

Pour prévenir le retour des mouvements, le général en chef prit un arrêté portant :

8° Que les généraux feraient marcher contre les villages les forces nécessaires pour les réduire, y mettre le feu, et faire fusiller tous ceux qu'ils trouveraient les armes à la main ; que tous les prêtres ou nobles restés dans les communes rebelles pourraient être arrêtés comme ôtages et envoyés en France ; 2° que tous les villages où l'on sonnerait le tocsin seraient brûlés sur le champ, etc.

La nécessité d'assurer le salut de l'armée pouvait, aux yeux de Bonaparte, excuser des mesures aussi terribles; peut-être la postérité impartiale les jugera-t-elle sévèrement ; n'auraient-elles pas été inutiles si l'on avait eu plus de ménagements pour le peuple vaincu?

Profitant des moments employés par Bonaparte à consolider sa conquête, Beaulieu avait passé le Mincio. Le 31 mai, l'armée française se présente au pont de Borghetto, dont l'ennemi avait coupé une arche. L'artillerie légère engagea aussitôt la canonnade. L'on raccommodait avec peine le pont, sous le feu des batteries autrichiennes, lorsqu'une cinquantaine de grenadiers impatients se jettent à l'eau, tenant leurs fusils sur leurs têtes, ayant de l'eau jusqu'au menton : le général Gardanne, grenadier par la taille comme par le courage, était à leur tête. Les soldats ennemis croient revoir la terrible colonne du pont de Lodi ; les plus avancés lâchent pied : on raccommode alors le pont avec facilité, et nos grenadiers, en un instant, passent le Mincio et s'emparent de Valeggio, quartier-général de Beaulieu, qui venait seulement d'en partir.

« Voilà donc, écrivait au Directoire le jeune général, les Autrichiens entièrement expulsés de l'Italie : nos avant-postes sont maintenant sur les montagnes de l'Allemagne. Je ne vous citerai pas les hommes qui se sont distingués par des traits de bravoure, il faudrait nommer tous les grenadiers et carabiniers de l'avant-garde ; ils jouent et rient avec la mort ; ils sont aujourd'hui accoutumés avec la cavalerie, dont ils se moquent. Rien n'égale leur intrépidité, si ce n'est la gaîté avec laquelle ils font les marches les plus forcées. Vous croiriez qu'arrivés à leurs bivouacs, ils doivent au moins dormir ? Point du tout, chacun fait son plan d'opération du lendemain, et souvent l'on en rencontre qui voient très juste. L'autre jour je voyais défiler une demi-brigade; un chasseur s'approcha de mon cheval : « Général, me dit-il, il faut faire cela. — Malheureux, lui répondis-je, veux tu bien te taire! » C'était justement ce que j'avais ordonné que l'on fît. Je l'ai fait chercher en vain, il avait disparu. »

Le 3 juin, la division Masséna entra dans Vérone, sur le territoire de Venise, et le lendemain elle forma le blocus de Mantoue, la seule ville d'Italie qui restât encore à l'empereur d'Autriche. Le 5 juin, un envoyé de Ferdinand IV, roi des Deux-Siciles, vint demander une suspension d'armes : il s'engagea à garder la neutralité, et à payer une somme de huit millions.

Le souverain pontife Pie VI, dont la division Augereau avait envahi les États, conclut un armistice avec le général français. Sa Sainteté s'engagea à livrer Ancône, à fermer tous ses ports aux bâtiments des puissances en guerre avec la république, à donner cent tableaux, statues, bustes et vases, cinq cents manuscrits de la bibliothèque du Vatican, au choix des commissaires que Bonaparte devait envoyer à Rome, enfin à payer à la France vingt-un millions de livres, monnaie de France, dont quinze millions cinq cent mille en espèces ou lingots d'or et d'argent, et les cinq millions cinq cent mille restant en denrées, marchandises, chevaux, bœufs, d'après la désignation que devaient faire les agents de la république.

Le 26 juin, Bonaparte rassembla toutes ses troupes dans la ville d'Alba, à neuf lieues de Turin, et leur adressa cette allocution énergique :

« Soldats, vous avez, en quinze jours, remporté six victoires, pris vingt-un drapeaux, cinquante pièces de canon, plusieurs places fortes, conquis la partie la plus riche du Piémont; vous avez fait quinze mille prisonniers, tué ou blessé dix mille hommes. Vous vous étiez, jusqu'ici, battus parmi des rochers stériles, illustrés par votre courage, mais inutiles à la patrie; vous égalez aujourd'hui, par vos services, l'armée conquérante de la Hollande et du Rhin. Dénués de tout, vous avez suppléé à tout ; vous avez gagné des batailles sans canons, passé des rivières sans ponts, fait des marches forcées sans souliers, bivouaqué plusieurs fois sans pain : les phalanges républicaines étaient seules capables d'actions aussi extraordinaires. Grâces vous en soient rendues, soldats!

» Les deux armées qui naguère vous attaquèrent avec audace fuient devant vous; les hommes pervers qui se réjouissaient, dans leur pensée, du triomphe de vos ennemis, sont confondus et tremblants. Mais, soldats, il ne faut pas vous le dissimuler, vous n'avez encore rien fait, puisque beaucoup de choses vous restent encore à faire. Ni Turin, ni Milan ne sont encore à vous. Vos ennemis foulent encore les cendres des vainqueurs des Tarquins.

» Vous étiez dénués de tout au commencement de la campagne; vous êtes aujourd'hui abondamment pourvus. Les magasins pris à vos ennemis sont nombreux. L'artillerie de siége est arrivée. La patrie attend de vous de grandes choses. Vous justifierez son attente ; vous brûlez tous de porter au loin la gloire du peuple français, d'humilier les rois orgueilleux qui méditaient de nous donner des fers, de dicter une paix glorieuse qui indemnise la patrie des sacrifices qu'elle a faits. Vous voulez tous, en rentrant dans le sein de vos familles, dire avec fierté : J'étais de l'armée conquérante de l'Italie.

» Amis, je vous la promets, cette conquête; mais il est une condition qu'il faut que vous juriez de remplir : c'est de respecter les peuples que vous délivrerez de leurs fers ; c'est de réprimer les pillages auxquels se portent les scélérats suscités par nos ennemis. Sans cela, vous ne seriez point les libérateurs des peuples, vous en seriez le fléau. Le peuple français vous désavouerait : vos victoires, votre courage, le sang de vos frères morts en combattant, tout serait perdu, surtout l'honneur et la gloire. Quant à moi et aux généraux qui ont votre confiance, nous rougirions de commander une armée qui ne connaîtrait de loi que la force. Mais, investi de l'autorité nationale, je saurai faire respecter à un petit nombre d'hommes sans cœur les lois de l'humanité et de l'honneur, qu'ils foulent aux pieds; je ne souffrirai pas que des brigands souillent vos lauriers.... »

Deux jours après, le général en chef envoya la division Vaubois occuper la ville et le port de Livourne, que les Anglais avaient enlevés à Ferdinand-Joseph, grand-duc de Toscane. Bonaparte s'y rendit le même jour, y fit mettre en séquestre tous les magasins appartenant à l'empereur et au roi d'Angleterre. Il alla ensuite à Florence, et rendit visite au grand-duc Ferdinand. Ce prince de la maison d'Autriche, frère de l'empereur, et marié à une princesse de la branche des Bourbons, reçut avec les plus grands égards le soldat qui venait de vaincre l'Autriche. Bonaparte était assis à table à côté de la grande-duchesse, quand on lui annonça que le château de Milan venait de capituler le 29 juin; et les deux époux se crurent obligés de le féliciter d'un événement qui, en affermissant le pouvoir des Français, devait avoir des suites funestes à la sécurité de leur couronne ducale.

Bonaparte était encore à Florence quand le peuple de la Romagne s'ameuta; mais cette insurrection fut bientôt apaisée, et le général en chef s'occupa du siège de Mantoue. De son côté, Beaulieu écrivit au conseil aulique pour presser l'envoi d'un renfort. Sa lettre prouve la terreur qu'inspiraient, même aux plus braves, les succès des armées françaises.

« Je vous préviens, dit-il, que je n'ai plus que vingt mille hommes, et que les Français en ont soixante mille ; que je fuirai demain, après-demain, tous les jours, jusqu'en Sibérie, s'il prend envie à ces diables de m'y poursuivre. Mon âge me donne le droit de tout vous dire : en un mot, dépêchez-vous de faire la paix, à quelque condition que ce soit. »

Le général Masséna occupait la position de la Corona et de Rivoli, et avait l'ordre d'empêcher l'armée autrichienne de sortir des montagnes du Tyrol. L'avant-garde ennemie se trouvant trop rapprochée de Rivoli, Masséna chargea le général Joubert de l'attaquer, le 7 juillet, par la Boccheta-di-Campion. Le chef de bataillon Marchand tourna les Autrichiens par la droite, et le chef de bataillon Recco, par la gauche. Le reste de la brigade attaqua de front. Les soldats français gravirent les rochers escarpés, l'arme au bras, sans tirer; ils culbutèrent ensuite les Autrichiens, en tuèrent une centaine, firent deux cents prisonniers, s'emparèrent de quatre cents tentes, des bagages et des retranchements.

Une nouvelle armée autrichienne de vingt-cinq mille hommes, sous les ordres de Wurmser, allait porter à soixante mille hommes les forces autrichiennes. Wurmser attaqua, le 19 juillet, la division Masséna. Le général Quasdanowich occupa Salo et Brescia. Le général Sauret, qui avait vaillamment défendu Salo, y avait laissé le général Guyeux, renfermé avec un seul bataillon de la 15ᵉ légère dans un bâtiment où il combattait sans vivres depuis quarante-huit heures. Le 31 juillet, Sauret rentre dans Salo, repousse l'ennemi, lui prend deux drapeaux, deux pièces de canon, et fait deux cents prisonniers.

A Lonato, un combat s'engage entre la division Dallemagne et le corps autrichien d'Ocskay. Les Autrichiens sont défaits; le champ de bataille est jonché de morts et de blessés, et six cents prisonniers tombent au pouvoir du vainqueur. A ce combat, la 32ᵉ demi-brigade mérita que Bonaparte dît d'elle, dans le rapport qu'il adressa au Directoire : « J'étais tranquille, la 32ᵉ, commandée par le brave Dallemagne, était là. »

Bonaparte arrive à Rocabella, où se trouvait Augereau. Il apprend à Monte-Chiaro que le général Valette vient d'abandonner Castiglione-di-Stiviere, où il campait, et il communique à Augereau le dessein de battre en retraite. Celui-ci combat fortement ce projet, en s'appuyant surtout de la bonne disposition des troupes sous ses ordres, et qui sans doute est commune aux autres divisions de l'armée. « Venez dans nos camps, disent les officiers supérieurs à Bonaparte, et là vous jugerez de l'esprit du soldat. »

— « Savez-vous, mes amis, reprit le général en chef, que vous avez devant vous vingt-cinq mille hommes des vieilles bandes autrichiennes, commandés par Wurmser?

» — Qu'importe! s'écrient à l'instant, et d'une voix unanime, les vainqueurs de Montenotte : général, nous n'avons jamais compté nos ennemis, reposez-vous sur nous. Aux Pyrénées, nous avons vaincu les ennemis de la France, nous saurons encore les vaincre en Italie. »

Bonaparte se rend au camp devant Monte-Chiaro. Les troupes d'Augereau sont rangées en bataille sur le front de bandière, les armes en faisceaux. On l'accueille aux cris de Vive la république!... A l'ennemi!... Point de retraite!... Des soldats s'élancent hors des rangs, et, montrant à Bonaparte les hauteurs de Castiglione, lui disent : « C'est là que nous jurons de remporter la victoire ou de périr tous. » Ces expressions du plus noble enthousiasme fixent l'irrésolution du général en chef, qui, se tournant vers Augereau, lui dit avec une émotion visible : « Oui, je dois croire qu'avec des braves comme ceux-là on ne peut pas être vaincu. »

Il donne aussitôt des ordres pour une attaque générale. Il dirige une partie de ses troupes sur Lonato, d'où elles repoussent la colonne du général Ocskay. Il envoie à la poursuite des fuyards son premier aide-de-camp, Junot, avec la compagnie des guides à cheval de l'armée, en la faisant soutenir, à quelque distance, par le 15e régiment de dragons et la 4e demi-brigade légère.

Arrivé près de Dezenzano, l'aide-de-camp Junot atteignit le régiment de hulans que commandait le colonel Bender, et, faisant un détour sur la droite, il vint charger de front ce régiment, dont il blessa le colonel. Entouré bientôt par un gros de hulans, Junot, sans se déconcerter, en tua six de sa main; mais il fut culbuté dans un fossé, après avoir reçu cinq coups de sabre assez profonds. Il courait risque d'être fait prisonnier, lorsque fort heureusement les guides et le 15e de dragons vinrent le dégager.

A la droite de l'armée, Augereau force le pont de Castiglione, et reprend ce village. Les Autrichiens se replient, et Bonaparte se rend à Lonato pour s'occuper des dispositions de la bataille qu'il veut livrer le lendemain. Tout-à-coup on lui annonce un parlementaire qui le somme de se rendre. « Vous êtes cerné, lui dit-il, et les Français qui se trouvent ici n'ont d'autre parti à prendre que de mettre bas les armes. »

Le général en chef n'avait avec lui dans Lonato que mille à douze cents hommes, et l'on venait de l'avertir qu'en effet les avant-gardes ennemies s'approchaient de la ville, et que la route de Brescia était déjà interceptée.

La présence d'esprit de Bonaparte le tire de ce danger; il ordonne une démonstration d'attaque; le commandant ennemi ne veut pas en attendre les effets, se rend sans condition, et trois mille hommes, vingt hulans, trois drapeaux et quatre pièces de canon tombent au pouvoir des Français.

Le lendemain, le sort de Wurmser fut décidé, et Bonaparte put écrire au Directoire :

« Voilà donc en cinq jours une autre campagne finie. Wurmser a perdu dans ces cinq jours soixante-dix pièces de canon, tous ses caissons d'infanterie, douze à quinze mille prisonniers, six mille hommes tués ou blessés, et presque tous des troupes venues du Rhin ; indépendamment de cela, une grande partie est encore éparpillée, et nous les ramassons en poursuivant l'ennemi. Tous les soldats, officiers, généraux, ont déployé, dans cette circonstance difficile, un grand caractère de bravoure. »

Bonaparte ne laisse point aux Autrichiens le temps de se rallier. Augereau canonne Valleggio; Masséna détruit le camp que les troupes des généraux Bayalitsch et Liptay formaient devant Peschiera.

Le général en chef, à la tête de la division Serrurier, arrive, le 8 août, à dix heures du soir, devant Vérone, qu'avaient occupé les Autrichiens, et fait sommer la place d'ouvrir ses portes. Le provéditeur vénitien demande deux heures de délai. Le général en chef, pour toute réponse, ordonne au général Dammartin d'enfoncer les portes de la ville à coups de canon. Cet ordre est promptement exécuté. Les grenadiers français se précipitent, la baïonnette en avant, dans les rues de Vérone.

Cette brusque irruption, au milieu des ténèbres de la nuit, jeta les habitants de Vérone dans l'effroi et la consternation; mais ils n'eurent point à se plaindre, autant qu'ils le redoutaient, de la conduite des généreux assaillants. Ceux-ci se contentèrent de faire main-basse sur les Autrichiens, et de s'emparer de leurs bagages. Deux à trois cents de ces derniers furent faits prisonniers.

Le 11 août, la division Masséna emporta les postes de Monte-Baldo, de la Corona et de Preaboco, et vengea ainsi les revers qu'elle avait éprouvés sur ce même terrain, lorsque, quatorze jours avant, elle s'était repliée à l'approche de l'armée de Wurmser, descendue rapidement du Tyrol. Sept pièces de canon et huit cent cinquante prisonniers tombèrent en son pouvoir.

Pendant ce temps, Augereau passa l'Adige, et chassa l'ennemi jusqu'à Ala. Les généraux Sauret et Saint-Hilaire s'emparèrent facilement de tous les postes disséminés sur la rive occidentale du lac de Garda. Ces détachements ennemis furent dispersés, perdirent six pièces de canon, onze cents prisonniers et la plus grande partie de leurs bagages.

Ces avantages permirent de bloquer Mantoue. La garnison autrichienne conservait quelques postes aux environs de la forteresse. Le général Sahuguet reçut l'ordre de faire attaquer, le 24 août, deux de ces postes, le pont de Governolo et Borgoforte. Après une assez longue canonnade sans résultat sur le pont de Governolo, le général Sahuguet, à la tête des grenadiers, emporta ce poste, et poussa dans Mantoue les troupes qui le défendaient ; le général Dallemagne fut chargé de l'attaque de Borgoforte. Prévenu d'abord par les Autrichiens, qui s'aperçurent de son mouvement, il repoussa avec vigueur ces derniers dans un combat qui eut lieu en avant du village, et où la 12e demi-brigade de ligne, commandée par le colonel Lahos, fit des prodiges de valeur. Borgoforte fut abandonné, et les troupes qui le gardaient furent forcées, comme celles du pont de Governolo, de rentrer précipitamment dans Mantoue. Ces deux actions coûtèrent à l'ennemi cinq cents hommes tués, blessés, ou faits prisonniers.

Dix mille hommes des milices autrichiennes gardaient les postes de San-Marco et de Roveredo. Les divisions Masséna et Vaubois suffirent pour s'en emparer. Les troupes du général Davidowich, chassées de leurs retranchements par les soldats de Masséna, s'enfuirent à la débandade à travers les bois, les champs et les rochers ; et le général autrichien, parvenu jusqu'à la ville de Trente, put à peine rassembler sous ses murs la moitié de son corps d'armée (3 et 4 septembre).

La perte des Autrichiens, dans ces deux journées, fut très considérable, mais bien moins en hommes tués qu'en blessés et prisonniers. Le nombre de ces derniers fut évalué de sept à huit mille ; vingt-cinq pièces de canon, cinquante caissons, sept drapeaux, et quantité de fusils, furent les trophées du combat de Roveredo.

Masséna entra dans Trente à huit heures du matin, et les ennemis en sortirent pour aller occuper une position retranchée derrière le torrent de Lavis. Il fallait passer ce torrent sur un pont défendu par une batterie,

L'avant-garde des deux divisions Masséna et Vaubois se rappelle Lodi, et se prépare à franchir le pont au pas de charge; mais des décharges de mitraille portent bientôt quelque désordre dans les rangs pressés de ces braves, qui reculent en voyant tomber les premières files. L'arrivée de la tête de la division Vaubois permet à Bonaparte d'ordonner une nouvelle attaque. Cette fois l'artillerie ennemie est sans effet; de nouveaux soldats succèdent à ceux que la mitraille renverse. Bientôt le général Dallemagne a franchi le pont à la tête de la 25e demi-brigade, et n'est point arrêté par la vive fusillade de l'ennemi. Le général Murat traverse la rivière à gué, à la tête du 10e régiment de chasseurs, dont chaque cavalier porte en croupe un fantassin, et poursuit l'ennemi en déroute, malgré l'obscurité de la nuit.

Le corps de Davidowich, se trouvant ainsi dispersé, les divisions Augereau et Vaubois font vingt lieues en deux jours, et se portent, le 7 septembre, sur l'armée de Wurmser, qui se dirigeait vers Bassano. Augereau repousse un corps de Croates qui couvrait la vallée de la Brenta, et leur fait plus de deux mille prisonniers. Trois bataillons autrichiens placés au village de Solagna, sur la rive gauche de la Brenta, sont défaits et poursuivis jusqu'à Bassano. Augereau entre dans cette ville au pas de charge, et Wurmser, qui y avait rétabli son quartier-général, n'en sort qu'avec difficulté, grâce au dévouement de ses grenadiers.

Wurmser traversa Vicence avec quatorze mille hommes, débris de son armée. La division Masséna, accourue pour lui couper la retraite, l'atteignit, le 11 septembre, à Cerea; mais les Autrichiens, en nombre supérieur, forcèrent le passage d'un pont dont les Français s'étaient emparés, franchirent l'Adige, et pénétrèrent le 13 septembre dans Mantoue.

Le même jour, Augereau était entré dans Legnago; après quelques pourparlers, la garnison autrichienne, forte de seize cent soixante-treize hommes, se rendit prisonnière de guerre. On trouva dans la ville trente-deux pièces de canon de campagne avec leurs caissons et leurs attelages; cinq cents prisonniers français faits au combat de Cerea, le 11, furent rendus à la liberté.

Wurmser était entré dans Mantoue avec à peu près dix mille hommes, dont le tiers au moins de cavalerie. Ce renfort permettait à la garnison de tenir la campagne en-dehors de la place, pour y faire entrer des subsistances, et notamment des fourrages, qui manquaient absolument. Il devenait donc urgent de contraindre les Autrichiens à se renfermer dans la place. Aussi, le 13 septembre, Augereau quitta Legnago. Sahuguet se porta sur la Favorite, et obtint d'abord quelque avantage; mais l'ennemi ayant reçu des renforts, le contraignit à se retirer.

Pendant la nuit du 13 au 14, Masséna s'avança sur Due-Castelli, dans l'intention de surprendre l'ennemi. Celui-ci était si peu sur la défensive que l'avant-garde française arriva jusqu'au camp sans être aperçue. L'infanterie autrichienne, occupée à préparer ses aliments, n'eut pas le temps de courir aux armes. La cavalerie était au fourrage : tout semblait présager un succès complet. Mais soit que l'avant-garde de Masséna ne fût pas soutenue à temps, soit qu'elle ne sût pas profiter du premier désordre des troupes attaquées, quelques officiers autrichiens eurent la présence d'esprit de rassembler à la hâte plusieurs bataillons, et d'arrêter les Français avec valeur. A ce moment le général Ott sortait de Mantoue avec les escadrons qui revenaient du fourrage. Ne voyant que le danger pressant, et sans songer qu'ils n'avaient point de selle, les cavaliers autrichiens jetèrent leurs trousses de fourrage, et chargèrent avec impétuosité la 5e demi-brigade, qui, s'étant fourvoyée, rejoignait alors l'avant-garde. Cette troupe, surprise par un choc aussi brusque, se retira en désordre. L'avant-garde abandonna bientôt le camp ennemi. La division aurait éprouvé un plus grand échec sans les vigoureux efforts de la 32e demi-brigade, qui se forma en bataillon carré, et sut contenir la cavalerie autrichienne assez longtemps pour que le général Kilmaine accourût au secours des troupes repoussées avec le 20e régiment de dragons. Masséna eut quelque peine à rallier ses troupes; mais il parvint à leur faire prendre une bonne disposition, dans laquelle la 32e demi-brigade et le 20e de dragons vinrent le rejoindre, et où l'ennemi n'osa point les attaquer.

Enhardi par le succès de la veille, Wurmser fit sortir, le 15 septembre, à la pointe du jour, la plus grande partie de la garnison, qui, réunie aux troupes campées à la Favorite et à Saint-Georges, devaient entreprendre un fourrage général. Après deux jours de combat, l'armée française occupa le village de Saint-Georges; les Autrichiens perdirent, le 15, environ deux mille hommes tués ou blessés, un pareil nombre de prisonniers (parmi lesquels un régiment de cuirassiers et un corps de hulans), et vingt-cinq pièces de canon avec leurs caissons tout attelés. La perte des Français fut beaucoup moins considérable; ils eurent de nombreux blessés, parmi lesquels on compta les généraux Victor, Saint-Hilaire, Dallin, Murat, Meyer (ce dernier reçut un coup de feu en dégageant un soldat qu'un cuirassier autrichien allait tuer). Le général Lannes, et une foule de braves officiers méritèrent d'être cités avec honneur dans le rapport de Bonaparte. On vit à cette affaire, dans le faubourg de Saint-Georges, un bataillon de la 18e, chargé par deux escadrons de cavalerie autrichienne, non-seulement soutenir avec beaucoup de résolution cette charge impétueuse, mais presser les cavaliers avec tant de vigueur que tous ceux qui ne furent pas tués ou blessés mirent bas les armes et se rendirent prisonniers.

Vers la fin de septembre, de vingt-cinq à trente mille hommes de garnison, il ne restait plus à Mantoue que seize mille combattants; neuf mille malades encombraient les hôpitaux et les maisons de la ville; le reste avait succombé.

Bonaparte remit le commandement du siège au général Kilmaine, et se rendit à Milan, où il provoqua la réunion des duchés de Modène et de Reggio, des légations de Ferrare et de Bologne en un seul État, sous le nom de république Cispadane. La Lombardie ou duché de Milan prit celui de république Transpadane. Bonaparte envoya en Corse le général Gentili, qui, débarqué le 19 octobre avec un faible détachement, reprit en trois jours l'île entière sur les Anglais.

Cependant quarante-cinq mille hommes, aux ordres du feld-maréchal Alvinzi, venaient au secours de Wurmser. L'armée française se porte, le 6 novembre, sur les derrières des troupes autrichiennes, et livre plusieurs combats sans résultats décisifs. Le 15, la division Augereau, formant la droite, se présente sur la digue qui mène du village de Ronco à Arcole.

Cette digue, élevée au milieu d'un marais, était coupée par le torrent de l'Alpin; on le passait sur un pont de bois très étroit, barricadé, aboutissant à des maisons isolées, et que gardaient avec du canon plusieurs bataillons croates et hongrois.

Pendant que l'aile gauche et le centre des Français s'avancent sur d'autres points, Augereau attaque Arcole; mais il éprouve la plus grande résistance, et ne peut parvenir à déboucher. Les troupes qui tenaient le village se battent avec opiniâtreté.

Il devenait urgent pour les Français d'emporter le pont avant l'arrivée des renforts qu'Alvinzi dirigerait infailliblement sur le point d'attaque.

Pour encourager les soldats par l'exemple, les généraux se précipitent à la tête de la colonne, mais leur dévouement est inutile. Lannes, encore souffrant d'une blessure récente, est atteint de deux coups de feu. Verdier, Bon et Verne sont mis hors de combat; les grenadiers reculent. Augereau saisit un drapeau, s'élance jusque sur la moitié du pont, et, appelant à lui tous les braves, court pendant quelques minutes le plus imminent danger. Efforts infructueux! Le canon est si bien servi que les pelotons qui se succèdent sont écrasés à mesure qu'ils arrivent à portée des pièces.

Bonaparte paraît tout-à-coup, environné de son état-major, à la tête de la colonne, et, s'adressant aux soldats : « N'êtes-vous plus, leur dit-il, n'êtes-vous plus les guerriers de Lodi? Qu'est devenue cette intrépidité dont vous avez donné tant de preuves? » La présence et le discours du général en chef raniment les soldats, les grenadiers demandent à recommencer le combat. Bonaparte descend de cheval, se met à leur tête, tenant un nouveau drapeau à la main, et s'élance sur le pont, suivi, pressé par tous ceux que l'étroit espace peut contenir. L'intrépide Lannes, malgré ses deux blessures, apprenant que le général en chef est à la tête des combattants, monte à cheval, parce qu'il ne peut se soutenir à pied; blessé une troisième fois, il est presque aussitôt renversé. Le général Vignolle fut également blessé, et Muiron, aide-de-camp du général en chef, fut tué raide à ses côtés. Si Bonaparte ne fut pas lui-même atteint, il le dut au dévouement de l'adjudant-général Belliard et de quelques officiers d'état-major qui se placèrent devant lui pour le couvrir contre les tirailleurs ennemis. Enfin la division fit un mouvement rétrograde. Bonaparte, entraîné par les grenadiers qui abandonnaient le pont, était remonté à cheval à sa sortie, lorsqu'une décharge à mitraille écrase et renverse ceux qui l'entouraient; le cheval, effrayé, se jette dans les marais avec son cavalier. Les Autrichiens poursuivent les troupes en retraite sur la digue. Ils ont bientôt dépassé le général en chef de cinquante pas. Cet incident n'échappe pas à Belliard. Les grenadiers qui ferment la marche de la colonne font aussitôt volte-face, en criant : « En avant, en avant, pour sauver le général! » ils repoussent l'ennemi, et procurent à Bonaparte les moyens de sortir du marais où il était tombé.

Le lendemain, Augereau essaya, mais inutilement, de franchir le terrible passage. On fut obligé d'établir des ponts de chevalets sur d'autres points.

La bataille d'Arcole dura trois jours consécutifs sur le même terrain ; elle se termina par la déroute complète de l'armée d'Alvinzi, qui perdit huit à dix mille hommes. La saison étant avancée, les troupes autrichiennes prirent leurs quartiers d'hiver sur la Brenta.

CAMPAGNE DE 1797.

Armée de Rhin-et-Moselle : Évacuation des forts de Kehl et d'Huningue ; passage du Rhin à Kehl.
Armée de Sambre-et-Meuse : Passage du Rhin à Neuwied.
Armée d'Italie : Bataille de Rivoli ; combats d'Anghiari, de la Favorite, de Campenedolo, etc. ; capitulation de Mantoue ; invasion des États-Romains ; bataille de Tagliamento ; prise de Palmanova, de Gradisca, etc. ; invasion des États-Vénitiens ; paix de Campo-Formio.

Les triomphes de l'armée d'Italie nous ont fait perdre de vue les troupes qui combattaient sur les frontières du nord. La division de *l'armée de Rhin-et-Moselle*, qui défendait le fort de Kehl, l'évacua le 10 janvier 1797. Depuis l'ouverture de la tranchée, près de cent mille coups de canon et vingt-cinq mille bombes avaient détruit les travaux des assiégés, et la résistance devenait impossible. Les généraux Desaix et Saint-Cyr l'avaient vaillamment prolongée.

Il fut arrêté que les troupes immédiatement entreraient dans le fort le 10 janvier, à six heures du soir : on n'avait donc que vingt-quatre heures à peu près pour établir le pont et enlever tout ce que le fort renfermait; car d'après les conditions stipulées par Desaix, il lui était accordé d'emmener avec lui tout ce qu'il pouvait emporter. On travailla avec tant d'ardeur qu'on ne laissa pas à l'ennemi une seule palissade : tout fut ramené sur la rive gauche, jusqu'aux éclats de bombes et au bois des plates-formes. Le lendemain, à quatre heures du soir, l'évacuation était complète, et lorsque les Autrichiens prirent possession du fort, à la vue d'une foule de curieux des deux nations que ce spectacle avait attirés sur les rives du fleuve, ils ne trouvèrent que des remparts renversés, des palissades brisées, des amas de décombres, un poste enfin à peu près inutile pour eux.

Il ne restait plus aux Français, sur la rive droite du Rhin, que le fort d'Huningue, construit par Vauban, et couvrant la tête de pont d'Huningue. Les Autrichiens concentrèrent toutes leurs forces sur ce point, défendu par les généraux Férino et Abatucci. Le prince de Furstenberg commandait les troupes de siége. Après une honorable défense, la garnison capitula, et se retira le 5 février, emportant ses armes, bagages, munitions, et ne laissant aux vainqueurs que des ruines.

L'armée de Rhin-et-Moselle, commandée par le général Moreau, s'élevait à soixante mille hommes. D'après l'ordre exprès du Directoire, elle passa le Rhin à Kehl, le 21 avril. Les troupes autrichiennes, sur le Haut-Rhin, dirigées par le général Harray, ne se composaient que de quarante mille hommes, dont six mille de cavalerie. Elles s'opposèrent vivement au passage et à l'occupation de Kehl, et perdirent plusieurs drapeaux, vingt pièces de canon, et cinq mille hommes tués, blessés ou faits prisonniers, parmi lesquels plusieurs officiers supérieurs. L'armée française marcha pendant huit heures à la poursuite de l'ennemi. Le 23, Moreau reçut un parlementaire accompagné d'un courrier, qui apportait la nouvelle de la signature des préliminaires de paix, et les hostilités furent immédiatement suspendues.

Le même motif arrêta les opérations de l'armée de *Sambre-et-Meuse*. Hoche, qui en avait été nommé général en chef, s'occupait de la réorganiser. Elle était composée de soixante-dix mille hommes, auxquels l'ennemi ne pouvait opposer que quarante mille combattants. Son artillerie nombreuse, bien attelée, bien servie, était sous les ordres du général Debelle, beau-frère de Hoche. Au commencement d'avril, Hoche écrivait au Directoire : « Il n'est pas possible de voir une armée plus belle, plus brave et mieux disciplinée. Avec elle, un général est sûr de vaincre bientôt les armées ennemies. Que la campagne s'ouvre, et rien ne pourra m'empêcher d'être à Vienne. »

Cette noble confiance fut justifiée par le succès. Après avoir passé le Rhin, le 16 avril, à Neuwied, battu les corps d'armée des généraux Kray et Werneck, l'armée occupa Bendorf, Hedersdorf, Dierdorf, Uckerad, Altenkirchen, Hackenburg, Limburg, Dietz, Wetzlar, et allait entrer dans

Francfort, le 22 avril, quand elle apprit la signature des préliminaires de paix à Léoben.

En Italie, le maréchal Alvinzi, repoussé vers les montagnes du Tyrol, s'empressa de faire venir des secours et des renforts, pendant que l'Autriche invoquait secrètement contre les Français l'appui des États de Venise, de Rome et de Naples, et l'armée autrichienne attaqua, le 7 janvier, un corps avancé de la division Augereau. Bonaparte apprend à Bologne, le 10, la nouvelle de ce mouvement, et se hâte de se rendre à Vérone, et de là à Rivoli (13 janvier). Les Autrichiens y furent battus avec une perte considérable. Le 14, Augereau avait défait à Angliari le général Provera, qui marchait sur Mantoue. Il lui prit deux mille hommes et quinze pièces de canon. Les débris de sa colonne, vaincus le 15 à la Favorite, mirent bas les armes le 16 janvier. En trois jours, nous avions détruit deux corps d'armée, fait plus de vingt mille prisonniers, pris toute l'artillerie ennemie, des bagages immenses, et mis les Autrichiens tout-à-fait hors d'état de tenir la campagne, à moins qu'ils ne créassent une quatrième armée. « Les légions romaines, dit le général en chef dans son rapport, faisaient vingt-quatre milles par jour; les soldats français en font trente et combattent dans l'intervalle. »

Les Autrichiens, dans leur déroute, furent encore défaits à Campenedolo, le 24, par Masséna, et à Derumbano, le 26, par Joubert. Bassano, Roveredo, Trente et Trévise furent occupés. Renfermé depuis six mois dans Mantoue, Wurmser sentait que le moment de succomber était arrivé; aussi fut-il heureux de pouvoir signer, le 22 janvier, une capitulation qui lui laissait libre la sortie de Mantoue.

Bonaparte rendit justice au courage de son adversaire. « Ce grand nombre d'hommes, dit-il, qui s'attachent toujours à calomnier le malheur, ne manqueront pas de chercher à persécuter Wurmser; mais la postérité le vengera. »

Bonaparte rompit l'armistice conclu avec le pape, le 20 juin 1796. Les troupes aux ordres de Victor entrèrent dans Imola. Pie VI, le 19 janvier, signa un traité à Tolentino.

Dans le courant de février, le prince Charles prit le commandement de l'armée autrichienne d'Italie, diminuée par ses défaites, et maintenant inférieure en nombre à l'armée française. Après quelques escarmouches sur le Lavis et la Piave, Bonaparte défit complètement le nouveau général à Tagliamento, le 16 mars.

Les Français suivirent l'ennemi sur la route de Palmanova, à trois ou quatre milles du champ de bataille.

Cette affaire coûta aux Autrichiens un général, plusieurs officiers supérieurs, et environ cinq cents prisonniers, un grand nombre de tués et six pièces de canon. La perte des Français fut peu considérable. L'adjudant-général Kellermann fut blessé de plusieurs coups de sabre, reçus dans une charge qu'il exécuta conjointement avec le général Dugua.

Le plus grand avantage que retira Bonaparte de ce premier combat fut de signaler l'ouverture de la campagne en pénétrant dans la Carinthie, malgré l'âpreté de la saison. Le 17, les divisions Guyeux et Bernadotte s'emparèrent, sans coup férir, de Palmanova, où elles trouvèrent trente mille rations de pain et des magasins de farine.

Le 19 mars, la garnison de Gradisca capitula, abandonnant aux vainqueurs deux mille cinq cents prisonniers, huit drapeaux et dix pièces de canon. Gorizia, Chiusa-Veneta, Tarvis, la Chiusa-di-Pletz, Trieste; et dans le Tyrol, Neumarck, Botzen, Brixen, Nerdeck, Friebach, Scheiffling, Knittelfeld, Judenbourg, étaient tombés au pouvoir des Français, quand, le 31 mars, Bonaparte écrivit de Klagenfurt la lettre suivante à l'archiduc Charles :

« Monsieur le général en chef,

» Les braves militaires font la guerre et désirent la paix. Cette guerre ne dure-t-elle pas depuis six années ? Avons-nous assez tué de monde, fait assez de mal à la triste humanité ? Elle réclame de toutes parts. L'Europe, qui avait pris les armes contre la république française, les a posées · votre nation reste seule ; et cependant le sang va couler plus que jamais ! Cette sixième campagne s'annonce par des présages sinistres ; quelle qu'en soit l'issue, nous aurons perdu de part et d'autre quelques milliers d'hommes de plus. Il faudra bien finir par s'entendre, puisque tout a un terme, même les passions haineuses.

» Le Directoire de la république française avait fait connaître à S. M. l'empereur le désir de mettre fin à la guerre qui désole les deux peuples : l'intervention de la cour de Londres s'y est opposée. N'y a-t-il donc aucun espoir de nous entendre ? et faut-il, pour les intérêts ou les passions d'une nation étrangère aux maux de la guerre, que nous continuions à nous entr'égorger ? Vous, M. le général en chef, qui, par votre naissance, approchez du trône, et qui êtes au-dessus de toutes les petites passions qui agitent les ministres et les gouvernements, êtes-vous décidé à mériter le titre de bienfaiteur de l'humanité entière et de vrai sauveur de l'Allemagne ? Ne croyez pas que j'entende par là, M. le général en chef, qu'il ne vous soit pas possible de la sauver par la force des armes ; mais, dans la supposition que les chances de la guerre vous deviennent favorables, l'Allemagne n'en sera pas moins ravagée. Quant à moi, M. le général en chef, si l'ouverture que j'ai l'honneur de vous faire peut sauver la vie à un seul homme, je m'estimerai plus heureux de la couronne civique que je me trouverai avoir méritée, que de la triste gloire qui peut revenir des succès militaires..... »

Cette proposition de paix ne fut pas acceptée immédiatement. Toutefois des conférences commencèrent, et les préliminaires de paix furent signés, le 15 avril, à Léoben.

La paix fut signée définitivement à Campo-Formio, dans la nuit du 16 au 17 octobre. La république française acquit les Pays-Bas autrichiens ; l'empereur eut les îles ci-devant vénitiennes du Levant, l'Istrie, la Dalmatie et les îles de l'Adriatique ; il reconnut l'indépendance de la république.

Avant de quitter l'Italie, Bonaparte retourna à Milan, pour mettre la dernière main à l'organisation de cette république nouvelle; il se rendit ensuite à Rastadt, et de là à Paris, où il arriva le 5 décembre. Le 10, il fut solennellement reçu par le Directoire.

On avait disposé la cour du palais du Directoire pour être le théâtre de la cérémonie. Au milieu s'élevait un autel de la patrie, surmonté des statues de la Liberté, de l'Egalité et de la Paix, et décoré de plusieurs trophées formés avec les nombreux drapeaux conquis par l'armée d'Italie. A chaque côté de l'amphithéâtre destiné aux autorités était placé un faisceau des drapeaux des différentes armées de la république.

Bonaparte paraît, accompagné des ministres des relations extérieures et de la guerre, et suivi de ses aides-de-camp. Des acclamations unanimes partent de toutes les bouches et élèvent aux cieux les noms de *libérateur de l'Italie* et de pacificateur du continent. Parvenu au pied de l'autel de la patrie, le général fut présenté au Directoire par le ministre des affaires extérieures, Talleyrand-Périgord; puis le général Joubert et le chef de brigade Andrieux, présentés à leur tour par le ministre de la guerre, remirent au Directoire le drapeau que les Conseils avaient décerné à l'armée d'Italie, et sur lequel étaient des inscriptions qui rappelaient ses principaux exploits.

Sur une des faces de ce drapeau on lisait :

A L'ARMÉE D'ITALIE LA PATRIE RECONNAISSANTE.

Sur l'autre côté étaient inscrits les noms des combats livrés et des villes prises par cette armée. On y remarquait entre autres les inscriptions suivantes :

« Cent cinquante mille prisonniers. — Cent soixante-dix drapeaux. — Cinq cent cinquante pièces de siége. — Six cents pièces de campagne. — Cinq équipages de pont. — Neuf vaisseaux de soixante-quatre canons, douze frégates de trente-deux, douze corvettes, dix-huit galères. — Armistice avec le roi de Sardaigne. — Convention avec Gênes. — Armistice avec le duc de Modène, le roi de Naples, le pape. — Préliminaires de Léoben, etc.

» Donné la liberté aux peuples de Bologne, Ferrare, Modène, Massa-Carrara, de la Romagne, de la Lombardie, etc.; aux peuples du département de Corcyre, de la mer Égée et d'Ithaque.

» Envoyé à Paris les chefs-d'œuvre de Michel-Ange, du Guerchin, du Titien, de Paul Véronèse, Corrège, Albane, des Carrache, Raphaël, Léonard de Vinci, etc. »

Les spectateurs saluèrent, à son départ, le général Bonaparte des mêmes acclamations qui l'avaient accueilli à son arrivée, et le drapeau fut suspendu à la voûte de la salle des séances du gouvernement.

CAMPAGNE DE 1798.

Expédition d'Egypte; état de cette contrée en 1798; départ de la flotte; prise de l'île de Malte; prise d'Alexandrie; proclamation; marche dans le désert; combats de Rahmanieh et de Chebreis; bataille des Pyramides; occupation du Caire; fêtes de la rupture des eaux du Nil, de Mahomet et de la république; institut d'Egypte; conquête du Fayoum par Desaix; révolte du Caire; travaux scientifiques; prise de Suez.
Conquête des Etats-Romains; guerre avec le roi de Naples; conquête de la Sardaigne; affaires de Suisse.

Le traité de Campo-Formio rendait inutiles les armées de Rhin-et-Moselle et de Sambre-et-Meuse ou du Nord. Le 28 février, elles présentèrent au Directoire, dans une cérémonie solennelle, des drapeaux dont le Corps Législatif leur avait fait autrefois présent. Le ministre de la guerre saisit cette occasion de rappeler les hauts faits des deux armées.

Afin de rendre la paix à toute l'Europe, des négociations furent entamées à Lille entre le Directoire et le gouvernement anglais; mais elles furent bientôt rompues, et la formation d'une armée d'Angleterre, sous le commandement de Bonaparte, fut arrêtée et pressée avec activité.

Ce n'était pas sur les côtes de la Grande-Bretagne que devait s'exercer le courage des Français. Le Directoire méditait depuis quelque temps la formation en Egypte d'une colonie destinée à devenir l'entrepôt du commerce de l'Inde. Un mémoire dans lequel le polonais Lazowski développait les avantages de ce plan avait été favorablement accueilli par les Directeurs, et Bonaparte avait consulté, pendant son séjour en Italie, tous les livres de la bibliothèque ambrosienne de Milan, relatifs à l'Orient.

L'Egypte, conquise en 1517 par Sélim 1ᵉʳ, sultan des Turcs, formait une province de l'empire ottoman, gouvernée alors par le pacha Seid-Abou-Bekr. Vingt-quatre beys (ce mot, dans la langue arabe, équivaut à celui de prince) devaient, d'après les statuts de Sélim, composer auprès du pacha d'Egypte un grand conseil d'administration chargé de la perception des tributs et du maintien de la police dans les diverses provinces qui composent le royaume. Ces hommes étaient tous esclaves d'origine, achetés en Asie, en Afrique, et même en Europe, par d'autres beys, dans la maison desquels ils étaient élevés, et auxquels ils succédaient ensuite, en passant par une certaine filière hiérarchique, au moyen de la faveur ou de quelque action d'éclat. Ces chefs de la milice des mamelourks, ces beys, s'étaient de fait emparés de toute l'autorité. Les plus puissants étaient Mourad et Ibrahim.

Mourad pouvait être considéré comme le chef du gouvernement égyptien, ayant dans ses attributions la direction générale des affaires militaires. Ibrahim s'était réservé une partie de l'administration. Les mamelouks qui formaient les maisons de ces deux beys étaient plus nombreux que ceux des autres beys réunis.

Les insultes et les impôts arbitraires dont ces beys accablaient les marchands et voyageurs français étaient le prétexte de la croisade dirigée contre l'Égypte. En deux mois toutes les forces nécessaires à l'expédition, dont le but était tenu secret, furent réunies à Toulon.

Bonaparte arriva à Toulon au commencement de mai. Le 18, il visita les navires, harangua les soldats et les matelots, et les exhorta à la concorde. Le 19 mai, une escadre de treize vaisseaux de ligne, deux vaisseaux de soixante-quatre armés en flûte, deux bricks, soixante-douze petits bâtiments de guerre et quatre cents bâtiments de transport, sortit de la rade par un temps magnifique et un vent favorable, au bruit répété du canon des batteries des forts et de tous les bâtiments de ligne. Elle était commandée par le vice-amiral Brueys, ayant sous ses ordres les contre-amiraux Villeneuve, Blanquet Duchcila, Decrès, et pour chef d'état-major le chef de division Gantéaume; elle portait vingt-six mille soldats et dix mille marins.

Le général Berthier était chef de l'état-major général. Le général de brigade Caffarelli-Dufalga commandait l'arme du génie, et le général Dommartin celle de l'artillerie.

Les généraux de division étaient : Kléber, Desaix, Regnier, Bon, Dugua, Menou, Vaubois, Damay et Dumas. Les généraux de brigade : Lannes, Lanusse, Verdier, Murat, Damas, Vial, Rampon, Mireur, Davoust, Leclerc et Zayonscheck.

Le 9 juin, la flotte parut devant l'île de Malte. L'occupation de cette position intermédiaire était d'une haute importance; trois jours suffirent pour s'en emparer; et le 31 juin, quarante-trois jours après le départ, l'expédition française parut en vue d'Alexandrie. Les ordres furent donnés pour que les troupes descendissent à terre le 1er juillet. Aucun accident n'avait troublé le voyage. Seulement, au moment où Bonaparte s'embarquait sur la demi-galère qui devait le porter à terre, les croisières signalèrent comme ennemie une voile qui paraissait à l'ouest. On pouvait penser que c'était un des bâtiments de l'escadre anglaise, dont on connaissait la présence dans ces parages par les communications du consul de France à Alexandrie. L'inquiétude que la vue de ce bâtiment devait faire naître dans l'esprit du général en chef lui arracha cette exclamation : « Fortune, m'abandonnerais-tu? »

La fortune ne trahit point les espérances unanimes. On reconnut bientôt que le bâtiment signalé était la frégate *la Justice*, qui arrivait de Malte.

La ville d'Alexandrie fut assiégée le 2 juillet. « La première ville que nous allons rencontrer, avait dit Bonaparte dans une proclamation distribuée à bord, a été bâtie par Alexandre. Nous trouverons à chaque pas de grands souvenirs, dignes d'exciter l'émulation des Français. »

Bien qu'il n'y eût ni chevaux, ni artillerie de débarqués, la ville fut soumise en quelques heures. Les corps des quarante soldats qui périrent dans ce premier combat furent ensevelis aux pieds de l'antique colonne de Pompée, et leurs noms gravés sur le fût. Ce fut aux cris de *vive Bonaparte!* que les soldats français rendirent les derniers devoirs à leurs camarades; et cette scène ne causa point un médiocre étonnement aux Alexandrins accourus pour en être les témoins.

La colonne de Pompée est placée sur une légère éminence au bord de la mer : elle est haute de quatre-vingt-dix-huit pieds six pouces, y compris le chapiteau, qui est d'ordre corinthien.

Le général Kléber ne pouvant suivre l'armée à cause d'une blessure qu'il avait reçue, fut nommé gouverneur; le général Manscourt, commandant de la place; le chef de division Dumanoir le Pelcy, commandant du port; le sieur Leroy, ancien ingénieur constructeur, ordonnateur de la marine. Le scheick Coraïm fut continué dans ses fonctions de commandant turc, après avoir prêté serment de ne point trahir les Français. Ceux-ci s'engagèrent à respecter la religion et les propriétés. Bonaparte fit répandre de nombreux exemplaires de la proclamation suivante, imprimée en langue arabe :

« Depuis trop longtemps les beys qui gouvernent l'Egypte insultent à la nation française, et couvrent ses négociants d'avanies; l'heure de leur châtiment est arrivée.

» Depuis trop longtemps ce ramassis d'esclaves achetés dans le Caucase et la Géorgie tyrannise la plus belle partie du monde; mais Dieu, de qui dépend tout, a ordonné que leur empire finît.

» Peuples de l'Egypte, on vous dira que je viens pour détruire votre religion; ne le croyez pas : répondez que je viens vous restituer vos droits, punir les usurpateurs, et que je respecte, plus que les mameloucks, Dieu, son prophète et le Coran.

» Dites-leur que tous les hommes sont égaux devant Dieu; la sagesse, les talents et la vertu mettent seuls de la différence entre eux.

» Or, quelle sagesse, quels talents, quelles vertus distinguent les mameloucks, pour qu'ils aient exclusivement tout ce qui rend la vie aimable et douce?

» Y a-t-il une belle terre? elle appartient aux mameloucks. Y a-t-il une belle esclave, un beau cheval, une belle maison? cela appartient aux mameloucks.

» Si l'Egypte est leur ferme, qu'ils montrent le bail que Dieu leur en a fait. Mais Dieu est juste et miséricordieux pour le peuple. Tous les Egyptiens sont appelés à gérer toutes les places : que les plus sages, les plus instruits, les plus vertueux gouvernent, et le peuple sera heureux.

» Il y avait parmi vous de grandes villes, de grands canaux, un grand commerce : qui a tout détruit, si ce n'est l'avarice, les injustices et la tyrannie des mameloucks.

» Cadhys, scheicks, imans, tchorbadjys, dites au peuple que nous sommes aussi de vrais musulmans. N'est-ce pas nous qui avons été dans tous les temps les amis du grand-seigneur (que Dieu accomplisse ses desseins!) et l'ennemi de ses ennemis? Les mameloucks, au contraire, ne se sont-ils pas toujours révoltés contre l'autorité du grand-seigneur, qu'ils méconnaissent encore? Ils ne suivent que leurs caprices.

» Trois fois heureux ceux qui seront avec nous! ils prospèreront dans leur fortune et leur rang. Heureux ceux qui seront neutres! ils auront le temps de nous connaître, et ils se rangeront avec nous.

» Mais malheur, trois fois malheur à ceux qui s'armeront pour les mameloucks et combattront contre nous! il n'y aura pas d'espérance pour eux; ils périront. »

L'armée française se mit en marche vers le Caire, et la flotte alla mouiller dans la rade d'Aboukir, à neuf lieues d'Alexandrie. En traversant le désert pour se rendre à Damanhour, où ils arrivèrent le 10 juillet, nos soldats eurent à souffrir de la chaleur et de la soif, qu'irritait encore le phénomène trompeur du mirage.

On vit Lannes, Murat et autres généraux jeter leurs chapeaux dans le sable, et les fouler aux pieds.

Les soldats de l'armée d'Égypte supportèrent avec courage toutes les fatigues, qu'ils oubliaient en plaisantant. A l'aspect de ces plaines arides, ils se rappelaient une proclamation dans laquelle le général en chef leur promettait à chacun sept arpents de terre. « Si c'est ici, disaient-ils en riant, que doivent être situés nos domaines, le gaillard aurait bien pu nous promettre le terrain à discrétion. »

Le général Caffarelli-Dufalga avait perdu une jambe à l'armée du Rhin. « Celui-là, dit un sergent en le voyant passer, se moque bien de tout ce qui pourra arriver; il est toujours sûr d'avoir un pied en France. »

Au hameau d'El-Houah, les Arabes fellahs (on appelle ainsi les paysans qui cultivent les terres) avaient tiré de leurs puits toute l'eau qu'ils contenaient, et l'avaient cachée. Par une générosité rare, au lieu de prendre de force cette ressource précieuse pour satisfaire le besoin qu'ils éprouvaient eux-mêmes, les soldats proposèrent aux malheureux fellahs de la leur vendre pour ainsi dire au poids de l'or, et l'on vit payer un écu de six livres la mesure d'un bidon de soldat rempli d'une eau saumâtre et presque impotable en toute autre occasion. Ceux d'entre ces soldats par lesquels les droits de l'hospitalité étaient ainsi respectés, et qui n'avaient point l'argent nécessaire pour satisfaire à cette dépense excessive, continuèrent à souffrir sans se porter à aucun excès.

A Rahmanieh, six cents Arabes cherchèrent à envelopper l'avant-garde, mais quelques coups de canon suffirent pour les dissiper. Quatre mille mameloucks, envoyés par Mourad-Bey, attendaient l'armée au village de

Chebreis. Ils furent dispersés avec une perte de trois cents hommes (12-15 juillet).

La précision des mouvements des Français causa tant de suprise aux Egyptiens, que les prisonniers demandaient si nos soldats n'étaient pas liés ensemble.

Cependant des détachements de l'armée française prenaient possession de toute la contrée. Du côté d'Alexandrie, une colonne commandée par Dumay, après avoir cherché à empêcher les Bédouins (Arabes errants) de se rassembler, avait été obligée, par leurs attaques réiterées et le manque d'eau, de rentrer dans la ville ; mais un escadron de dragons, guidé par le chef d'escadron Rabasse, les chassa et les repoussa dans le désert (17-20 juillet). Le général Vial occupa Damiette et Mansourah ; le général Fugières, envoyé dans une des provinces du Delta, prit d'assaut les villages de Remerieh, de Tetao et de Mehalleh Kebir.

En apprenant la défaite des mameloucks, Mourad-Bey s'avança avec six mille hommes. Il rencontra l'armée française près du village d'Embabeh, en vue des pyramides : « Soldats, dit Bonaparte en leur montrant du doigt ces gigantesques édifices, vous allez combattre les dominateurs de l'Egypte ; songez que du haut de ces pyramides quarante siècles vous contemplent ! » Paroles memorables, a dit lady Morgan, aussi sublimes que les objets qui les ont inspirées.

La bataille commença presque aussitôt. Officiers, généraux, soldats, employés, rivalisèrent de courage. Ceux mêmes qui n'avaient suivi l'expédition que par amour pour les sciences combattirent comme de vieux soldats. Les mameloucks perdirent plus de trois mille hommes, presque tous tués sur le champ de bataille, quarante pièces d'artillerie, quatre cents chameaux chargés, leurs tentes, un grand nombre de chevaux richement équipés. Plusieurs beys furent tués en chargeant avec la plus rare intrépidité et toute la fureur du désespoir. Les soldats français firent un butin immense, car les mameloucks, richement vêtus, étaient couverts des plus belles armures, et portaient sur eux tout ce qu'ils possédaient en or et en argent. Les Français n'eurent que quarante morts. La liste des blessés, dressée par le chirurgien en chef Larrey, n'en porte le nombre qu'à cent vingt (13 juillet).

Les mameloucks se retirèrent sur Belbeis ; le pacha s'enfuit, laissant pour le représenter un kiaya (lieutenant) qui, par l'intermédiaire des négociants français établis au Caire, entra en pourparlers avec Bonaparte. Dans la nuit du 22 au 23 juillet, un détachement de deux cents hommes commandés par Dupuy, chef de la 32ᵉ demi-brigade, pénétra dans la capitale de l'Egypte. Quoiqu'elle fût peuplée de trois cent mille âmes, pas un seul habitant ne se montra. Le detachement parcourut en bon ordre les rues étroites et silencieuses, ayant en tête un tambour qui battait la charge. A une heure du matin, Dupuy fit enfoncer la porte d'une maison inhabitée, et y attendit tranquillement l'arrivée de l'armée.

Le 23 juillet, Bonaparte entra au Caire, accompagné de l'état-major général ; après avoir pris des mesures pour y maintenir l'ordre, il se mit à la poursuite du bey Ibrahim, dont l'arrière-garde fut défaite à Salahieh (24 août).

A Salahich, un exprès envoyé par Kléber vint apprendre à Bonaparte la destruction de la flotte française par la flotte anglaise dans la rade d'Aboukir. Le général en chef reçut cette fatale nouvelle avec impassibilité : « Nous n'avons plus de flotte, dit-il ; eh bien ! il faut rester dans ces contrées, ou en sortir grands comme les anciens. »

Bonaparte s'occupa activement de l'administration du pays. Il se rendit, le 18 août, accompagné d'une foule immense, à l'entrée du canal du Caire, pour assister à la cérémonie de la rupture de la digue qui retient les eaux du Nil, jusqu'à ce qu'elles aient acquis la hauteur nécessaire pour qu'on puisse naviguer dans la ville. Bonaparte fit distribuer de l'argent au peuple, et revêtit lui-même d'une pelisse noire le mollah chargé de veiller à la conservation du mekias ou nilomètre, et d'une pelisse blanche le nakib-edjab ou intendant des eaux. On distribua également des pelisses et des caftans aux principaux officiers civils et militaires du pays.

Deux jours après on célébra la fête du législateur de l'Orient, Mahomet, elle dura jusqu'au 24 août. Les maisons occupées par les autorités françaises furent illuminées comme celles des musulmans. Il y eut parade extraordinaire de la garnison du Caire, et tous les officiers généraux et supérieurs s'empressèrent d'aller en visite solennelle présenter leurs félicitations au scheik El-Bekri, chef de la famille reconnue la première parmi les nombreux descendants du prophète. Le général en chef s'y rendit lui-même, et accepta le magnifique repas à l'orientale que lui offrit le scheick, nommé le matin nakib-el-ascheraf, ou chef des schérifs, en remplacement d'Osman-Effendi qui avait pris la fuite.

Le 21 août, lendemain de la fête du prophète, fût décidée la formation d'un Institut destiné à s'occuper du progrès et de la propagation des lumières en Egypte, de la recherche, de l'étude et de la publication des faits naturels, industriels et historiques de cette contrée. Il fut, par arrêté du 21 août, divisé en quatre sections ou classes, mathématiques, physique, économie politique, littérature et beaux-arts. Les individus qui le composaient furent pris parmi ceux de la commission des sciences et arts organisée à Toulon, auxquels on adjoignit quelques officiers et administrateurs. L'Institut tint sa première séance dans la grande salle du harem de la maison de Cassim-Bey, que Bonaparte mit à sa disposition. Monge en fut nommé président, Bonaparte vice-président, et Fourier secrétaire perpétuel. On créa dans le local de la nouvelle académie un jardin botanique, et le commencement d'une ménagerie ; on devait y placer une bibliothèque publique, un observatoire, un cabinet de physique, un laboratoire de chimie, une collection d'antiquités, etc.

La guerre continuait dans les autres parties de l'Egypte, et partout les

Arabes étaient repoussés. En visitant avec le général Marmont, quelques artistes et une faible escorte, la province de Rosette dont il était gouverneur, le général Menou fut attaqué par les habitants du village de Cafr'-Schablas-Ammer. Retranchés dans une tour, ils se défendirent longtemps; mais on finit par les en chasser, et le village fut incendié (5 septembre). A Damiette, le général Vial défit les fellahs et leur prit trois drapeaux (17 septembre).

Dès le 23 août, la division Desaix, composée d'environ deux mille hommes, marchait sur les traces de Mourad-Bey, qui, à la tête de douze mille soldats, se retirait dans la Haute-Égypte. Il le poursuivit avec vigueur. Le 8 octobre, Mourad, retranché dans Sédiman, engage une bataille générale. Les Français, formés en trois carrés, attendent les mamelucks avec sang-froid. Desaix commande le feu à la 21e légère. « A vingt pas, général, répondent-ils; nous ne tirerons pas avant. » Le capitaine Valette, qui commande le carré de droite, ordonne à ses chasseurs de ne faire feu qu'à dix pas et de croiser la baïonnette. Cet ordre fut exécuté : l'ennemi, trop nombreux pour être arrêté d'abord par un feu trop court et trop peu nourri, arrive jusque sur les baïonnettes; il ne peut rompre le petit carré; le feu des second et troisième rangs le foudroie, et les baïonnettes du premier éventrent les chevaux. Les mamelucks jettent alors sur leurs adversaires fusils, tromblons, haches, pistolets, masses d'armes, et jusqu'à leurs sabres et leurs poignards : plusieurs soldats succombent sous ce nouveau genre de traits; les mamelucks pénètrent dans le carré; mais les mamelucks paient cher cet avantage. Bientôt la mitraille et le feu du petit carré dégagent les chasseurs de Valette; le carré de gauche repousse l'ennemi par son feu; le carré principal, formé par la 88e, marche au pas de charge sur quatre pièces de canon que Mourad-Bey avait fait placer sur un monticule, et les troupes françaises entrent dans Sédiman, évacué par l'ennemi; elles avaient perdu quarante hommes tués et quatre-vingts blessés. Le capitaine Humbert, de la 21e légère, fut au nombre des morts; cinq autres officiers reçurent des blessures dangereuses. Plus de trois cents mamelucks restèrent sur le champ de bataille, et Mourad emmena un plus grand nombre de blessés; la plaine était couverte de cadavres de chevaux. L'occupation de la riche province du Faioum fut le résultat de ce combat.

Deux mois s'étaient écoulés depuis l'entrée des Français au Caire, et la population de cette ville paraissait tranquille; mais l'établissement du droit d'enregistrement, impôt ignoré en Égypte, excita un mécontentement général qu'augmentèrent les prédications des ministres des mosquées. Le 21 octobre, des rassemblements se portent vers la demeure du cadi Ibrahim-Ehetem-Effendi. Vingt personnes des plus marquantes lui sont députées, et l'invitent à les suivre chez Bonaparte. Ehetem-Effendi monte à cheval; mais voyant la multitude qui l'accompagne, il fait observer que ce n'est point dans cette attitude qu'on présente une supplique. « Chez Bonaparte! lui crie-t-on de tous côtés; et comme il voulait descendre de cheval, on l'assomme à coups de bâtons et de pierres. Bientôt les Français sont massacrés dans les rues. On pille la maison du général Caffarelli, après avoir tué deux ingénieurs et les domestiques qui s'y trouvaient: on assiége dans la maison de Cassim-Bey les savants et artistes, qui, secondés de leurs domestiques, prennent les armes et se défendent avec succès, malgré l'immense supériorité des assaillants. Le général Dupuy, chef de la 32ᵉ demi-brigade, devenu commandant du Caire, est tué en marchant ontre les séditieux. La générale bat; le canon d'alarme gronde; le sang coule. Bonaparte accourt de l'île de Roudah, et fait mettre plusieurs canons en batterie à l'entrée des rues principales. Le 22, il envoie aux insurgés, réfugiés au nombre de quinze mille dans la grande mosquée, les docteurs de la loi et les principaux scheiks en parlementaires pour leur offrir une amnistie s'ils déposent les armes. On les accueille à coups de fusil. A quatre heures du soir, la grande mosquée est bombardée.

Les révoltés éperdus demandent à capituler. « Vous avez, leur répond Bonaparte, refusé ma clémence quand je vous l'offrais; l'heure de la vengeance est sonnée; vous avez commencé, c'est à nous de finir. »

Réduits au désespoir, ils essaient une sortie, et sont reçus à la baïonnette par les grenadiers. Alors les principaux chefs de l'insurrection s'avancent désarmés vers les soldats, et implorent leur pitié par les démonstrations les plus pressantes, en poussant tous ensemble le cri *amman!* (miséricorde). Il était huit heures du soir. Bonaparte, satisfait d'avoir enfin réduit ce dernier et redoutable rassemblement, ordonna d'épargner les suppliants, fit cesser le feu, et reçut à quartier tout ce qui restait encore de révoltés.

Ceux-ci avaient perdu de deux mille à deux mille cinq cents hommes; la perte des Français est évaluée par Bonaparte, dans son rapport au Directoire, à seize hommes tués en combattant, un convoi de vingt-un malades revenant de l'armée et égorgés par les Arabes, et vingt hommes de différents corps et de différents états.

Le 24 octobre, des proclamations des gens de loi et des scheicks apprirent à toute l'Egypte que la révolte avait été vaincue.

Le calme revenu, les Français s'occupèrent de transformer la capitale de l'Egypte en ville européenne. Le sieur Dargeavel y établit un *Tivoli*, avec des salles de jeu, de billard, un cabinet de lecture, des orchestres pour les danses, une promenade variée, des divertissements de tous genres, un café, un établissement de restaurateur, des feux d'artifice, etc.

Conté, chef du corps des *aérostiers*, créa une foule d'usines, d'où sortirent des canons, des boulets, de l'acier, des sabres, des instruments d'optique et de mathématiques, des draps, des toiles vernissées, du carton, du papier, enfin tous les produits des arts européens. Les Egyptiens surpris virent pour la première fois, sur les hauteurs du Mokatam, des moulins à vent, et l'enlèvement d'une mongolfière sur la place Esbekych. Les sieurs Champy, père et fils, établirent des ateliers pour la fabrication de la poudre à canon, qui se trouva être bien supérieure en qualité à celle des Egyptiens.

On vit paraître dans le même temps deux journaux imprimés au Caire, et rédigés par des membres de l'Institut et de la commission des sciences et des arts, la *Décade égyptienne* et le *Courrier d'Egypte*.

La tranquillité dont on jouissait, et qui ne fut troublée que par quelques escarmouches et une courte incursion des Arabes dans la province de Faioum, permit de construire des forts autour du Caire, d'Alexandrie, de Rosette et de Damiette. Les membres de l'Institut visitèrent la contrée. Desgenettes, médecin en chef de l'armée, et ses courageux collaborateurs, étudièrent les maladies particulières au climat de l'Egypte. Bonaparte s'occupa du projet de joindre la mer Rouge à la Méditerranée par un canal pratiqué sur l'isthme de Suez, et dans ce but fit occuper par le général Bon la petite ville de Suez (2 novembre). Les négociants européens du Caire formèrent une compagnie de commerce sous la protection du gouvernement français.

Tandis qu'on s'occupait ainsi d'organiser une colonie, un firman du grand-seigneur appelait tous les musulmans à combattre les infidèles, et le pacha d'Acre, Achmet-Djezzar, qui avait refusé d'entrer en relation avec le général français, envoyait un corps de troupes prendre possession d'El-Arich, sur le chemin de Syrie, en Egypte. Ces événements déterminèrent Bonaparte à accomplir sans délai le projet d'une expédition en Syrie qu'il avait conçu (30 décembre).

En Italie, les généraux qui avaient remplacé Bonaparte ne se montrèrent pas indignes de lui succéder. Le traité de Tolentino venait d'être sanctionné par le Directoire; Joseph Bonaparte, frère du général, était ambassadeur auprès du Saint-Siége, lorsque le général Duphot fut tué en cherchant à apaiser un mouvement populaire. L'ambassadeur quitta Rome immédiatement; les troupes françaises se rassemblèrent sous les murs de Rome; les ennemis du gouvernement pontifical proclamèrent la république romaine, et envoyèrent une députation au général Berthier pour l'informer que Rome désirait sa présence. Berthier se rendit au Capitole au milieu d'une population immense, et aux cris de « Vivent les généraux Bonaparte et Berthier! Vive l'invincible armée française! »

Les malversations des concussionnaires qui dépouillèrent les principaux palais de Rome ne tardèrent pas à détruire ces dispositions bienveillantes. Masséna, successeur de Berthier, loin d'écouter les représentations de son armée, indignée de ces désordres, protégea les déprédateurs, et, pour éviter une émeute, prit un arrêté portant qu'il ne resterait pas à Rome plus de trois mille hommes de garnison. Les soldats refusèrent d'obéir. Masséna, voyant son autorité méconnue, se démit du commandement, qu'il confia à Dallemagne.

Le courage et la sagesse de ce nouveau chef apaisèrent les troubles excités par les mécontents dans le faubourg de Trastevere et dans la campagne de Rome. Après avoir dissipé les attroupements, il fit publier une proclamation dans laquelle il exprimait l'indignation des militaires français contre les voleurs et les misérables qui avaient été la cause ou le prétexte du mécontentement général. Il invitait tous les habitants à lui communiquer leurs griefs, promettant de leur faire rendre une prompte justice, et de punir avec sévérité tous ceux qui lui seraient désignés comme auteurs ou provocateurs des exactions.

Gouvion-Saint-Cyr, successeur de Dallemagne, affermit la tranquillité par des mesures équitables; mais un puissant ennemi s'apprêtait à disputer aux Français l'occupation de Rome.

Dès que l'éloignement de Bonaparte eut diminué la terreur sous l'influence de laquelle Ferdinand et Caroline, roi et reine de Naples, avaient consenti à la paix, au mépris du traité signé à Paris, la cour de Naples ouvrit ses ports aux Anglais, s'allia à l'Angleterre, et avec les subsides, les armes, les munitions, les habillements qu'elle en reçut, organisa une armée de soixante mille hommes. Le 24 novembre, Ferdinand et le général Mack, envoyé au roi par l'empereur, entrèrent, sans déclaration de guerre préalable, dans les Etats-Romains, à la tête de quarante mille combattants. Championnet, nommé général en chef de l'armée de Rome, ne pouvant disposer que de treize mille hommes disséminés sur un vaste terrain, se hâta d'évacuer Rome, et laissa seulement une garnison dans le château Saint-Ange, promettant au commandant de la place de revenir vainqueur au bout de vingt jours. La retraite se fit avec ordre, et Ferdinand fit son entrée solennelle dans Rome le 29 novembre, au milieu des acclamations du peuple, qui détruisit les armoiries des républiques française et romaine, abattit les arbres de liberté, et jeta au vent les cendres du général Duphot; les deux frères Corona, Napolitains, dont l'un avait été ministre de la police de la république romaine, furent fusillés, et tous les habitants suspects d'être partisans des Français persécutés et mis en prison. Ferdinand s'empressa d'écrire au pape pour l'inviter à venir reprendre le pouvoir. En même temps la flotte anglaise, commandée par Nelson, débarquait à Livourne sept mille hommes de troupes napolitaines destinées à couper la communication de l'armée française avec le nord de l'Italie.

Le château Saint-Ange demeura t seul aux Français. Dans la sommation que fit faire Mack au commandant, le général Bourcard déclara : « Que tous les Français malades aux hôpitaux de Rome, ainsi que les gardes que le général en chef y avait laissées, étaient considérés comme ôtages, et que chaque coup de canon tiré sur les troupes napolitaines serait marqué par la mort d'un soldat français, qu'on livrerait à la juste indignation des habitants. »

Mack adressa copie de cette sommation à Championnet, et Macdonald, commandant la droite de l'armée, se chargea d'y répondre. Il annonça que le moindre attentat commis sur les malades français serait l'arrêt de mort de l'armée napolitaine.

« Les Français, disait Macdonald, ne sont point des assassins ; mais les prisonniers qui sont entre nos mains répondent sur leur tête de la sûreté des Français qui sont à Rome..... Votre lettre sera connue aujourd'hui de toute l'armée, pour ajouter encore à l'indignation et à l'horreur que nous ont inspirées vos menaces, que nous méprisons autant que nous en craignons peu l'effet. »

Au bout de quelques jours de repos, les quarante mille soldats de Mack vinrent attaquer, sur cinq colonnes, la droite de l'armée française, forte de six mille hommes seulement. Une colonne de huit mille Napolitains se porta sur l'avant-garde, placée en avant du village de Nerpi, et commandée par le général de brigade Kellermann. Cette avant-garde, composée seulement de trois escadrons du 19° régiment de chasseurs à cheval, deux bataillons d'infanterie et deux pièces d'artillerie légère, résista avec valeur, et parvint à repousser les Napolitains, qui laissèrent sur le champ de bataille cinq cents hommes tués ou blessés, quinze pièces de canon de tout calibre, trente caissons de munitions, deux mille prisonniers, dont cinquante officiers (plusieurs de grades supérieurs), des drapeaux, des étendards, trois mille fusils, enfin tous leurs bagages et effets de campement. Les fuyards ne s'arrêtèrent qu'à Monte-Rosi, où, bientôt atteints, ils furent culbutés de nouveau et dispersés.

La seconde colonne de l'armée napolitaine avait suivi l'ancien chemin de Rome et s'était portée sur Rignano, où se trouvait la 15° demi-brigade légère, aux ordres de son chef Lahure. Cette attaque ne fut pas plus heureuse que la première.

Le général polonais Kniazewitz chargea avec tant d'impétuosité la troisième colonne, que les Napolitains lâchèrent pied au premier choc, et s'enfuirent en désordre, abandonnant huit pièces de canon, quinze caissons de munitions, et une cinquantaine de prisonniers, dont deux officiers supérieurs.

La 11° demi-brigade, aux ordres du général Mathieu Maurice, défit dans le village de Vignanello la quatrième colonne napolitaine, et la cinquième, informée de ces échecs, évita le combat.

Mack, découragé, se retrancha sur les hauteurs de Calvi. De là il envoya le général Mœst occuper Magliano, village dominant le Tibre, où était la division Macdonald ; mais le général Mathieu Maurice l'en débusqua, fit quatre cents prisonniers, et s'empara de tous les effets de campement.

Après cette défaite, Mœst se porta sur Otricoli ; le poste fut surpris, et l'ennemi égorgea le détachement de cinquante hommes qui le gardait. Cette atrocité exaspéra les Français ; le général Mathieu, à la tête de quatre compagnies de la 30° demi-brigade, et de quatre compagnies de la légion polonaise, d'un bataillon de la 12°, et d'un escadron du 16° dragons, forma cette troupe en petites colonnes, et, dirigeant son artillerie et sa principale attaque sur la grande route, il repoussa l'ennemi sur tous les points, s'empara d'Otricoli, fit plus de deux mille prisonniers, enleva huit pièces de canon, prit trois drapeaux, plus de cinq cents chevaux, et tout l'état-major du régiment de la *principessa* (cavalerie); il culbuta le reste dans les ravins, où les Polonais, placés en tirailleurs, tuèrent encore beaucoup de monde. Cet avantage remarquable ne coûta aux Français que quelques hommes de la 30° demi-brigade, et une cinquantaine de Polonais, qui furent tués à l'attaque d'Otricoli, où les Napolitains se défendirent avec quelque fermeté. Le prince de Santa-Croce, employé comme adjudant-général auprès du général Mathieu, se distingua dans le combat, et eut la jambe cassée par un biscaïen.

Les Napolitains s'étaient repliés vers Calvi. Un bataillon de la 11° et un escadron du 16° régiment de dragons partent la nuit par un temps affreux, arrivent à la pointe du jour, culbutent les avant-postes et les repoussent sous les murs de Calvi, que vient sommer le général Macdonald, et dont la garnison, forte de quatre mille hommes, se rend prisonnière à discrétion. La division Duhesme, formant la gauche, avait pris, le 9 décembre, le fort de Civitella del Trento, considéré avec raison comme le boulevard de la province des Abruzzes. Le 15 décembre, les troupes françaises rentrèrent à Rome, que Mack avait évacuée, après dix-sept jours d'absence, pendant lesquels elles avaient détruit plus de quinze mille Napolitains, pris quarante pièces de canon, presque tous les équipages dont cette armée était si abondamment pourvue, et vingt drapeaux.

Une colonne de sept mille Napolitains, aux ordres de Damas, général français émigré, s'était dirigée sur Orbitello. Poursuivie par Kellermann, elle capitula et obtint de pouvoir se rembarquer en remettant son artillerie entre les mains des Français. Kellermann se présenta ensuite devant Viterbe qui s'était révolté contre les Français, fit arrêter les principaux chefs de la sédition, et restituer les effets et équipages de l'armée que les habitants avaient pillés. Après avoir rétabli dans Rome le gouvernement républicain, Championnet, quitta cette ville pour envahir le royaume de Naples (20 décembre).

Le 24 décembre, la division Duhesme s'empara de la citadelle et du fort de Pescara. On y trouva soixante pièces d'artillerie de bronze, quatre mortiers, vingt canons de fonte et treize cents quintaux de poudre ; il reçut ensuite l'ordre de s'avancer sur Capoue, conjointement avec la division Lemoine.

Pendant que Championnet rendait ainsi inutiles les efforts des Napolitains, Joubert faisait la conquête d'une partie de la Sardaigne.

Les desseins du roi de Naples trouvèrent un approbateur zélé dans Charles-Emmanuel, roi de Sardaigne. Les actes d'hostilité de la république de Gênes lui servirent de prétexte pour ordonner la levée de toutes les milices du royaume, et il se prépara à soutenir Ferdinand, sur l'assurance que lui fit donner Paul Ier, empereur de Russie, qu'une armée considérable allait se diriger vers l'Italie. En attendant l'occasion de se déclarer, Charles-Emmanuel employa ses troupes à soumettre les mécontents

Piémontais, qui s'étaient soulevés avec l'appui des Génois, sous le titre bizarre d'armée infernale, patriotique et indestructible du Midi. La défaite des troupes royales sur divers points obligea le roi de Sardaigne à réclamer la médiation du gouvernement qu'il voulait combattre, et à recevoir la garnison française dans la citadelle de Turin. Mais à peine ses alarmes eurent-elles été calmées par le rétablissement de la tranquillité en Piémont, que le Directoire français lui déclara la guerre.

Charles-Emmanuel, effrayé, proposa au ministre de France à Turin un arrangement provisoire, et s'engagea à rester neutre, donnant en garantie huit millions. Mais des soldats français ayant été assassinés dans un grand nombre de villages piémontais, l'invasion du Piémont fut résolue. Le 6 décembre, les divisions des généraux Victor et Dessoles marchèrent sur Novarre, tandis que l'adjudant-général Louis à Suze, le général Casa-Bianca à Coni, et le général Montrichard à Alexandrie, s'assuraient de ces trois places et de la personne des gouverneurs. L'adjudant-général Musnier La Converserie, qui commandait le détachement spécialement dirigé sur Novarre, s'empara de cette ville par ruse. Quinze grenadiers, ayant à leur tête un officier d'état-major, placés dans des voitures en forme de convoi, demandèrent à entrer dans la place : la porte leur fut ouverte sans défiance. Arrivés en face du corps de garde, les grenadiers se jettent hors des voitures, s'emparent du faisceau d'armes, et constituent la garde prisonnière. Le portier-consigne voulut refermer précipitamment la porte; il n'était plus temps. Les Français s'en saisirent, et, à un signal convenu, le quinzième régiment de chasseurs à cheval, qui avait suivi les grenadiers à quelque distance, entra ventre à terre dans la ville, et s'empara de la place d'armes et de ses principales issues. Une nombreuse colonne d'infanterie vint ensuite cerner les casernes, et obligea la garnison, forte de douze cents hommes, à mettre bas les armes, et à se rendre prisonnière de guerre.

Le 7 décembre, après avoir dissipé quelques troupes piémontaises, toutes les divisions françaises entrèrent dans Turin. Joubert arriva dans cette ville le 9 décembre, et notifia à Charles-Emmanuel les intentions du Directoire à son égard. A dix heures du soir, par une nuit pluvieuse, une trentaine de voitures, ayant chacune derrière deux domestiques portant des torches, et escortées de détachements de dragons et de chasseurs à cheval également munis de flambeaux, emmenaient à Florence le malheureux prince et sa famille, et les personnes de sa suite. Un gouvernement provisoire, composé de quinze membres, remplaça le pouvoir monarchique.

Dès le commencement de l'année 1798, l'ancienne constitution de la Suisse avait été également remplacée par un gouvernement à la française. Soumis depuis 1530 aux cantons de Berne et de Fribourg, le pays de Vaud s'était formé en république Lémanique, et, incapable de soutenir seul la lutte, avait imploré l'appui de la France. Le général Ménard, à la tête d'une division de l'armée d'Italie, s'approcha des frontières de la Suisse, et adressa par le capitaine Antier au colonel bernois de Weis une sommation de licencier les forces réunies contre les Vaudois. Ce parlementaire, attaqué au village de Thierens par un poste de troupes bernoises, ne s'échappa qu'avec peine. Deux hussards qui l'accompagnaient furent tués. A la nouvelle de cet événement, la 75ᵉ demi-brigade traversa le lac de Genève, et vint s'établir à Lausanne (28 janvier). Tous les cantons suisses, excepté celui de Bâle, envoyèrent des secours au canton de Berne. Brune remplaça Menard, et s'empara de Fribourg et de Morat (2 mars). Le général Rampon força le passage de la rivière de Seuse, après un combat de cinq heures, où l'ennemi perdit huit cents morts, trois mille prisonniers, sept drapeaux et vingt pièces de canon (5 mars). Une seconde division française, commandée par Schauenbourg, prit Soleure et entra à Berne, où la division de Brune arriva le 6 mars. Le Directoire triomphant imposa des lois à la Suisse.

Ce fut en 1798, le 21 juillet, que la loi sur la conscription militaire fut adoptée sur le rapport de Jourdan.

CAMPAGNE DE 1799.

Expédition de Syrie : prise d'El-Arich et de Gaza; marche de Gaza à Jaffa; prise et sac de Jaffa; peste; défaite des Naplousains; siège de Saint-Jean-d'Acre; combat de Nazareth; bataille du Mont-Thabor; levée du siège; retour au Caire; troubles en Égypte; combat de Benouth; occupation de Kosseir; l'ange El-Mohdy; combat de Samhour; destruction de Damanhour; belle défense de la felouque *le Nil*; bataille d'Aboukir; retour de Bonaparte en France; consulat.

Opérations des armées du Danube et d'Helvétie : Combat d'Ostrach; bataille de Stokach; les tirailleurs de la 109ᵉ demi-brigade; prise du fort de Steig; combat de Coire; prise des retranchements du mont Wormser-Jock; Masséna nommé généralissime; occupation de Zurich.

Armée d'Italie : Combats sur l'Adige; invasion du grand-duché de Toscane; bataille de Magnano; arrivée d'une armée russe; attaque du pont de Lecce; l'armée russe entre dans Milan et dans Pavie; combat de Tortone; conquête d l'Italie par les coalisés.

Armée de Rome : Prise de Gaëte; insurrection des paysans; prise de Naples; l'armée de Rome prend le nom d'*Armée de Naples*; république Parthénopéenne; combats dans la Pouille et dans la Calabre; évacuation du territoire napolitain; bataille de la Trebbia; troubles et désordres dans le royaume de Naples.

Nouveau Directoire; bataille de Novi; mort du général Joubert; reddition de Tortone; combats dans l'état de Gênes; siége d'Ancône.
Bataille de Zurich; défaite de l'armée russe.
Armées d'observation et du Rhin : Expédition du duc d'Yorck en Hollande.
Evénements de la campagne d'Egypte.

Les troupes destinées à l'expédition de Syrie formaient un total de treize mille hommes. Regnier, Kléber, Bon et Lannes commandaient l'infanterie, Murat la cavalerie, Dommartin et Caffarelli le génie.

L'avant-garde partit le 23 janvier, traversa le désert, et arriva le 9 février au village d'El-Arich, dont elle s'empara malgré une vigoureuse résistance. Réunie le 14 à la division Kléber, elle attaqua dans la nuit les mameloucks qu'Ibrahim-Bey amenait au secours de la garnison du fort d'El-Arich, les refoula dans un ravin, tua ou fit prisonniers un grand nombre de soldats et d'officiers, prit neuf étendards, des chevaux, des chameaux, des munitions, des vivres et des équipages en abondance.

La présence de Bonaparte, qui arriva à El-Arich le 17 février, décida de la capitulation du fort attenant à ce village. La garnison s'engagea à ne point porter, pendant un an, les armes contre les Français; une partie se rendit par le désert à Bagdad; le reste prit du service dans l'armée française. On trouva dans le fort deux cent cinquante chevaux, deux pièces d'artillerie démontées, et des vivres pour quinze jours.

Le 22 février, Kléber, remplaçant Regnier dans le commandement de l'avant-garde, se mit en marche pour Kan-Younes; mais l'avant-garde, égarée par un guide ignorant ou perfide, erra pendant quarante-huit heures dans le désert, en proie à tous les tourments de la soif et d'une chaleur brûlante. Elle parvint toutefois à atteindre Kan-Younes dans la soirée du 23. De là, l'armée, fatiguée d'un voyage de soixante lieues à travers le désert, aperçut enfin les plaines fertiles de Gaza et les montagnes boisées de la Syrie, spectacle qui réveilla dans le cœur de quelques soldats les émotions que leur avait causées l'aspect de l'Italie vue du sommet des Apennins. Une pluie abondante vint rafraîchir l'air; tous quittèrent leurs vêtements et reçurent avec joie ce bain salutaire; la gaîté succéda à l'abattement.

Un corps d'ennemis placé sur les hauteurs en avant de Gaza fut dissipé en peu d'instants. On trouva dans la ville, abandonnée par les vaincus, cent mille rations de biscuit, du riz, de l'orge, treize mille livres de poudre, des cartouches, des munitions de guerre et des canons. Bonaparte y établit un divan composé des principaux habitants, pour rendre la justice au nom des Français.

La plaine qui s'étend de Gaza à Jaffa est aride et couverte de petits monticules de sable mouvant. Pendant l'espace de trois lieues, l'artillerie, dont on avait triplé les attelages, roula péniblement au milieu de tourbillons de poussière. L'armée arriva à Jaffa le 28 février, et aussitôt Bonaparte organisa en hâte l'administration de cette ville, donna des ordres pour en relever les fortifications et pour y établir des magasins et un hôpital, et partit pour Saint-Jean-d'Acre. Avant le départ, il prit une résolution qui lui a été reprochée comme un crime, et que justifiait à ses yeux l'impérieuse nécessité. On avait fait un grand nombre de prisonniers : les emmener, c'était exposer à la famine une armée qui manquait de subsistances; les laisser en liberté, c'était augmenter la force de l'ennemi : tous furent massacrés.

Le 15 mars, l'armée fut attaquée par les habitants de Naplous, et la cavalerie du pacha Abdallah. L'ennemi, d'abord repoussé par les divisions Bon et Kléber, reprit l'avantage, et les poursuivit vivement jusqu'au débouché des montagnes de Naplous. Cet échec n'arrêta point la marche des Français; le 16, ils entrèrent dans Caïffa, ville située au pied du mont Carmel, qu'Abdallah venait d'abandonner, et y trouvèrent de grands magasins de riz et de biscuit. Le 17, ils continuèrent leur route ; le 18, ils passèrent la rivière Kerdannch, et vinrent former le siége de Saint-Jean-d'Acre.

Cette ville était défendue par une garnison nombreuse et une division navale anglaise que commandait le commodore Sidney-Smith.

Au moment où l'on s'occupait de l'investissement de la place, sept bâtiments portant l'artillerie française de siége et les munitions furent capturés par la flotte anglaise; toutefois les travaux furent pressés activement; la tranchée fut ouverte le 20 mars. Les soldats, prévoyant un long siége, pratiquèrent dans le sol des cavités qui, tapissées de branches d'arbres abattus dans les montagnes, leur servirent de baraques. Les secours que leur donnèrent les Druses, nation chrétienne du mont Liban, les garantirent de la disette, et il s'établit sur les bords de la Kerdannch un marché fort bien approvisionné.

Le 28 mars, les grenadiers de la 69ᵉ demi-brigade montent à l'assaut d'une tour qu'on avait battue en brèche. L'escarpement du fossé les arrête un moment; mais, à l'aide d'échelles, ils descendent et arrivent à la tour. Djezzar retient, par ses exhortations, ses soldats frappés de terreur; les assiégeants sont accablés de pierres, de grenades, de bois goudronnés et enflammés, de résine, d'huile bouillante; un grand nombre périt; les Turcs se précipitent dans le fossé, et coupent indistinctement la tête aux morts et aux blessés.

Le 31 mars, les assiégés firent une sortie que repoussèrent les soldats de garde à la tranchée, sous les ordres du général Vial.

Les Syriens et les Naplousains s'assemblaient à la hâte pour délivrer Saint-Jean-d'Acre. Bonaparte envoya Vial au nord, pour prendre possession de Sour (l'ancienne Tyr); Murat au nord-ouest, pour s'emparer de Zaphet, et Junot vers le sud, avec ordre d'occuper Nazareth; Junot seul éprouva une résistance sérieuse. A peine était-il à Nazareth qu'il apprit que l'armée des habitants de Damas s'approchait. Il marche hardiment à sa rencontre avec cent cinquante grenadiers de la 9ᵉ de ligne, cent cinquante carabiniers de la 2ᵉ légère, et cent chevaux. Cette petite troupe, enveloppée près de Cana par environ cinq mille cavaliers ennemis, repousse avec vigueur deux attaques successives, et se retire en bon ordre sans autre perte que douze morts et quarante-huit blessés (8 avril).

Le 11, la division Kléber, forte de deux mille hommes, vint au secours de Junot, attaqua l'armée ennemie au village de Seïd-Jazra, et la culbuta jusqu'au bord du Jourdain. Le 16, Kléber et Junot s'avancent dans la plaine de Fouli, partagent leurs troupes en deux carrés, et ne craignent pas d'affronter toute la cavalerie des Damasquins, composée de plus de sept mille hommes. Le combat était demeuré indécis jusqu'à une heure après midi, lorsqu'on entendit le bruit lointain de l'artillerie : il annonçait Bonaparte, qui, averti par Kléber de sa position quelques jours auparavant, avait quitté Saint-Jean-d'Acre avec la division Bon, une partie de la cavalerie et huit pièces de canon. Les Damasquins furent repoussés jusqu'au pied du Mont-Thabor, et six mille d'entre eux périrent. Des rapports authentiques portent à deux cents hommes seulement la perte des Français.

Parti d'Acre en même temps que Bonaparte pour couper à l'ennemi la retraite, Murat débloqua Zaphet qu'assiégait un détachement considérable, fit trois cents prisonniers, enleva de riches bagages, des vivres, des munitions, et s'empara de Tabarich, dont les magasins immenses contenaient de quoi nourrir toute l'armée pendant un an entier (15 et 17 avril).

Ces victoires et l'arrivée de trois frégates chargées d'artillerie raniment le courage des assiégeants. Les murs de la ville sont battus en brèche jusqu'au 4 mai. Pour parer au manque de munitions, les soldats épient chaque décharge des canons de la place, courent après les boulets qu'on leur lance, et les ramassent. Le 7 mai, on s'empare de la principale tour; le 8, la division Lannes emporte d'assaut la première enceinte; mais la seconde, que Phelippeaux avait fait construire, présente un obstacle inattendu; la division se retire en désordre; deux cents grenadiers seulement, commandés par le général Rambeaud, escaladent la seconde enceinte et se barricadent dans une mosquée. Pour les réduire plus aisément, D'jezzar lâche sur eux les nombreux tigres de sa ménagerie. Rambeaud et plusieurs de ces compagnons succombent, les autres ne doivent la vie qu'à Sidney-Smith qui envoie un détachement anglais pour les engager à se rendre.

Ravitaillée par un convoi de trente bâtiments de guerre turcs, la place soutenait avec avantage les efforts d'une armée affaiblie et décimée par la peste. Le 16 mai, Bonaparte fit enlever la grosse artillerie, et le 17 il publia l'ordre du jour suivant :

« Soldats! vous avez traversé le désert qui sépare l'Afrique de l'Asie avec plus de rapidité qu'une armée d'Arabes.

» L'armée qui était en marche pour envahir l'Égypte est détruite; vous avez pris son général, son équipage de campagne, ses bagages, ses outres, ses chameaux; vous vous êtes emparés de toutes les places fortes qui défendent les puits du désert; vous avez dispersé, aux champs du Mont-Thabor, cette nuée d'hommes accourus de toutes les parties de l'Asie dans l'espoir de piller l'Egypte.

» Après avoir, avec une poignée d'hommes, nourri la guerre pendant trois mois dans le cœur de la Syrie, pris quarante pièces de campagne, cinquante drapeaux, fait six mille prisonniers, rasé les fortifications de Gaza, Jaffa, Acre, nous allons entrer en Egypte : la saison des débarquements m'y rappelle.

» Encore quelques jours, et vous aviez l'espoir de prendre le pacha même au milieu de son palais; mais, dans cette saison, la prise du château d'Acre ne vaut pas la perte de quelques jours.

» Soldats! nous avons une carrière de fatigues et de dangers à parcourir. Après avoir mis l'Orient hors d'état de rien faire contre nous, cette campagne, il nous faudra peut-être repousser les efforts d'une partie de l'Occident. Vous y trouverez une nouvelle occasion de gloire; et si, au milieu de tant de combats, chaque jour est marqué par la mort d'un brave, il faut que de nouveaux braves se forment et prennent part, à leur tour, parmi ce petit nombre qui donne l'élan dans les dangers et maîtrise la victoire. »

Le 21 mai, les Turcs, qui, pendant toute la nuit, avaient fait un feu terrible sur les travaux des assiégeants, s'aperçurent enfin que ceux-ci avaient disparu.

La retraite fut désastreuse. On fut obligé d'abandonner dans le désert beaucoup de blessés dont le transport était impossible. Le 10 mai, Bonaparte donna ordre que tout le monde allât à pied, et que les chevaux, mulets et chameaux fussent mis à la disposition de l'ordonnateur en chef Daure pour le transport des blessés, malades et pestiférés : lui-même refusa de prendre un cheval.

On arriva le 24 à Tensourah, où tous les convois et effets furent abandonnés. Le 26, on était à Jaffa. Tous les malades de l'hôpital qu'on pouvait espérer de conserver furent recueillis; quant aux autres, au nombre de trente, il fallut les abandonner à leur sort; les emmener, les mettre en contact avec les soldats sains, c'eût été augmenter inutilement les ravages de la peste. On a prétendu que le pharmacien en chef Reyes ou Rouyer, d'après l'avis du conseil de l'armée, avait administré à trente d'entre eux du laudanum de Sydenham préparé avec de l'opium que fournit un médecin turc. Peut-être cette mesure extrême fut-elle proposée dans l'unique but d'abréger leurs souffrances et de les dérober à la fureur des soldats de Djezzar; mais il n'est point prouvé qu'elle ait été mise à exécution.

L'armée rentra au Caire, le 10 juin, par la porte de la Victoire, après quatre-vingt-quatorze jours d'absence. Tous les soldats portaient des palmes à leurs chapeaux, une foule immense de fellahs, janissaires, maugrabins, Grecs, Coptes, était rangée sur leur passage. Le teint des soldats de l'armée de Syrie avait été tellement bruni par le soleil, et ils s'étaient tellement habitués à cette couleur, que leurs camarades, habitants du Caire, leur parurent pâles et malades.

Bonaparte fit publier par les scheiks un bulletin contenant une pompeuse relation des victoires de l'armée de Syrie. Les scheiks promettaient en son nom qu'il fournirait aux mosquées tout le nécessaire; ils annonçaient qu'il se faisait instruire dans le Coran. « Nous savons, ajoutaient-ils, qu'il est dans l'intention de bâtir une mosquée qui n'aura pas d'égale au monde, et d'embrasser la religion musulmane. »

La continuation des troubles en Égypte avait contribué à déterminer Bonaparte à revenir au Caire. Au commencement de 1799, la division Desaix luttait dans la Haute-Égypte contre Mourad-Bey, à la tête de près de cinquante mille Arabes. Vaincu près des villages de Souaki, de Tahta, de Samnhoud, Mourad quitta le Saïd, y laissant le bey Hassan, dont les mamelouks, atteints à Louqsor, près de Thèbes, par le 22ᵉ de chasseurs et le 15ᵉ de dragons, furent défaits après un engagement de trois heures. Les combats de Kéné et d'Aboumanah achevèrent de les disperser; mais la destruction de la flottille française qui naviguait sur le Nil troubla la joie de ces triomphes.

La flottille se composait de la djerme l'*Italie*, et de plusieurs bateaux armés qui portaient les munitions, l'artillerie, les malades et les blessés; elle était retenue par les vents à Benouth. Des Arabes d'Iambo et de la Mecque, guidés par le schérif Hassan, s'emparent des bateaux et environnent la djerme. Morandi, capitaine de ce bâtiment, voyant ses matelots accablés par le nombre et le pont encombré d'ennemis, met le feu à la sainte-barbe, et fait sauter une partie des assaillants avec les restes de son équipage.

A la nouvelle de ce désastre, une colonne française, commandée par Belliard, marche contre les Arabes réunis à Benouth, et renforcés par cinq cents des mamelouks d'Hassan-Bey. Elle franchit plusieurs fossés et canaux défendus par les canons enlevés sur la flottille, et force l'ennemi à chercher un refuge dans une mosquée et dans une grande maison fortifiée. Les carabiniers de la 31ᵉ légère mettent le feu à la mosquée; ceux qui occupaient le second édifice continuent à se défendre; l'explosion d'une chapelle contiguë, remplie de munitions, en fait périr une grande partie; les autres, entièrement nus, le fusil à la main, le sabre ou le poignard entre les dents, disputent chaque pièce aux carabiniers, et tombent les armes à la main. Le schérif Hassan fut trouvé parmi les morts, dont le nombre s'élevait à douze cents, sans compter une quantité immense de blessés. La colonne française n'eut que trente-trois morts et cent blessés (1ᵉʳ-8 mai).

Desaix s'enfonça dans le désert à la poursuite des Arabes échappés au carnage. La prise de Girgé, celle de Beniadi, qui fut livrée aux flammes, et plusieurs combats partiels, le rendirent maître de toute la vallée qui mène à Kosseir, ville située sur le bord de la mer Rouge, et dont le port est le point de communication entre l'Arabie et l'Égypte. Il occupa cette ville le 29 mai.

Le Saïd était pacifié; mais, dans l'Egypte inférieure, un agent de la cour de Constantinople relevait le courage des Arabes en faisant appel à leurs croyances religieuses. Cet homme se disait l'ange El-Mohdy, envoyé pour accomplir les promesses du Coran, délivrer les vrais croyants, et exterminer la race des infidèles; il prodiguait de l'or qu'il disait tenir du ciel; pour toute nourriture, il se frottait les lèvres avec le bout de ses doigts trempés dans du lait. Il se prétendait invulnérable aux balles des Français, et garantissait le même avantage à ceux dont la foi serait inébranlable. Les Arabes qu'il rallia, au nombre de douze à quinze mille fellahs et de quatre mille cavaliers, surprirent, pendant la nuit du 24 au 25 avril, soixante hommes de la légion nautique, à Damanhour, et les brûlèrent dans la mosquée où ils s'étaient réfugiés. Un détachement sorti d'Alexandrie le 27 ne put soutenir la lutte et rentra dans la ville; les Arabes s'avancèrent jusqu'au village de Sanhour, où ils rencontrèrent, le 3 mai, un corps de troupes composé de deux cents hommes commandés par le chef de brigade Lefebvre, et de trois cents hommes envoyés d'Alexandrie par le général Marmont, avec quatre pièces de canon. Le combat dura sept heures; El-Mohdy, ayant examiné la direction du vent, fit mettre le feu aux moissons et aux guérets qui couvraient la plaine. Pour échapper aux flammes et à la fumée, les Français se retirèrent dans un champ d'ognons encore verts. A la chute du jour, après avoir épuisé toutes leurs munitions, ils se formèrent en carré avec une pièce de canon à chaque angle, avancèrent à la baïonnette, traversèrent l'armée ennemie, et se renfermèrent à Rahmanieh. L'ennemi avait eu plus de deux mille hommes tués ou blessés, et nous n'avions perdu que soixante hommes.

Le général Lanusse, envoyé par Dugua, commandant du Caire et des provinces voisines, arriva le 9 mai au soir à Rahmanieh, et prit le commandement des troupes de Lefebvre et de celles que le général Fugères amenait de la province de Garbieh. Ces forces réunies attaquèrent Damanhour, y mirent le feu et en massacrèrent les habitants. Le 20 mai, après un engagement livré sur les confins de la province, l'invulnérable El-Mohdy fut trouvé parmi les morts.

L'arrivée d'une armée turque allait obliger les Français à de nouveaux combats. Comme il était à croire qu'elle débarquerait sur la plage d'Aboukir, entre Alexandrie et Rosette, Bonaparte envoya le général Dommartin pour mettre en état de défense les forts de cette partie de la côte.

La felouque le Nil, commandée par Dommartin, armée de plusieurs canons et montée par soixante-cinq hommes, partit du Caire le 19 juin. Dans la soirée du 20, quatre à cinq mille Arabes accourent pour la piller. Dommartin soutient contre eux un combat de plusieurs heures. Dix de ses soldats sont tués, quarante-cinq blessés dangereusement; le général reçoit lui-même quatre blessures. Voyant les Arabes monter à l'abordage de la felouque, et ne voulant pas tomber vivant entre les mains d'un ennemi cruel, il appelle ses forces, s'approche du magasin qui renfermait les poudres du bâtiment, et se dispose avec un pistolet à mettre le feu à la sainte-barbe à l'instant où les Arabes sauteront dans la felouque; mais les dix soldats qui combattent encore ne permettent point aux barbares d'aborder, et ceux-ci se retirent aux approches de la nuit. Dommartin parvint à gagner Rosette, où, épuisé par la perte de son sang, moralement affecté par le danger terrible qu'il avait couru, il mourut quelques jours après du tétanos, emportant avec lui l'estime universelle de l'armée et les regrets sincères du général en chef.

Chargé par Bonaparte d'une mission relative à la marine d'Alexandrie l'amiral Ganteaume avait quitté le Caire cinq jours après le général Dommartin, sur le canot armé *la Garonne*, suivi de quelques barques légères portant cinquante hommes d'équipage et un bataillon de la 4e demi-brigade légère. Arrivé à l'endroit où la felouque *le Nil* avait combattu d'une manière si glorieuse, il regardait avec surprise les cadavres des Français tués dans cette action, et que le fleuve avait rejetés sur la rive, lorsqu'il fut assailli par ces mêmes Arabes auxquels la felouque avait échappé avec tant de peine. Le général Lanusse, qui était à la poursuite de ce rassemblement, débris de la troupe d'El-Mohdy, arriva fort heureusement sur les bords du Nil quelque temps après que le combat fut engagé : les coups de canon tirés par le canot et la fusillade avaient attiré la colonne de Lanusse. La vue inopinée de cette dernière suffit seule pour disperser les Arabes, qui s'enfoncèrent à l'instant dans le désert. Le contre-amiral Ganteaume put continuer sa marche sur Alexandrie, où il arriva le 3 juillet.

Le général Lagrange, chargé de dissiper les rassemblements formés par le bey Osman à l'oasis de Sebabyer, surprit les mamelucks dans leur camp, se saisit du bey, de trois kachefs, d'une vingtaine de mamelucks et de sept cents chameaux.

Le général Destaing, avec l'aide d'un détachement de cavalerie commandé par Murat, fit évacuer l'oasis des lacs de Natron à Mourad-Bey, qui vint camper, le 13 juillet, près des pyramides de Gisch.

Bonaparte s'était porté à sa rencontre, quand il apprit le débarquement à Alexandrie de dix-huit mille Turcs commandés par Seïd-Mustapha-Pacha, seraskier ou gouverneur de Romélie. Trois cents hommes, aux ordres du chef de bataillon Godard, renfermés dans le fort d'Aboukir, avaient fait serment de se défendre jusqu'à la dernière extrémité. En effet, Godard, ne laissant dans le fort que trente-cinq hommes sous le commandement du chef de bataillon du génie Vinache, se plaça avec le reste de ses troupes dans une redoute avancée, et combattit, les 15 et 16 juillet, contre toute l'armée turque; mais, à cinq heures, le feu prit au caisson qui contenait les poudres; les Turcs en profitèrent pour tenter l'assaut; les soldats français et leur chef intrépide refusèrent de se rendre, et, accablés par le nombre, furent massacrés sur les pièces de la redoute. Après un siège de deux jours, Vinache obtint une capitulation par laquelle il restait prisonnier de guerre avec les trente-cinq hommes qui composaient sa garnison.

Le 24 juillet, Bonaparte arriva à Alexandrie; il reprocha au général Marmont de ne s'être point opposé au débarquement. Celui-ci répondit qu'il n'avait avec lui que douze cents hommes. « Eh bien ! répliqua Bonaparte, avec vos douze cents hommes, je serais allé jusqu'à Constantinople. »

Le 25 juillet, la division Lannes engagea l'action, et s'empara de toute la première ligne des retranchements ennemis. Deux mille Turcs furent enveloppés et tués dans cette attaque, et, chose incroyable ! il n'y eut qu'un seul Français de blessé ; ce fut Hercule, surnommé Domingue, chef d'escadron des guides à cheval.

Les Turcs étaient acculés à la mer, et rassemblés à l'extrémité de la presqu'île d'Aboukir, ce qui les mettait dans la nécessité de vaincre ou de périr. Ils défendirent avec fureur leur seconde ligne ; Murat fit emporter à la baïonnette le village d'Aboukir, et pénétra jusqu'à la tente de Mustapha-Pacha, qui combattait à la tête de deux cents janissaires. Mustapha, voyant Murat accourir vers lui, s'avança rapidement à sa rencontre, et à l'instant où ce général le sommait de se rendre prisonnier, le pacha lui tira un coup de pistolet dont la balle l'atteignit au-dessous de la mâchoire inférieure, mais ne le blessa que légèrement. Murat, d'un coup de sabre, lui abattit deux doigts de la main droite; et, le faisant saisir par deux soldats, l'envoya au quartier-général. Les janissaires mirent bas les armes

A la fin de la journée, des dix-huit mille Turcs débarqués, il ne restait que ces deux cents prisonniers, et près de cinq mille Osmanlis qui occupaient le fort d'Aboukir. Toutes les tentes, tous les bagages, l'artillerie entière, parmi laquelle on remarqua deux pièces anglaises données par le roi d'Angleterre au grand-seigneur, restèrent au pouvoir des Français. Jamais victoire n'avait été peut-être aussi complète et aussi décisive; le général Menou fut chargé du siège du fort. Sans vivres ni munitions, les Turcs ne pouvaient résister longtemps; le feu des batteries renversa la plus grande partie des murailles; la famine tua ceux qu'épargnaient les balles et les boulets; près de quinze cents cadavres ensevelis sous les décombres remplissaient l'air d'une puanteur insupportable; les assiégés privés d'eau, buvaient le sang des chevaux égorgés. Enfin, le 2 août, le fils du pacha et son kiaya ou lieutenant, à la tête des restes de la garnison, se traînèrent hors de la place, et s'offrirent à la vengeance des Français. On s'empressa de leur fournir des rafraîchissements et des vivres ; mais malgré les précautions prises pour empêcher ces secours de nuire à des gens exténués, presque tous périrent d'indigestion, et le 4 août il n'en restait plus que neuf.

Dans cette bataille mémorable, l'armée française eut plus de deux cents morts et sept cent cinquante blessés. Bonaparte cita, parmi les premiers, l'adjudant-général Letureq, mort à l'attaque de la principale redoute des

Osmanlis, le chef de brigade Duvivier, l'aide-de-camp Guibert, et le général du génie Cretin, qui mourut de ses blessures, le 27 juillet, à Alexandrie.

Dans un ordre du jour, daté du 29, Bonaparte félicita l'armée sur sa belle conduite.

Deux mois après la bataille, le 23 septembre, le Directoire écrivit à Bonaparte une longue lettre de félicitation, et le Corps Législatif décréta que l'armée d'Orient ne cessait point de bien mériter de la patrie; mais le général vainqueur ne devait point recevoir cette lettre en Égypte. Il ne reçut pas davantage une lettre du Directoire, du 26 mai, par laquelle on exprimait le désir « de le revoir de nouveau à la tête des armées républicaines. » Il eût été sans nouvelles d'Europe si, après la bataille d'Aboukir, il n'eût envoyé un parlementaire à un vaisseau anglais qui se trouvait en rade. L'amiral lui remit la *Gazette française* de Francfort du 10 juin. En y lisant le récit de ce qui se passait en Europe, il s'écria : « Eh bien ! mes pressentiments ne m'ont point trompé; l'Italie est perdue ! les misérables ! tout le fruit de nos victoires a disparu ; il faut que je parte ! »

En effet, il remit le commandement à Kléber, et partit, le 22 août, avec les généraux Berthier, Lannes, Murat, Marmont et Andréossi, les savants Monge, Bertholet et Denon, et deux cent cinquante guides commandés par Bessières.

Le général en chef montait à bord de la frégate *la Muiron*, où l'attendait le contre-amiral Ganteaume, quand une frégate anglaise parut en vue d'Alexandrie. Les officiers tiraient de cette circonstance un funeste présage : « Ne craignez rien, leur dit Bonaparte, nous arriverons. La fortune ne nous trahira point; nous arriverons en dépit des Anglais. »

La flottille, composée de deux frégates et de deux petits bâtiments, longea les côtes d'Afrique, et arriva, le 1ᵉʳ octobre, dans le port d'Ajaccio. Elle remit à la voile le 7, et le 8 on signala les côtes de France ; mais dans le moment où chacun se livrait au plaisir de revoir la patrie, où tous se félicitaient mutuellement du bonheur d'avoir échappé aux croisières ennemies, on signala au large huit à dix voiles que l'on crut être des bâtiments de guerre anglais. Au milieu de la consternation générale produite par cet accident, Bonaparte seul conserva tout son sang-froid. Le péril paraissait si imminent que le contre-amiral Ganteaume voulut faire virer de bord pour revenir sur la Corse. « Non, non, s'écria Bonaparte, cette manœuvre nous conduirait en Angleterre, et je veux arriver en France. »

Le lendemain, les bâtiments mouillaient à Fréjus, après quarante-huit jours de traversée. Le général fut déclaré, ainsi que sa suite, exempt de l'observance de la quarantaine.

A la nouvelle de l'arrivée de Bonaparte, une foule considérable accourut pour le contempler. De Fréjus à Paris, les habitants des villes et des campagnes quittaient leurs travaux pour se rendre sur son passage, et sa présence excita dans la capitale un enthousiasme universel.

Bonaparte trouva le pouvoir entre les mains d'hommes sans conscience et sans capacité, et résolut de s'en emparer; ses partisans firent changer la constitution établie, et le Corps Législatif confia le gouvernement à trois consuls, dont Bonaparte fut le premier.

En examinant rétrospectivement les événements qui se passaient en Europe en 1799, nous verrons qu'ils réclamaient impérieusement l'intervention de Bonaparte. « Pour sauver la France, comme disait l'ex-conventionnel Sieyes, il fallait une tête et une épée. »

En effet, au mois de février, l'Autriche, rompant le traité, mit en campagne soixante-dix mille combattants sous les ordres du prince Charles. Une armée de quarante mille hommes, dite *du Danube*, et commandée par Jourdan, passa le Rhin le 1er mars. Un autre corps, qui prit le nom d'*armée d'observation*, aux ordres de Bernadotte, s'avança dans le Palatinat, et Masséna, à la tête d'une *armée d'Helvétie*, se dirigea vers le pays des Grisons. Un corps de réserve de cinquante mille hommes, dit *armée des Alpes*, se forma à Grenoble, sous la direction de Championnet.

Le 20 mars, l'armée du Danube chassa les Autrichiens du village d'Ostrach; mais il fut repris le lendemain, malgré les efforts de quatre compagnies qui continrent l'ennemi pendant trois heures.

La bataille de Stokach, qui dura un jour entier, et que les Français perdirent, démontra à Jourdan l'impossibilité de la résistance devant des forces doubles en nombre et bien entretenues. Il offrit sa démission, et fut remplacé par Masséna.

Ce général était entré, le 5 mars, dans le pays des Grisons, après avoir fait sommer le général autrichien Auffenberg d'évacuer ce territoire. Le 6, le général Demont, commandant une des brigades du centre, força le passage de Deux-Ponts à Reichen, et fit mettre bas les armes à un détachement autrichien cantonné dans la vallée de Disentis. Les brigades Lorges et Menard devaient passer le Rhin à Flosh et à Meyenfeld. Masséna faisait construire un pont à Azmoos, où se trouvait la brigade Chabran. Les tirailleurs de la 109e demi-brigade, las des retards de cette opération, se précipitent dans le fleuve, et en traversent un bras à gué sans accident; mais les eaux avaient grossi pendant la nuit, et tous ces braves auraient péri dans le second bras du fleuve si Masséna n'avait fait entrer dans le Rhin un escadron de cavalerie dont la masse serrée rompit la rapidité du courant.

Le fort de Steig était situé entre deux escarpements, entouré de retranchements, fermé par un pont-levis, et défendu par douze cents hommes et cinq pièces de canon. En attendant la baisse des eaux du Rhin, Masséna fit attaquer ce fort. Le 6 mars, après quatre tentatives infructueuses, Marès, chef du bataillon du génie, entra le premier dans la place; les grenadiers et les tirailleurs le suivirent, culbutèrent l'ennemi, et firent huit cents prisonniers.

Le 7 mars, la brigade Chabran et une partie de la brigade Oudinot entourèrent, en avant de Coire, tout le corps d'Auffenberg, fort de plus de trois mille hommes, le firent prisonnier, prirent huit drapeaux, seize pièces de canon, un grand nombre de caissons et des magasins immenses de farines et de fourrages. Le général Hotze, qui arrivait au secours d'Auffenberg, fut repoussé à la baïonnette avec une perte de mille prisonniers et de quatre pièces de canon.

La partie du Tyrol qui confine aux Grisons est regardée avec raison comme la clef de l'Allemagne et de l'Italie. Masséna ordonna donc au général Lecourbe de s'avancer dans l'Engadine et dans la Valteline. Les généraux Loison et Dessoles se dirigèrent sur le Munster-Thal, que le général Laudon occupait avec cinq mille Autrichiens. Pour y pénétrer, il leur fallut franchir le Wormser-Jock, une des plus hautes montagnes des Alpes Juliennes, couverte de neiges et de glaces, dont les sentiers sont à peine praticables à deux hommes de front. Toutefois les troupes françaises parvinrent au sommet, et y transportèrent deux pièces de canon. L'ennemi occupait au bas de la montagne des retranchements formidables dont la gauche était appuyée à un torrent. Nos soldats se laissèrent glisser du haut de la montagne, se rangèrent en bataille le long du torrent, et se rendirent maîtres des redoutes, de plus de quatre mille prisonniers, et de dix-huit pièces de canon avec leurs attelages et leurs caissons. Douze cents Autrichiens restèrent sur le champ de bataille.

La nouvelle de la défaite de Stokach détermina Masséna à abandonner le Tyrol. Outré du dénuement complet dans lequel un gouvernement imprévoyant laissait les troupes, en discussion avec les commissaires civils, il offrit sa démission en même temps que Jourdan; mais le Directoire le conjura de rester à son poste, et lui confia le commandement en chef des deux armées du Danube et d'Helvétie.

Masséna, à son arrivée à l'armée du Danube, établit son quartier-général à Bâle, et s'occupa de la défense de tous les postes situés sur la rive du Rhin. Des renforts et une levée de bataillons auxiliaires en Suisse portèrent l'armée d'Helvétie à un effectif de soixante mille hommes. Le 15 avril, l'avant-garde ennemie prit Schaffausen; mais la ville de Constance résista à plusieurs reprises aux attaques des troupes autrichiennes, qu'appuyait une flottille sous les ordres du général Wilhams.

Le 1er mai, le corps autrichien du général Bellegarde marcha contre la droite de l'armée du Danube, commandée par le général Lecourbe, et postée dans la Basse-Engadine. Les positions de Velten, de Fettau, de Schuls, furent emportées à la baïonnette; mais tous les efforts de l'ennemi échouèrent contre les retranchements de Zernetz et de la Veronka. Le même jour, le général Hotze, à la tête de forces considérables, fut battu devant le fort de Luvisteig, qui cependant fut pris le 14 mai.

Il était devenu impossible au général Menard, qui occupait le pays des Grisons, de s'y maintenir contre les nombreux soldats commandés par le général Hotze. Il opéra donc sa retraite en bon ordre. Après une suite de combats meurtriers pour les deux partis, et dont un seul, livré le 26 mai sur la rivière de Thur, fut favorable aux Français, l'archiduc entra, le 7 juin, dans Zurich, et y établit son quartier-général. Les Français prirent position sur le mont Albis.

Au mois d'août, la droite de l'armée, guidée par Lecourbe, s'empara de la vallée de la Reuss et du Saint-Gothard. Mais les opérations militaires en Suisse furent généralement peu actives. La cour de Vienne avait concentré toutes ses forces sur l'Italie, et c'est vers ce théâtre principal de la guerre que nous devons diriger nos regards.

Joubert venait de détrôner Charles-Emmanuel IV, et le général Serrurier, établi dans la république de Lucques, en avait modifié le gouvernement de manière à le rendre conforme à celui qui régissait alors la France. Quarante mille soldats, disséminés sur un vaste territoire, et occupés à contenir des populations impatientes du joug, composaient toute l'armée d'Italie. Les troupes autrichiennes, fortes de plus de soixante mille hommes, commandées par le général Mélas, et cantonnées dans les Etats de terre-ferme de l'ancienne république de Venise, pouvaient avec raison se promettre une facile victoire.

Fatigué du spectacle des dilapidations des agents du Directoire, et craignant peut-être de s'exposer à un échec, Joubert offrit sa démission, et céda le commandement au ministre de la guerre Scherer. Le premier acte de ce nouveau chef, à son arrivée à Turin, fut d'exiger du gouvernement provisoire du Piémont une contribution extraordinaire de six cent mille francs, acte impolitique qui devait bientôt attirer sur la tête des Français la vengeance des Piémontais.

La campagne s'ouvrit le 26 mars. Les divisions Delmas et Grenier attaquèrent les redoutes et le camp retranché des Autrichiens sur l'Adige, et après quelques heures d'un combat sanglant les mirent en déroute complète. Les autres divisions de l'armée repoussèrent ou continrent les troupes sorties de Vérone et de Legnano.

Néanmoins Scherer ordonna la retraite, et, pour masquer son mouvement, fit exécuter à la division Serrurier une fausse attaque sur Vérone. Les Français, d'abord vainqueurs, s'abandonnèrent imprudemment à une poursuite irrégulière, et repoussés par la division du feld-maréchal Frœlich, perdirent près de cinq mille hommes.

Cependant une division française envahissait le grand-duché de Toscane. On reprochait au grand-duc Ferdinand d'avoir laissé les Napolitains occuper le port de Livourne, et d'avoir donné asile au pape Pie VI. La division Gauthier entra sans coup férir dans Florence, le 29 mars. Le lendemain, la famille de Ferdinand se retira à Venise, pour passer de là en Autriche. Le pape, considéré comme prisonnier de guerre, fut conduit à Parme, d'où le Directoire l'arracha bientôt. Il est mort en France, à Valence, à l'âge de quatre-vingt-deux ans.

Les Autrichiens passèrent l'Adige le 4 avril, et engagèrent le combat le 5. A la gauche de l'armée française, la division Serrurier s'empara du bourg de Villa-Franca, où elle fit neuf cents prisonniers. La division Delmas prit cinq pièces de canon et fit douze cents prisonniers. Moreau, destitué du commandement en chef de l'armée du Rhin, pour avoir révélé trop tard la trahison de Pichegru, et attaché à l'armée d'Italie en qualité d'inspecteur-général, dirigeait ces deux divisions.

A la droite, près du village de Magnano, où était le quartier-général, les troupes des généraux Victor et Grenier furent accablées par la supériorité du nombre, et se retirèrent sur Isola-della-Scala. Moreau conserva son terrain jusqu'à sept heures du soir, et effectua sans perte un mouvement rétrograde.

La bataille de Magnano coûta à chacun des partis trois mille hommes tués, et deux mille prisonniers. Le résultat en fut la retraite de l'armée française vers le Mincio. Les pertes faites les 26 mars et 5 avril, et la nécessité d'augmenter la garnison de Mantoue, la réduisaient à moins de vingt-huit mille hommes.

Le 15 avril, une armée russe de quarante mille hommes, commandée par le feld-maréchal Souwarow, se réunit à Campagnola, sur les bords du Mincio, aux soixante mille Autrichiens qui poursuivaient les Français. Brescia tomba au pouvoir de l'ennemi; Ferrare fut livrée aux alliés par les paysans insurgés. Dans cet état de crise, Scherer céda le généralat à Moreau; la nomination de ce nouveau chef, des talents duquel l'armée pouvait espérer son salut, fut accueillie avec enthousiasme; et à la première revue qu'il passa, Moreau fut salué d'unanimes acclamations. « Vive Moreau ! criaient les soldats; vive le sauveur de l'armée d'Italie ! Il nous sauvera comme il a sauvé l'armée du Rhin dans la Forêt-Noire ! »

Le 25 avril, l'armée coalisée arriva tout entière sur les bords de l'Adda. Le 26, elle chassa les Français de Crema, de Trezzo, de Pozzo et des postes de Cassano et de Rittorto-Canale. Dans les journées des 26 et 27 avril, l'armée française perdit deux mille hommes, trois mille prisonniers, et plus de cent pièces de canon. Serrurier, séparé du gros de l'armée, se battit toute la nuit, dans le village de Verderio, contre dix mille hommes, avec moins de deux mille cinq cents. Serrurier voulait se frayer un passage les armes à la main; mais, après avoir recueilli l'avis de ses officiers, il demanda et obtint une capitulation.

Serrurier et ses officiers demeurèrent prisonniers sur parole. « Où voulez-vous vous retirer, demanda Souwarow au général français? — A Paris, répondit celui-ci. — J'espère vous y voir bientôt, ajouta le Russe. — Je l'espère aussi, reprit fièrement Serrurier. »

Serrurier avait placé, le 26 avril, à la tête de pont de Lecco, la 18ᵉ demi-brigade légère et un détachement du 9ᵉ dragons. Ces troupes, commandées par le capitaine Letore, luttèrent contre l'ennemi jusqu'au 29. Elles sortirent des retranchements, chargèrent les Russes et firent prisonniers une trentaine de grenadiers. Pendant la nuit, Soyez, colonel du 9ᵉ, voyant les munitions de guerre épuisées, rassembla quelques barques et y fit embarquer en silence les vaillants défenseurs de Lecco, en commençant par les blessés. Au point du jour, toutes les embarcations étaient au large. Une seule restait portant un officier du génie, des artilleurs et des sapeurs. Ils minèrent le pont, mirent le feu à la mine et s'éloignèrent : l'explosion détruisit les retranchements abandonnés.

Souwarow entra dans Milan le 28 avril, et annonça au peuple, par une proclamation, qu'il venait rétablir « la religion, le clergé, la noblesse, et l'antique gouvernement d'Italie. » Une autre proclamation, rédigée dans le même sens, appelait les Italiens aux armes contre les Français.

Les Austro-Russes occupèrent Pavie le 3 mai. La garnison de Peschiera et la forteresse de Pizzighetone capitulèrent le 7 mai. Le 12, sept mille Russes attaquèrent la gauche de l'armée française; mais, repoussés par la division Grenier, ils perdirent Rosemberg, leur général, et s'enfuirent jusqu'au Pô, dans lequel un grand nombre furent culbutés.

Le 16, Moreau tenta un coup de main pour délivrer la ville de Tortone que les ennemis tenaient bloquée ; il repoussa d'abord les divisions des généraux Kaïm et Lusignan ; mais de nouveaux bataillons russes vinrent à leur secours, et les Français, contraints à la retraite, perdirent dix-huit cents hommes tant tués que blessés, et près de mille prisonniers.

Du 12 au 27 mai, Alexandrie, Ferrare, le château de Milan, Ravenne, Turin, furent occupés par l'armée alliée. Le 30, Moreau s'étant vu forcé d'abandonner ses communications avec la Suisse, dix-huit bataillons et quatre mille chevaux de l'armée du prince Charles, guidés par le général Bellegarde, opérèrent leur jonction avec les Austro-Russes. Les vainqueurs s'emparèrent de Pignerol ; et soixante-dix jours après le commencement des hostilités, grâce à leur supériorité numérique, ils se trouvèrent en vue des frontières de France. Pendant les mois de juin et juillet, ils s'emparèrent de Turin, d'Alexandrie et de Mantoue. Le général Latour-Foissac, gouverneur de cette dernière ville, et les soldats qu'il commandait, demeurèrent prisonniers de guerre, et furent conduits à Gratz.

Ainsi se trouvait effectuée presque entièrement la conquête de l'Italie, car l'armée de Naples n'avait pu se maintenir dans le royaume des Deux-Siciles. Voici le récit de ses opérations.

La division Lemoine traversa les Apennins, força le pont retranché de l'escara, et Lemoine vint conférer à Venafro avec Championnet. Le soulèvement des paysans auxquels une ordonnance royale commandait le massacre de tous les Français, mettait l'armée dans le plus grand danger; heureusement la signature d'un armistice, proposé de la part de Pignatelli, vice-roi de Naples, suspendit les hostilités (11 janvier).

Championnet ne songea plus qu'à châtier les bandes insurgées. Les paysans avaient organisé une chasse aux soldats isolés, et suivaient les colonnes françaises pour massacrer les traînards. Deux positions, Castel-Forte et Isernia, ne purent être enlevées qu'en sacrifiant beaucoup de monde. Des pierres, des poutres, des tisons goudronnés et enflammés, l'eau et l'huile bouillantes, furent employés comme moyens de défense par les habitants, qui voyaient dans les Français des ennemis de leur patrie et de leur religion. La ville de Benevente, protégée par le défilé des *Fourches-Caudines*, opposa moins de résistance; seulement le passage du défilé coûta la vie à quarante Français.

Le roi des Deux-Siciles s'était engagé, par l'art. 8 de l'armistice, à payer à la république dix millions de livres tournois. La présence d'Arcambal, administrateur envoyé à Naples pour hâter la rentrée des fonds, excita le mécontentement des Napolitains, et principalement des lazzaroni, composant la partie la plus pauvre du peuple.

Arcambal faillit être tué; le général autrichien Mack et ses officiers, accusés d'avoir vendu la paix au Directoire, ne se sauvèrent qu'avec peine. Les lazzaroni prirent les armes et firent sonner le tocsin dans tous les villages. Quand l'armée française, accourue à la hâte, pénétra dans Naples, le 20 juin, elle trouva une multitude furieuse entassée jusque sur les toits des maisons; la résistance désespérée des insurgés n'empêcha point la division Duhesme d'occuper les faubourgs de la place Capuana.

Quinze cents hommes, commandés par le général Broussier, quittèrent Benevente, attirèrent dans une embuscade et défirent un corps de douze mille insurgés qui gardait les Fourches-Caudines, arrivèrent à Naples, et chargèrent au pas de course et à la baïonnette les lazzaroni retranchés sur le grand pont. On les battit après six heures de combat. Les jours suivants il fallut faire le siége de chaque rue; les lazzaroni se défendaient avec rage; six cents Français avaient été tués, et le nombre des blessés était considérable.

Enfin Championnet pénétra jusqu'à la place del Pigni, harangua quelques habitants, et promit de pourvoir à la subsistance du peuple et de respecter l'église et les reliques de San-Gennaro. La crainte de les voir profaner par d'avides collecteurs avait été la principale cause du soulèvement; cette promesse le fit cesser. Aux cris de fureur succédèrent ceux de : « Vivent les Français! » Un *Te Deum* solennel fut chanté le 15 janvier dans toutes les églises de Naples. L'armée de Rome reçut avec pompe le nom d'armée de Naples, au bruit de la musique guerrière et du canon, en face du Vésuve, qui, pour la première fois depuis cinq ans, vomissait des flammes. Le royaume de Naples fut transformé en république Parthénopéenne, et vingt-un citoyens en composèrent provisoirement la représentation nationale.

Le nouveau gouvernement jouit à peine d'un mois de tranquillité. Les paysans de la Pouille et de la Calabre se soulevèrent au nom de la religion qu'ils prétendaient outragée par les Français, proscrivirent la cocarde tricolore, et massacrèrent les partisans de la révolution.

Championnet se hâta d'envoyer Duhesme dans la Pouille et Olivier dans la Calabre; ces deux généraux devaient opérer leur jonction sur les côtes de la mer Ionienne, et Duhesme devait prendre alors le commandement supérieur des deux divisions. Ils quittèrent Naples le 15 février. Convainc de la nécessité d'une sévère discipline, Duhesme fit fusiller, le jour de son départ, trois soldats coupables de pillage. Il eut bientôt soumis, par une conduite politique, ou châtié par les armes, les communes rebelles. Les villes de San-Severo, Trani, Andria, Molfeta, Carbonara, Ceglie, principaux points de rassemblement des royalistes, furent ravagées ou réduites en cendres (25 février-10 avril). L'insurrection était étouffée quand Duhesme fut destitué, ainsi que Championnet, par suite des intrigues des commissaires civils du Directoire, et remplacé par Olivier, qui reçut aussitôt l'ordre d'évacuer la province. Le général Broussier, qui avait été chargé des siéges de Trani et d'Andria, eut pour successeur Sarrazin.

Macdonald, mis à la place de Championnet, ne crut pas possible de lutter avec dix-huit mille hommes contre la population insurgée presque tout entière, et un corps de troupes siciliennes et anglaises débarquées à Castellamare. Il laissa garnison dans quelques villes, commença le 7 mai son mouvement de retraite; mais bientôt il fallut capituler.

Les garnisons françaises furent reconduites en France, et Ferdinand IV, ayant repris possession de son royaume, envoya immédiatement une armée dans l'Etat-Romain, où avait déjà pénétré un détachement autrichien. Le général Garnier, commandant les troupes franco-romaines, battit les assaillants dans trois combats, et obtint, le 25 septembre, une capitulation. Les conditions en furent observées à l'égard des Français; mais Burchard, Suisse de naissance, et général de l'armée de Naples, fit élever des potences sur toutes les places pour les patriotes romains; les consuls Zuccalcone et Malter furent promenés sur des ânes et massacrés avec un grand nombre de leurs concitoyens.

Les événements ci-dessus racontés étant la conséquence immédiate de l'évacuation du territoire napolitain, devaient nécessairement venir à la suite. Nous allons maintenant reprendre le récit de la campagne d'Italie.

Au mois de juin, près de quatre cent mille hommes menaçaient la France, qui pouvait leur opposer à peine cent mille combattants. L'incapacité de trois membres du Directoire fut considérée comme la principale cause des malheurs de la patrie; ils avaient laissé les troupes dans le dénuement; ils avaient nommé Scherer, exilé Bonaparte, destitué Joubert et Championnet. Le 16 juin, Lareveillere-Lépaux, Treilhard et Merlin donnèrent leur démission, et Roger-Ducos, Gohier et le général Moulins furent nommés pour les remplacer.

Le nouveau Directoire choisit Bernadotte pour ministre de la guerre, Joubert pour commander l'armée d'Italie, Championnet pour organiser à Grenoble, sous le titre d'*armée des Alpes*, la réserve de cinquante mille hommes dont nous avons parlé. On décréta la levée de toutes les classes de conscrits, afin de porter l'armée d'Italie à soixante mille hommes, et l'armée du Danube à cent mille. On créa une quatrième armée de soixante mille hommes sur le Rhin, et une cinquième de soixante mille dans le nord de la France. Mais les cadres furent loin d'être remplis, les renforts tardèrent, et les forces ennemies demeurèrent supérieures à celles qu'on pouvait leur opposer. Les premières présentaient un total de plus de trois cent quarante mille hommes.

Les efforts de Joubert eurent d'abord pour but de faire lever le siége des citadelles de Tortone et de Coni. Souwarow fit attaquer l'armée française, le 15 août, auprès de la ville de Novi, par cinquante-trois mille hommes d'infanterie et douze mille deux cents de cavalerie.

Joubert, qui se trouvait à la gauche, parcourut les rangs en criant : « Camarades, il faut vaincre ! » et aussitôt il se précipite pour animer de sa présence une charge à la baïonnette. Il marchait à la tête d'une colonne de grenadiers, en criant : « En avant ! en avant ! » lorsqu'une balle le frappa au flanc droit, et pénétra jusqu'au cœur. Il tomba de cheval, faisant signe de la main, et criant encore : « Marchez toujours ! » Ainsi Joubert, qui ne survécut qu'un instant à sa chute, succombait avant que la bataille fût engagée sur toute la ligne.

Moreau prit aussitôt le commandement. La gauche et le centre des Russes furent repoussés avec vigueur, et presque détruits ; Moreau eut deux chevaux tués sous lui, une balle perça son habit et lui effleura les côtes ; mais la défaite de la droite des Français décida la victoire en faveur de l'ennemi. Poursuivis dans Novi, nos soldats s'enfuirent en désordre par un chemin de traverse qui va de Pasturana à Ovada.

A la nouvelle de ce désastre, le Corps Législatif, loin de se décourager, vota des éloges aux soldats, et décréta que l'armée d'Italie n'avait point cessé de bien mériter de la patrie.

La reddition de Tortone fut pour les alliés le seul résultat de la bataille de Novi. Le chef de brigade Gast, qui, à la tête de deux mille hommes, avait défendu cette place pendant trois mois, en sortit le 12 septembre, avec les honneurs de la guerre.

Dans l'Etat de Gênes, le général russe Klénau fit assiéger par six cents Cosaques la petite ville de Santa Maria, et parvint à s'en rendre maître ; mais un détachement guidé par le général Miolis l'empêcha de pousser plus loin ses avantages.

L'affaiblissement de l'armée française nécessitait de prompts renforts. Championnet, qui avait réuni vingt mille hommes à Grenoble, en partit le 8 août, força le passage du col de Fenestrelles et des Fatières, et prit Fossano et Savigliano, que les troupes du général Kray reprirent quelques jours après. Il redoublait d'efforts pour rejoindre l'armée d'Italie, quand un arrêté du Directoire le nomma général en chef, en lui subordonnant Duhesme, auquel fut confiée l'armée des Alpes.

Le principal acte du commandement provisoire de Moreau avait été la mise en état de siége de la ville de Gênes, dans laquelle un parti voulait traiter avec les alliés. Championnet maintint cette mesure, tout en assurant aux Génois la protection des Français.

Presque en même temps un nouveau général fut appelé à commander les coalisés. Souwarow se rendit en Suisse pour y combattre Masséna, et Mélas prit la direction des opérations militaires en Italie. Il investit Coni, pendant que les généraux Frœlich et Ott assiégeaient Ancône, et que le général Klénau menaçait l'État de Gênes.

L'armée française, pressée de toutes parts par plus de soixante mille hommes, et inférieure en nombre de moitié, leur résista avec constance. Les premières attaques tentées au mois d'octobre contre Coni furent repoussées. Ce ne fut que le 18 novembre que cette place fut investie complètement. Après un bombardement de cinq jours et neuf jours de tranchée, la garnison, forte de deux mille cinq cents hommes, sortit avec les honneurs de la guerre.

Douze mille hommes, aux ordres de Gouvion-Saint-Cyr, occupaient l'État génois ou république ligurienne. Ils avaient contre eux plus de dix-sept mille combattants. Néanmoins, le 16 octobre, Gouvion-Saint-Cyr, à la tête de la division Dombrowski et de la réserve, sans canon ni cavaliers, défit, dans les plaines de Bosco, les troupes autrichiennes du général Karacksay. Quinze cents prisonniers et sept pièces de canon demeurèrent en son pouvoir. Le 14, la division Watrin avait, à Braceo, enveloppé l'arrière-garde de Klénau, forte de douze cents hommes, et l'avait obligée à mettre bas les armes.

Kray succéda à Karacksay et amena un renfort de seize bataillons, deux mille chevaux et vingt-cinq pièces de canon. Saint-Cyr l'attendait sur les hauteurs de Novi. Il n'avait que des forces moindres du double, et quatre pièces de canon qui n'étaient pas même attelées. Toutefois l'ennemi fut culbuté jusque dans Novi, eut deux mille morts ou blessés, autant de prisonniers, et perdit quatre pièces de canon (5 novembre).

A Gênes, les partisans de l'ancien gouvernement excitaient des troubles, et étaient même parvenus à gagner une partie de la garnison. Saint-Cyr se hâta de s'y rendre. Les soldats, sans solde, sans vêtements, sans souliers, obligés de vivre de maraude, délaissés par le Directoire, demandaient à revenir en France, et après avoir arraché leurs drapeaux des mains des officiers, ils s'étaient mis en marche vers la frontière. Saint-Cyr se présente à eux : « Où allez-vous, soldats ? — En France ! » A ces mots, il s'empresse d'apaiser la sédition, et bientôt tous veulent marcher à l'ennemi. Quelques jours après ils repoussaient glorieusement le général Kray.

Le combat de Monte-Facio fut la dernière action de la campagne. Quatre bataillons commandés par Saint-Cyr et la brigade Darnaud y vainquirent le corps des Austro-Russes de Klénau, qui éprouva une perte immense en morts, blessés ou prisonniers.

Dans cette guerre d'Italie, aussi désastreuse que celle de 1797 avait été brillante, le siège d'Ancône forme un épisode mémorable. Le général Monnier, forcé de capituler, adressait à ses troupes le discours suivant :

Campagnes des Français.

« Soldats ! la longue et opiniâtre résistance que vous avez faite en défendant Ancône vous couvre de gloi e; elle sera citée par la postérité. La nécessité a voulu que je traitasse avec l'ennemi, et je me suis attaché à ce que les conditions fussent communes au soldat, à l'officier, à votre général. Nous rentrons en France sur parole. Vous allez traverser l'Italie abandonnée, mais qu'un jour les armes françaises, mieux dirigées, sauront reconquérir. Vous aurez des marches pénibles et la rigueur de la saison à braver. Je veillerai à ce qu'il soit pourvu à tous vos besoins. Mon dernier soin, en quittant ces lieux que nous avons illustrés, est de vous recommander le p'us grand ordre, afin que, rendus à la patrie, vous soyez toujours les dignes enfants de la république. »

La garnison d'Ancône fut retenue quatorze jours à Pavie, et Mélas voulut forcer les Français à passer par le Tyrol. Monnier réclama avec fermeté l'exécution de la capitulation : il représenta que l'article 3 accordait aux Français la faculté de se rendre dans leur patrie par la voie *qu'ils jugeraient la plus commode*; et il annonça que les soldats, indignés, avaient pris la résolution de mourir plutôt que de souffrir que cette convention fût violée. Une détermination aussi désespérée imposa au général autrichien, qui se décida à les laisser passer par la route du Mont-Cenis; mais les chemins se trouvèrent impraticables. Les rivières débordées et les fréquentes avalanches offrirent à la marche de la garnison des obstacles tels qu'elle fut obligée de revenir sur ses pas, après avoir supporté des fatigues inouïes. Elle se dirigea ensuite par Alexandrie, Acqui, Fossano, Asti, sur Gênes, où elle arriva dans les derniers jours de décembre, pour rentrer en France par la route de la mer. Bonaparte, alors premier consul, s'empressa de témoigner au général Monnier la profonde estime que lui avait inspirée sa belle conduite, et l'éleva au grade de général de division. Echangé peu de temps après contre le général autrichien Lusignan, Monnier se hâta de reprendre de l'activité.

Nous avons dit que Souwarow s'était rendu en Suisse pour combattre Masséna. A l'aspect des cimes glacées du Saint-Gothard, un grand nombre de soldats russes découragés jetèrent leurs armes et refusèrent de marcher. Les supplices usités en Russie, la bastonade et le knout, furent inutiles pour les faire avancer. Il en fut de même des exhortations du prince Constantin, fils de Paul Ier, qui se trouvait à l'armée depuis le mois de mai.

Souwarow a recours à un moyen bizarre pour ranimer l'enthousiasme de ses troupes. Il fait creuser une fosse, se déshabille, s'étend dedans, et s'adressant aux mutins : « Couvrez-moi de terre, dit-il, et abandonnez ici votre général, vous n'êtes plus mes enfants, je ne suis plus votre père; je n'ai plus qu'à mourir. »

Ces paroles éloquentes obtiennent un succès complet. Les grenadiers russes se précipitent vers la fosse, en tirent leur général, le tiennent quelque temps entre leurs bras en poussant des hurlements effroyables, et le supplient de les conduire sur-le-champ à l'ennemi, en jurant d'escalader les sommets les plus escarpés du Saint-Gothard. Souwarow profite de cet

tion, et deux mille grenadiers russes enlèvent le poste d'Airoles, que défendent pendant douze heures six cents Français (23 septembre).

Lecourbe, avec moins de deux mille hommes, arrête pendant trois jours l'armée russe, forte de trente mille combattants, et l'oblige à tenter d'envahir la Suisse par le Muotta-Thal. Masséna, instruit de la marche des Russes, se hâte de faire attaquer les généraux Hotze et Korsakow, et de faire occuper le canton de Glaris, pour empêcher la jonction de leurs troupes avec celles de Souwarow.

Chargé de cette dernière expédition, le général Molitor s'avança à la tête de quinze cents hommes. En poussant une reconnaissance, il tombe, lui dixième, au milieu d'un corps de quinze cents Suisses organisés et soldés par l'Angleterre. Il se fait jour l'épée à la main, rejoint ses troupes, toujours poursuivi par les Suisses, reprend l'offensive et culbute les assaillants à la baïonnette. Cinq bataillons autrichiens se joignent aux Suisses pour envelopper les Français. Ceux-ci se défendent toute la nuit, accablent l'ennemi de quartiers de roche lancés du haut des hauteurs de Nestall, les forcent à la retraite, et restent maîtres de la vallée de Glaris.

La division Soult passe la Linth pour attaquer le corps du général Hotze. Une compagnie de *nageurs*, composée d'hommes exercés à cet effet dans le lac de Zurich, franchit la rivière à Bilten, et protège l'embarquement. Parvenues à l'autre bord, six compagnies de grenadiers s'emparent du village de Schannis, après un combat opiniâtre dans lequel le général Hotze perdit la vie. Les postes de Kaltbrun, Wesen, Lichtensteig et Rapperschwyl tombent entre les mains des Français.

Masséna passe la Limmat, le 16 septembre, avec dix mille hommes, chasse les Russes commandés par Korsakow de leur camp de Weiningen, les défait complètement devant Zurich, et pénètre dans cette ville. Le 26 septembre, douze cents hommes aux ordres de Molitor contiennent jusqu'à la nuit une colonne russe de quinze mille hommes que Souwarow conduisait en Suisse par le Klon-Thal. Une seconde division, commandée par le comte de Rosemberg, est attaquée au pont de Muotta par la division Mortier, et culbutée avec une perte considérable. L'armée de Souwarow fuit dans le pays des Grisons, abandonnant ses blessés, la plus grande partie de son artillerie et de ses bagages, et un grand nombre de prisonniers. La division de Gazan, général non moins courageux que l'officier de ce nom tué à Ancône, achève de disperser le corps de Korsakow, et s'empare de Constance.

Ainsi se termina cette longue suite d'engagements qui avaient eu lieu depuis quinze jours sans interruption, et que les historiens militaires ont cru désigner sous le nom générique de bataille de Zurich, livrée sur un terrain de vingt-cinq à trente lieues de longueur, sur quinze à dix-huit de largeur, où il n'y eut pas une vallée, un passage, une communication qui ne fussent occupés comme postes, disputés par des combats opiniâtres, traversés par des troupes marchant et manœuvrant pour une même action.

Ce fut cette victoire qui détruisit le prestige de la grande renommée des troupes russes et de leur illustre chef, et qui posa un glorieux terme aux revers éprouvés par les armées françaises depuis l'ouverture de la campagne. Pendant ces quinze jours, trois corps d'armée avaient été battus et complètement défaits par l'armée d'Helvétie ; ils avaient perdu ensemble près de dix mille hommes tués ou blessés, quinze à vingt mille prisonniers, cent pièces de canon, quinze drapeaux, presque tous leurs bagages, avec une énorme quantité de chevaux et de mulets. Un pareil avantage, obtenu par les sages dispositions du général Masséna, ne coûta à l'armée française qu'une perte totale de six à huit mille hommes tués, blessés ou faits prisonniers.

Souwarow accusa les Autrichiens d'avoir causé sa défaite par leur lâcheté ou leur trahison. Il rassembla à Kempten trente mille Russes, restes des quatre-vingt mille que Paul Ier avait fournis à la coalition, et déclara qu'il allait se mettre en marche pour la Russie.

Les événements militaires sur le Bas-Rhin n'eurent pas l'importance de ceux que nous venons de voir s'accomplir en Égypte et en Italie. L'armée d'observation, commandée d'abord par Bernadotte, puis par Muller, composée de dix-huit mille hommes, avait devant elle l'aile droite de l'armée autrichienne aux ordres de l'archiduc.

En apprenant que Muller sommait Philisbourg, l'archiduc se dirigea vers la ville menacée. Les Français, trop peu nombreux pour résister, se retirèrent en bon ordre. L'archiduc les atteignit à Manheim, et l'arrière-garde de la division du général de Laborde se fit hacher en protégeant le passage du pont de cette ville sur le Rhin.

Au mois d'octobre, une armée de vingt mille hommes, organisée à Strasbourg sous le titre d'*armée du Rhin*, et sous les ordres de Lecourbe, vint renforcer l'armée d'observation, et après quatre tentatives infructueuses pour bloquer Philisbourg, entra dans son quartier-général d'hiver, sur la rive gauche du Rhin.

L'Angleterre n'avait pris qu'une part secondaire à la guerre d'Italie ; ses efforts s'étaient surtout dirigés contre les Provinces-Unies, dont la puissance maritime excitait sa jalousie.

Vers le milieu de 1799, une flotte batave, commandée par l'amiral Story, était mouillée au Texel. Trente mille Anglais et vingt mille Russes furent réunis par les ordres du duc d'Yorck pour tenter un débarquement sur ce point. La première division de l'escadre anglo-russe, commandée par sir Ralph Abercromby, parut le 21 août devant les côtes de la Nord-Hollande.

Les forces de l'armée gallo-batave s'élevaient à environ vingt mille hommes, dont huit à dix mille Français. Le général Brune en était commandant en chef.

La division du général Daendels ne put s'opposer au débarquement des troupes d'Abercromby sur les dunes voisines du Helder. Story, trahi par la plupart de ses officiers et de ses matelots, se rendit le 30 août. L'armée anglo-russe prit position derrière les digues de Zyp. Au 10 septembre, elle fut complétée par l'arrivée de la seconde division, et présenta un total de quarante-quatre mille cent vingt combattants, dont deux mille quatre cents de cavalerie.

Le 19, cette masse formidable attaqua les Gallo-Bataves auprès du village de Bergen. Cette journée, qui reçut le nom de bataille de Bergen, coûta aux alliés une perte totale, en tués, blessés ou faits prisonniers, de quatre mille cinq cents hommes, dont quinze cents Anglais et trois mille Russes; sept drapeaux, vingt pièces de canon, six obusiers, dix-huit caissons, vingt-quatre voitures d'équipage, environ deux cents chevaux d'artillerie, et plus de quatre mille fusils. Les Franco-Bataves perdirent environ trois mille sept cents hommes.

Malgré ce succès, n'ayant pas assez de troupes pour occuper toute la contrée, Brune en fit inonder une partie.

Le 2 octobre, l'armée alliée se mit de nouveau en mouvement pour une attaque générale, entre les villages de Bergen et Alkmaar, et obligea ses adversaires à la retraite. Il y eut à cette bataille, de part et d'autre, environ trois mille hommes tués, blessés ou faits prisonniers.

Une nouvelle bataille, livrée auprès de Kastricum, et dans laquelle les Anglo-Russes, plusieurs fois mis en déroute, perdirent quatre mille hommes, décida de l'issue de l'expédition. Les alliés se retirèrent. Le 18 octobre, le duc d'Yorck sollicita un armistice, et le 29 novembre, d'après une capitulation conclue à Alkmaar, toutes les troupes anglaises et russes avaient quitté le territoire batave.

Quelques faits assez importants se passèrent encore en Egypte, après le départ du général en chef.

Kléber était digne de succéder à Bonaparte, et ce choix fut généralement approuvé par l'armée d'Orient et la population du Caire. Kléber s'occupa activement d'améliorer l'état des soldats, de pourvoir à leur habillement et à leur subsistance. Il visita la citadelle et les forts construits pour la défense régulière de la capitale de l'Egypte; il inspecta les fortifications et les établissements du vieux Caire, de l'île de Roudha et de Giseh; il se rendit dans les hôpitaux et dans les prisons, voulut tout voir par ses yeux, et ordonna tout ce qui pouvait contribuer au soulagement ou au rétablissement des malades et à la salubrité des détenus; il examina les ateliers et magasins de l'administration des poudres et salpêtres, le gymnase ou lycée de la Patrie que Bonaparte avait fondé pour l'éducation des enfants des Français en Egypte, l'intéressant atelier de mécanique dirigé par le chef de brigade Conté, qui avait rendu de si grands services à la colonie depuis la conquête; il assista à quelques séances de l'Institut; enfin, le 19 septembre, il passa une revue générale de tous les corps d'infanterie, de cavalerie et d'artillerie qui se trouvaient au Caire, à Boulaq et aux environs.

Kléber chercha à en imposer aux musulmans par un appareil imposant.

D'une stature athlétique, qui l'avait fait nommer par les soldats le *brave français*, il ne parut en public que précédé, comme le pacha d'Egypte et les beys, par une double rangée de kakouas ou bâtonniers qui frappaient la terre avec de longs et gros bâtons. Le 23 octobre, jour anniversaire de la fondation de la république, Kleber rassembla dans son palais, splendidement décoré, tous les grands du Caire; il passa les troupes en revue dans une plaine voisine de la ville, et leur adressa cette belle harangue :

« Soldats! vous venez de finir la septième année depuis l'époque mémorable à laquelle le peuple français, brisant les entraves de la servitude, abolit la monarchie et se donna un gouvernement républicain. Vous avez soutenu la république; vous l'avez défendue par votre valeur. Au nord, au midi, au levant, au couchant, vous avez reculé nos frontières; et les ennemis qui, dans le délire de leur orgueil, s'étaient déjà partagé nos provinces, n'ont bientôt plus calculé qu'avec effroi les bornes où vous pouviez vous arrêter. Mais vos drapeaux, braves compagnons d'armes, se courbent sous le poids des lauriers, et tant de travaux demandent un terme : tant de gloire exige un prix. Encore un moment de persévérance, vous êtes près d'atteindre et d'obtenir l'un et l'autre. Encore un moment, et vous donnerez une paix durable au monde après l'avoir combattu. »

De retour au Caire, le général en chef donna un festin magnifique aux scheicks, aux uhlémas, etc. Il y eut illumination générale, et la fête fut terminée par un brillant feu d'artifice, élevé sur une espèce de plateau qu'on avait conservé au milieu de l'inondation de la place Esbekich. Il représentait un pont triomphal; des obélisques chargés de couronnes de chêne et d'olivier s'élevaient entre les arches. Sur celle du milieu était une statue représentant l'Europe; au-dessous on lisait : *Prise de Malte*. L'Asie et l'Afrique étaient au milieu des deux arches latérales. L'inscription placée sous la première était : *Bataille du Mont-Thabor*; sous la seconde on lisait : *Bataille d'Aboukir*. La place était couverte de petites barques illuminées.

Cependant Desaix repoussait Mourad-Bey du Saïd, et l'adjudant-général Donzelot forçait trois cents Anglais débarqués à Kosseir de se retirer à la hâte (16 août).

Le 1er novembre, sept mille janissaires d'élite furent débarqués sur la côte de Damiette, près du fort de Lesbeth, par cinquante-trois bâtiments anglais. Verdier, commandant de Damiette, n'avait avec lui qu'un detachement de mille hommes. Sans être arrêté par cette disproportion, il marche à eux, fait huit cents prisonniers, enlève trente-deux drapeaux, cinq pièces de canon, et des provisions. Les Turcs perdirent plus de deux mille hommes, et les Français n'eurent que trente morts et quatre-vingts blessés.

Malgré ces succès, la position des Français était chaque jour plus précaire. Ils manquaient d'armes, de poudre et de plomb; le défaut de vêtements les exposait aux dyssenteries et ophthalmies régnantes en Égypte.

L'arriéré de la solde se montait à quatre millions, le pays était épuisé de contributions. Dix-huit mille hommes environ avaient à combattre contre les armées turque, anglaise et égyptienne.

Kléber s'était déterminé à entamer des négociations avec le commodore Sydney-Smith, lorsque quatorze mille Turcs formèrent le siége du fort d'El-Arich. La garnison n'osa résister à des forces supérieures; les soldats, excités par quelques lâches, se révoltent contre leurs officiers, et contre Cazals, commandant du fort, et jettent des cordes aux Turcs pour les aider à franchir les remparts. Cette trahison reçoit à l'instant sa juste récompense : les Turcs, maîtres du fort, font main-basse sur ceux mêmes qui les y avaient introduits. Le malheureux Cazals veut en vain conserver la vie et l'honneur du petit nombre d'hommes qui n'avaient point pris part à l'abominable défection de leurs camarades; il s'adresse à un officier anglais, John Douglas, et à Rajeb-Pacha qu'il aperçoit dans la mêlée, et leur propose une capitulation qui est sur-le-champ acceptée et réglée; mais il devient impossible à ces deux officiers ennemis d'arrêter le carnage. Dans cet instant, Triaire, sergent de canonniers (du Vigan, département du Gard), qui avait les clefs du magasin à poudre, avertit ses camarades de s'éloigner, tire un dernier coup de fusil au milieu des barils, et, en faisant sauter une partie du fort, ensevelit dans les ruines la plupart des assaillants et quelques hommes de la garnison.

Ce funeste événement n'interrompit point les conférences, et nous verrons, au commencement de l'année 1800, une convention conclue à El-Arich même, et dans le camp des Turcs qui venaient de montrer tant de déloyauté.

CAMPAGNE DE 1800.

Propositions de paix ; paix avec les Russes ; préparatifs contre l'Angleterre ; proclamation du premier consul ; situation des armées au 1er avril 1800.

Armée du Rhin : Passage du Rhin ; bataille d'Engen ; combat de Mœskirch et de Biberach ; prise de Memmingen.

Armée d'Italie : Proclamation de Bonaparte ; l'aile droite de l'armée est renfermée dans Gênes ; belle défense de cette ville ; capitulation ; retraite de l'aile gauche.

Armée de réserve : Sa création ; passage du mont Saint-Bernard ; prise du fort de

Bard; entrée de l'armée française dans Milan; bataille de Marengo; convention d'Alexandrie.

Suite des opérations de l'armée du Rhin; armistice de Parsdorf; reprise des hostilités; bataille de Hohenlinden; armistice de Steyer.

Opérations de l'armée gallo-batave et de l'armée des Grisons; passage du mont Splugen.

L'armée d'Italie est confiée au général Brune; passage du Mincio.

Armée d'Égypte : Rupture du traité d'El-Arich; bataille d'Héliopolis; alliance de Mourad-Bey; assassinat de Kléber.

Siége et capitulation de Malte.

Parvenu au consulat, Bonaparte crut que le meilleur moyen de se concilier tous les partis était de faire cesser la guerre qui depuis huit ans désolait le monde entier. Il s'adressa directement à Georges III, roi d'Angleterre, et lui proposa de s'entendre avec lui pour la pacification générale (26 décembre 1799); mais cette démarche ne fut point accueillie, et le ministre anglais Pitt la fit rejeter par le Parlement.

Bonaparte fut plus heureux auprès de Paul Ier. En renvoyant dans leur patrie, sans proposition d'échange et habillés à neuf, tous les prisonniers russes, le premier consul captiva l'empereur de Russie, et celui-ci se détacha de la coalition.

L'Angleterre, l'Autriche, la Bavière et quelques princes de l'empire, restèrent seuls sous les armes.

Le refus fait par le cabinet de Saint-James de répondre aux avances du premier consul causa une indignation générale parmi les Français; ils ne pensèrent plus qu'à courir aux armes pour se venger de l'obstination que les alliés mettaient à continuer les hostilités, dans le seul but de détruire l'indépendance nationale. Tout citoyen se crut insulté dans la personne du chef de l'État, lui tint compte de ses intentions, et l'investit d'une confiance sans bornes. Irritée du mépris qui lui avait été témoigné dans les débats du Parlement d'Angleterre, l'immense majorité du peuple français fut prête à tous les sacrifices qu'exigeaient l'honneur et le salut de la patrie.

La conscription s'effectua dans toute la France en peu de temps, et l'on se crut reporté à ces temps du vrai patriotisme où des milliers de combattants volaient à la défense de la frontière, et battaient l'ennemi sur tous les points de la république.

De leur côté, les alliés ne restèrent pas dans l'inaction; l'Autriche pressait l'organisation de ses levées, et l'Angleterre prodiguait l'or pour en effectuer de nouvelles. Une armée considérable se rassemblait au bord du Rhin sous le commandement du général Kray, successeur de l'archiduc.

Bonaparte, prévoyant que les hostilités ne pourraient pas être retardées longtemps, chercha à exciter de plus en plus l'ardeur des soldats en leur adressant la proclamation suivante :

« Soldats,

» Lorsque j'ai promis la paix, j'ai été votre organe. Vous êtes les mêmes hommes qui conquirent la Hollande, le Rhin, l'Italie, et donnèrent la paix sous les murs de Vienne effrayée. Soldats! ce ne sont plus vos frontières qu'il faut défendre, ce sont des Etats ennemis qu'il faut envahir; il n'est aucun de vous qui ait fait plusieurs campagnes qui ne sache que la qualité la plus essentielle du soldat est de savoir supporter les privations avec constance. Plusieurs années d'une mauvaise administration ne peuvent être réparées en un jour. Premier magistrat de la république, il me sera doux de faire connaître à la nation entière les corps qui mériteront, par leur discipline et leur valeur, d'être déclarés les soutiens de la patrie. Soldats! lorsqu'il en sera temps, je serai au milieu de vous, et l'Europe se souviendra que vous êtes de la race des braves qui l'ont déjà étonnée. »

Les événements militaires de l'année 1800 ont pour théâtre l'Allemagne, l'Italie, Malte et l'Egypte.

Au 1er avril 1800, l'armée française du Rhin était ainsi répartie sur la rive gauche du fleuve. L'aile droite, commandée par Lecourbe, et forte de quarante mille hommes, bordait le cours du Rhin depuis sa source jusqu'à l'Aar. Les vingt-cinq mille hommes composant le centre, aux ordres de Gouvion-Saint-Cyr, étaient cantonnés aux environs de Neubrisach. Le général Bruneteau-Sainte-Suzanne était à la tête de seize mille hommes formant l'aile gauche et établis le long du Rhin, des deux côtés de Strasbourg. Une réserve de trois divisions était rassemblée à Bâle, sous la conduite du général en chef Moreau.

L'armée autrichienne, divisée également en quatre grands corps, s'élevait à cent quarante mille hommes, dont vingt-cinq mille hommes de cavalerie. Elle était sous les ordres des felds-maréchaux Starray, Nauendorf, Kollowrath et Giulay, ce dernier ayant sous lui le prince Joseph de Lorraine. Kray en était général en chef.

Le 25 avril, l'aile gauche et le centre de l'armée française passèrent le Rhin, et bientôt l'armée française occupa une ligne qui s'étendait depuis Kempten jusqu'à la jonction de l'Iller avec le Danube. Un petit corps de troupes, envoyé dans le Rhintal dès le mois d'avril, était cantonné dans Blegentz et à Lindau.

Les troupes françaises restèrent longtemps sans combattre dans ces positions, et le général autrichien se concentra dans le camp retranché d'Ulm.

Vers l'époque où la guerre était interrompue en Allemagne par une convention tacite des deux partis, les hostilités commencèrent en Italie.

La situation désastreuse de l'armée d'Italie accusait l'impéritie du Directoire, lorsque Bonaparte nomma Masséna général en chef de l'armée d'Italie, et ranima l'énergie des troupes par cette proclamation :

« Soldats, les circonstances qui me retiennent à la tête du gouvernement m'empêchent de me trouver au milieu de vous. Vos besoins sont grands; toutes les mesures sont prises pour y pourvoir.

» Les premières qualités du soldat sont la constance et la discipline; la valeur n'est que la seco de.

» Soldats, plusieurs corps ont quitté leurs positions; ils ont été sourds à la voix de leurs officiers; la 17e légère est de ce nombre.

» Sont-ils donc tous morts les braves de Castiglione, de Rivoli, de Newmarck? Ils eussent péri plutôt que de quitter leurs drapeaux; ils eussent ramené leurs jeunes camarades à l'honneur et au devoir.

» Soldats! vos distributions ne vous sont pas régulièrement faites, dites-vous? Qu'eussiez-vous fait si, comme les 4e et 22e légères, les 18e et 32e de ligne, vous vous fussiez trouvés au milieu du désert, sans pain ni eau, mangeant du cheval et du mulet? La victoire nous donnera du pain, disaient-elles; et vous, vous quittez vos drapeaux!

» Soldats d'Italie! un nouveau général vous commande; il fut toujours à l'avant-garde dans les plus beaux jours de votre gloire. Entourez-le de votre confiance, il ramènera la victoire dans vos rangs.

» Je me ferai rendre un compte journalier de la conduite de tous les corps, et spécialement de la 17e légère et de la 63e de ligne. Elles se ressouviendront de la confiance que j'avais en elles. »

Masséna parvint à rappeler sous leurs drapeaux la plupart des déserteurs, à réunir environ 25,000 hommes, à passer un marché pour l'habillement et des vivres.

Il acheta lui-même 12,000 quintaux de blé à Marseille; mais ses efforts ne produisirent pour ses troupes qu'un soulagement momentané.

Le général autrichien Mélas, qui avait fixé son quartier-général à Cairo, attaqua l'aile droite le 6 avril, et dut à la supériorité de ses forces une victoire qui lui fut vivement disputée. Il s'empara des principaux postes occupés par l'armée française.

Le lendemain, par les ordres de Masséna, la division Miollis reprit les postes de Monte-Facio et de Monte-Cornua.

Les Autrichiens se retirèrent en désordre, et laissèrent en notre pouvoir quinze cents prisonniers. Les Français n'eurent qu'un petit nombre de morts et cinquante blessés. Ce succès ranima les soldats, contint les mécontents génois, qui purent en être témoins du haut de leurs murailles, et permit à Masséna de renforcer la garnison de Gênes.

Le 9 avril, la division Gazan, sous la direction du général Soult, marcha vers Sassello, dans les Apennins. Elle attaqua successivement les Autrichiens aux cabanes de Marcharolo et dans le bourg de Sassello, fit douze cents prisonniers, s'empara de trois pièces de canon et de plusieurs caissons renfermant près de deux cent mille cartouches. Le 11, la même division chassa de Vereira une colonne autrichienne, fit deux mille prisonniers, et prit sept drapeaux et quelques pièces d'artillerie.

La division Gardanne, où se trouvait Masséna, fut moins heureuse, et battit en retraite à Croce, après avoir soutenu six attaques successives. Pendant l'action on criait à Gardanne de capituler; il répondit : « Les Français ne capitulent pas quand ils peuvent se battre. » Masséna, désespéré, et voyant ses officiers tomber autour de lui, s'écriait : « Quoi ! pas une balle pour moi ! »

Plusieurs combats opiniâtres, livrés à travers d'épais brouillards, au milieu des glaces et des neiges des Apennins, rendirent les Autrichiens maîtres des hauteurs voisines de Gênes, et obligèrent Masséna de se renfermer dans la place.

L'effectif réel des forces de Masséna, montant à peine à douze mille combattants, y compris la légion des réfugiés italiens, était loin d'être en rapport avec le développement extraordinaire de la défense de Gênes.

Mélas chargea le général Ott du blocus, laissant à sa disposition quarante mille hommes, et se porta contre l'aile gauche de l'armée française, commandée par Suchet, qui était restée dans les positions de Melogno et de Settepani.

Le 30 avril, les troupes autrichiennes campées devant Gênes attaquent à plusieurs reprises, malgré une pluie abondante, la position des Deux-Frères ; la fusillade se soutient pendant plusieurs heures sur ce point et sur toute la ligne. Des chaloupes canonnières anglaises prennent en flanc les retranchements établis près du rivage de la mer. Mais Masséna, ne laissant dans la place que quatre-vingts hommes, fait une sortie, et les assaillants se retirent avec une perte de quatre mille hommes, dont quinze cents prisonniers.

Masséna reprend l'offensive dès le lendemain. Il remporte quelques avantages, et, le 11 mai, il envoie deux divisions, sous les ordres des généraux Soult et Miollis, pour déposter l'ennemi du Monte-Facio. Le général Darnaud, commandant l'avant-garde de la division Soult, culbute plusieurs postes, surmonte de grands obstacles, et fait six cents prisonniers ; mais il est arrêté par un ravin profond et escarpé ; ses soldats le passent un à un sur une échelle, et sous le feu le plus vif. Cinquante hommes étaient à peine réunis, que Darnaud les conduit à l'ennemi, auquel il fait de nouveaux prisonniers. Quand toutes les troupes ont atteint le revers du Monte-Facio, elles marchent au pas de charge sur les retranchements. La 25e demi-brigade légère avait, dans les temps d'insubordination et de désordre, été employée au désarmement de la 24e de ligne. Ces deux corps, qui s'étaient juré haine et vengeance, se trouvèrent à côté l'un de l'autre. Ils oublient leurs querelles, s'embrassent, confondent leurs rangs, et montent ensemble à l'assaut. Les Autrichiens, culbutés, dispersés ou précipités du haut des rochers dans les précipices, laissèrent plus de mille prisonniers au pouvoir du vainqueur.

La division Miollis opéra à Nervi sa jonction avec celle du général Soult, et elles rentrèrent dans la ville, où leur triomphe fut célébré par des illuminations et des salves d'artillerie.

L'attaque du camp du Mont-Cretto, ordonnée par Masséna le 13 mai, fut fatale aux Français. Un orage inattendu rendit le terrain glissant, et arrêta les Français au pied de la montagne. Toutefois ils avaient pénétré dans le camp, et commencé à l'incendier, quand une réserve dirigée par le général Hohenzollen arriva au pas de charge et les dispersa. Soult, atteint d'une balle à la jambe droite, soutenu par son frère, le chef d'escadron Soult, resta sur le champ de bataille. Les grenadiers s'avancèrent pour l'empêcher de tomber entre les mains de l'ennemi; mais ils étaient accablés de fatigue et chancelaient à chaque pas sur la glaise détrempée par la pluie. Un seul parvint jusqu'à lui, et ce général lui remit ses armes pour les porter à Masséna. Les Autrichiens le firent prisonnier.

Désormais Masséna était réduit à une défense passive, et la famine se faisait sentir, lorsque dans la nuit du 3 au 4 juin on arrêta les bases d'un traité d'évacuation en vertu duquel la garnison de Gênes sortirait de la ville avec armes et bagages, artillerie et munitions. Le 4, à neuf heures du matin, Masséna eut une entrevue avec l'amiral Keith, le général Ott et le général Saint-Julien, dans une chapelle, au milieu du pont de Corregliano. L'amiral Keith souscrivit sans peine à toutes les propositions que fit Masséna : « Votre défense, lui dit-il, est trop héroïque pour que l'on puisse vous refuser. »

Masséna exprima le regret de ne pouvoir prolonger la résistance. Il dit entre autres choses au lord Keith : « Que votre seigneurie permette à quelques bâtiments de nous apporter un peu de blé dans Gênes, et je lui donne ma parole d'honneur que ces messieurs (en montrant les généraux autrichiens) n'y mettront jamais le pied. » A un autre moment de la conversation : « Milord, si jamais la France et l'Angleterre pouvaient s'entendre, elles gouverneraient le monde. »

Masséna n'oublia point, dans cette conférence, le peuple qui avait partagé les souffrances de ses soldats, et dont la patience ne s'était lassée qu'en même temps que celle de la garnison. Il réclama et obtint la reconnaissance de l'indépendance entière de la Ligurie, de prompts approvisionnements, et la liberté du commerce pour les cent cinquante mille habitants de Gênes.

De retour à Gênes, Masséna comptant toujours sur des nouvelles favorables, attendit jusqu'à la fin du jour pour signer le traité, et ne s'y décida même qu'après avoir répété plusieurs fois aux citoyens de Gênes qui remplissaient ses appartements : « Malheureux, sauvez donc encore votre patrie! Donnez-moi, assurez-moi des vivres pour quatre ou cinq jours, et je déchire l'acte qui vous livre aux alliés. »

Le soir, il signa et s'embarqua de suite pour Antibes. Le chef d'escadron Burthe et le chef de bataillon Graziani allèrent porter au premier consul une copie du traité d'évacuation, et les drapeaux conquis pendant le siège par l'armée d'Italie. La première colonne de la garnison, sous la conduite du général Gazan, prit la route de Voltri.

Nous avons dit que l'aile gauche de l'armée, sans renseignements positifs sur le sort de Masséna, était demeurée dans les positions de Settepani et de Melogno. Attaqué, le 27 avril, par des forces considérables, le général

Suchet évacua ces postes; la première division se plaça à Loano; la seconde, à Castel-Bianco et à Ponte-di-Nave, et la brigade de réserve à Lecco.

Les troupes françaises, poussées vivement par un ennemi quatre fois plus nombreux, se retirèrent dans la nuit du 2 mai. La droite s'appuyait à Oneille, et la gauche à Pieva. Le 7, il fallut encore abandonner cette ligne, mais ce ne fut point sans résistance. Nos soldats combattirent longtemps, bien qu'affaiblis par les privations et réduits à des rations d'un seul pain de munition pour quinze hommes.

Suchet se dirigea vers le Var, traversa Nice, passa le Var, le 12 mai, à la vue des Autrichiens, et s'occupa d'y réorganiser son armée. Il fit un appel aux gardes nationales des départements du Var et des Bouches-du-Rhône. Un grand nombre de citoyens répondirent à la confiance du général, et ceux qui ne prirent point les armes voulurent au moins prouver leur dévouement à la cause patriotique en contribuant à entretenir l'abondance dans le camp et les cantonnements des troupes.

En moins de trois jours, la tête de pont du Var, qui communique avec la route de Nice, fut mise à l'abri d'une entreprise sérieuse, et la division Rochambeau fut chargée de défendre ce poste. Trois télégraphes furent placés : l'un au fort Montalban, l'autre à Gilette, sur la rive droite du Var, et le troisième au quartier-général, à Saint-Laurent.

Le 13 mai, les Autrichiens attaquèrent sans succès la tête de pont. Suchet, ayant reçu du premier consul des instructions formelles, disposa ses troupes de manière à harceler les postes des ennemis, et à les retenir le plus longtemps possible sur ce point.

Le 21, le télégraphe du fort Montalban informa les Français des préparatifs d'une attaque générale. Le 22 mai, à quatre heures du matin, six régiments d'infanterie et onze bataillons de grenadiers se dirigèrent à la fois sur la tête de pont. Ces nombreuses colonnes d'attaque étaient soutenues à droite par une batterie de douze pièces d'artillerie légère, qui, suivant le mouvement de ces mêmes colonnes, faisaient un feu terrible à mitraille, tandis que, sur la gauche, une forte frégate anglaise et deux pinques, embossées à l'embouchure du Var, foudroyaient les deux rives avec des pièces de gros calibre. Le feu rasant de ces bâtiments prenant des revers sur les ouvrages avancés des Français, se croisait avec celui de l'artillerie légère, et protégea l'approche des colonnes jusqu'au pied des retranchements. Ainsi couverts sur leur droite et sur leur gauche, les Autrichiens livrèrent au centre des ouvrages l'assaut le plus impétueux. Le général Rochambeau avait imprimé une telle vigueur à ses troupes, qu'elles ne cédèrent sur aucun point. On se battit longtemps à portée de pistolet, avec un acharnement égal de part et d'autre. Enfin les assaillants furent obligés de se retirer avec une perte considérable. Le feu de l'artillerie continua jusqu'à la nuit; mais celui des Anglais et des Autrichiens ne causa point autant de ravages qu'on pouvait le croire : leurs bombes et leurs obus, tombant sur un terrain spongieux et marécageux, s'enfonissaient dans la boue sans que leurs éclats produisissent un grand effet. Le général Brunet et le capitaine du génie Baudrand furent blessés l'un et l'autre dans cette attaque.

Une nouvelle armée dont nous raconterons bientôt les exploits s'avançait en Italie sous la direction de Bonaparte. Obligé d'aller défendre le Milanais, Mélas laissa sur les bords du Var le général Elsnitz avec quinze mille hommes, et partit lui-même avec six mille. Arrivé à Savigliano, le 24 mai, il marcha rapidement sur Gênes pour accélérer la chute de cette ville.

Le même jour, les espions de Suchet lui apprirent que les Autrichiens se disposaient à attaquer le 26, et qu'ils avaient élevé, sur le plateau qui domine la route de Nice, une batterie garnie de pièces de gros calibre en fonte. Le 26, à trois heures après midi, le général Elsnitz fit commencer l'attaque par le feu des vingt pièces placées dans la batterie dont nous venons de parler. Cette canonnade, à laquelle les Français répondirent avec une égale vivacité, causa de grands dommages au pont et aux ouvrages qui le défendaient. Le feu de l'artillerie dura de part et d'autre jusqu'à dix heures du soir. A ce moment, le général Elsnitz fit former ses colonnes d'attaque; ses grenadiers s'avancèrent au pas de charge en poussant de grands cris, encouragés sans doute par la cessation du feu des Français et le profond silence qui paraissait régner dans les retranchemens, qu'ils attribuaient à la terreur ou à des dispositions de fuite. Mais cette confiance de leur part ne fut pas de longue durée : arrivés à demi-portée de fusil, les Autrichiens furent tout-à-coup accueillis par un feu roulant d'artillerie et de mousqueterie. L'effet de cette réception fut d'autant plus terrible qu'il était moins attendu. Le désordre se mit dans les rangs ennemis, qui se rompirent. Dans cette confusion, au milieu des ténèbres, les grenadiers autrichiens firent feu sur les troupes qui les suivaient pour partager avec eux les dangers de l'assaut, imaginant qu'elles étaient des colonnes françaises qui venaient les assaillir par derrière. Si le général Suchet eût effectivement ordonné une sortie dans ce moment, la défaite des Autrichiens était complète.

Ils retournèrent une seconde fois à la charge, mais sans plus de succès. Deux cents sapeurs précédant la première colonne, et munis de fascines et de pots-à-feu, furent massacrés par les grenadiers français au pied des retranchements.

Le 28 mai, à une heure après midi, le général Rochambeau sortit de la tête de pont, avec quinze cents hommes divisés en trois colonnes : celle qu'il commandait attaqua les postes retranchés des Autrichiens, prit quatre pièces de canon, et fit environ trois cents prisonniers; la seconde, guidée par le chef de brigade Mazas, s'avança jusqu'à Suniers; la troisième, aux ordres du chef de bataillon Lafond, fut enveloppée par un gros d'Autrichiens qui se retiraient alors de tous côtés. Les Français, forcés de se faire jour à la baïonnette, laissèrent cent cinquante des leurs au pouvoir de l'ennemi : de ce nombre était le commandant Lafond lui-même.

Las de cette résistance, Elsnitz se détermina à opérer sa retraite, pour se rapprocher du corps du général Ott, devant Gênes; en conséquence, il dirigea vers le col de Tende les divisions Gorapp et Bellegarde. Le général Mesnard, avec quatre mille hommes, poursuivit les deux divisions, força la position du col de Rauss, et fit quatre cents prisonniers; le 3 mai, le col de Tende tout entier était occupé par le détachement de Mesnard. Suchet se chargea d'attaquer le centre de l'ennemi, et Rochambeau se porta sur le col Ardente. Elsnitz abandonna ce poste avec tant de précipitation qu'une partie des équipages et trente pièces de canon tombèrent au pouvoir des Français, qui retrouvèrent aussi une grande partie des prisonniers faits par les Autrichiens dans les dernières affaires.

L'arrière-garde autrichienne fut taillée en pièces le 5 juin, à la Pieva, par trois colonnes aux ordres des généraux Rochambeau, Clausel et Mengaud. Les Autrichiens se défendirent avec vigueur, et soutinrent longtemps le combat avec avantage. Enfin, le général Mesnard étant accouru avec le reste des troupes de la gauche, cette arrière-garde ennemie, sur le point d'être enveloppée, se retira précipitamment par le chemin de Ponte-di-Nave, sur le Tanaro, laissant entre les mains des Français six drapeaux et quinze cents prisonniers.

Le même jour, Masséna évacuait la ville de Gênes. En vain Suchet se hâtait dans l'espérance de le délivrer. Il rejoignit, le 7 juin, sous les murs de Savone, le général Gazan, et s'occupa sans délai des dispositions nécessaires pour reprendre cette place aux Autrichiens.

L'armée française dite de *réserve* allait venger des échecs dus à la seule infériorité du nombre.

La création d'une armée de réserve fut ordonnée par un arrêté des consuls en date du 7 mars. Elle se recruta de volontaires appelés par le premier consul à le suivre en Italie, et de vieux soldats rentrés dans leurs foyers depuis les dernières campagnes. Les réfugiés italiens furent réunis en une légion que commanda le général cisalpin Lecchi.

L'armée de réserve se rassembla à Dijon sous les ordres du général Berthier; elle devait se former de vingt divisions d'infanterie et de quatorze régiments de cavalerie.

Le projet de Bonaparte étant de repasser les Alpes pour entrer en Italie, il fallait faire subir aux équipages d'artillerie des modifications qui les rendissent propres à être transportés sur les routes escarpées des montagnes.

Le général Marmont, commandant l'artillerie de l'armée, réussit à former un équipage de campagne proportionné aux forces de chaque division : il organisa le grand parc d'artillerie, fit construire à Auxonne des affûts-traîneaux et creuser des arbres en forme d'auges, afin d'y placer les canons et les obusiers, et de pouvoir les hisser jusqu'au sommet des monts par les sentiers les plus étroits.

Au mois d'avril, quatre divisions d'infanterie, aux ordres des généraux Loison, Chambarlhac, Boudet et Watrin, étaient formées des troupes prêtes à marcher, et présentaient un total de vingt-huit à trente mille hommes. Deux régiments de troupes à cheval étaient attachés à chacune de ces divisions.

L'avant-garde, commandée par Watrin, arriva le 30 avril sur les bords du lac de Genève. Berthier envoya le général de brigade Marmont avec un détachement occuper l'hospice du mont Saint-Bernard, et chargea le général Marescot, commandant le génie de l'armée, de dresser un plan exact de toute la partie des Alpes par laquelle il était possible de pénétrer en Italie.

Bonaparte était à Genève le 8 mai, et interrogeait Marescot sur les moyens de passer le Saint-Bernard, sur les localités, le danger que présentaient les précipices, les avalanches et les glaciers. Il finit par lui dire : « Croyez-vous que l'armée puisse tenter ce passage? — Oui, général, répondit l'intrépide ingénieur, cela est possible aux soldats français. — Eh bien! reprit Bonaparte, partons donc! » Et les ordres furent expédiés sur-le-champ pour que l'armée commençât son mouvement.

L'effectif total des troupes s'élevait à cinquante-huit mille combattants, y compris quinze mille hommes qui, sous la direction du général Moncey, avaient été détachés de l'armée du Rhin, et cinq mille hommes placés à Briançon, et commandés par le général Thureau.

Le 13 mai, Bonaparte se rendit à Lausanne, et passa en revue l'avant-garde qui allait entrer dans le Valais. « J'ai offert, leur dit-il, la paix à nos ennemis. Enorgueillis par des succès auxquels ils n'étaient pas accoutumés, ils ont repoussé mes offres avec hauteur. Nous allons nous précipiter du haut des Alpes, les tourner, les saisir à la gorge, et les forcer enfin à cette paix qu'ils ont refusée. Je ne me suis pas mis à la tête de l'armée la plus nombreuse ; mais j'ai choisi des hommes décidés à vaincre. »

Le 16 mai, Berthier mit à l'ordre du jour la proclamation suivante :

Soldats!

« L'armée du Rhin remporte des victoires éclatantes ; celle d'Italie lutte contre un ennemi supérieur en nombre, et balance la victoire par des prodiges de valeur. C'est à vous, mes camarades, à rivaliser de gloire avec elle, et à reconquérir au-delà des Alpes ce beau théâtre de la bravoure française. Conscrits! l'heure du combat est sonnée. Votre cœur brûle d'égaler ces anciens soldats tant de fois vainqueurs. Vous apprendrez avec eux à supporter les privations, à braver les fatigues inséparables de la guerre. N'oubliez jamais que la victoire ne s'obtient que par la valeur et la discipline. Soldats! Bonaparte s'est rapproché de vous pour jouir de vos nouveaux triomphes. Vous lui prouverez que vous êtes toujours les braves qui se sont illustrés sous ses ordres. La France et l'humanité vous demandent la paix, et vous allez la conquérir. »

Le 17 mai, l'avant-garde, commandée par Lannes, arriva au bourg de

Saint-Pierre par des chemins entrecoupés de précipices et de torrents qu'il fallait passer sur des troncs d'arbres jetés d'une rive à l'autre. C'était pour les habitants de ces endroits sauvages un spectacle singulier qu'une telle réunion d'hommes, de chevaux, d'artillerie et de munitions. Du haut des rochers, les paysans accueillaient l'armée en marche par des acclamations de surprise auxquelles les Français répondaient par des chants guerriers.

Saint-Pierre est situé au pied du Saint-Bernard, à six milles du couvent des ermites qui habitent le sommet de cette montagne. Du village au couvent, il n'y a que des sentiers de dix-huit à vingt pouces de large, que bordent d'énormes amas de rochers; on ne rencontre dans ces déserts que des chamois et quelques oiseaux.

Bonaparte avait fait remettre aux religieux de l'hospice une forte somme pour acheter du pain, de la viande et du vin, et des tables avaient été dressées autour des bâtiments.

Le trajet de Saint-Pierre à l'hospice s'effectua presque sans accidents. La division Loison marchait en tête. Ce fut elle qui se chargea de transporter l'artillerie.

Les munitions furent enlevées des caissons, et déposées dans de petites caisses de sapin portées à dos de mulets; les caissons démontés, et rendus plus légers, étaient destinés à être portés par des chevaux. Les affûts, démontés pièce à pièce, et mis sur des traîneaux à roulettes; les canons et les obusiers, placés dans des troncs d'arbres creusés en forme d'auges, devaient être traînés par des paysans mis en réquisition à cet effet; mais, comme ces derniers étaient en nombre insuffisant, on vit les soldats, les officiers, s'offrir avec un égal empressement pour cette honorable corvée. Cent hommes attelés à un câble traînaient ainsi, avec une ardeur et des peines incroyables, les pièces et leurs affûts. Les soldats de la 24e demi-brigade légère et ceux de la 96e de ligne se firent surtout remarquer par leur activité, leur adresse et leur intelligence dans cette opération difficile et périlleuse d'où dépendait la conservation d'objets si précieux pour les succès futurs de l'armée. Malgré les obstacles qui se multipliaient à chaque pas, on n'eut à regretter que la perte d'une pièce de 8 et celle de huit canonniers, qu'une avalanche emporta.

La division Watrin, dépendant de l'avant-garde, suivait à quelque distance, et gravit l'étroit et glissant sentier qu'avaient frayé les hommes, les mulets, les chevaux, les traîneaux et les troncs d'arbres. Outre leurs armes, les munitions et les vivres pour cinq jours, chaque soldat de la division Watrin portait encore les vivres, les munitions et les armes de la division Loison, et, malgré ce double fardeau, dont le poids était évalué à plus de soixante-dix livres, ils marchaient avec la même ardeur que s'ils n'eussent pas été surchargés. Engourdis par le froid, ils demandaient qu'on battît la charge, et s'excitaient au bruit des tambours répété par les échos.

L'avant-garde de l'armée de réserve franchit ainsi le Saint-Bernard. Le 18 mai, après six heures de marche, les deux divisions atteignirent l'hospice, où les moines leur distribuèrent des vivres à mesure qu'elles arrivaient.

La descente du mont Saint-Bernard à Verny, premier village du Piémont, offrait encore de grands obstacles. On avait six lieues à faire; les neiges, qui commençaient à fondre, se crevassaient en s'affaissant, et le moindre faux pas pouvait entraîner dans des précipices les hommes et les chevaux. Ceux-ci surtout avaient la plus grande peine à se soutenir, et plusieurs périrent écrasés contre des rochers ou ensevelis dans des fondrières de neige. Pour éviter les accidents dont quelques-uns d'entre eux devinrent les victimes, les soldats prirent le parti de se laisser glisser sur la neige jusqu'au bas de la pente.

Cette marche singulière dura depuis une heure du matin jusqu'à neuf heures du soir. L'armée employa trois jours à défiler et à se rendre à Etroubles, près d'Aoste et des avant-postes autrichiens. Elle y revit la verdure; une chaleur étouffante remplaça l'air glacial dont on avait tant eu à souffrir; de manière que ces troupes éprouvèrent dans une même journée les rigueurs de l'hiver le plus froid et les plus vives ardeurs de l'été.

D'autres troupes opérèrent avec non moins de succès leur passage sur différents points. La division Chabran pénétra dans la vallée d'Aoste par le petit Saint-Bernard. Les cinq mille hommes conduits par le général Thureau, descendirent du mont Cenis et du mont Genèvre. Les quatorze mille hommes du détachement de Moncey passèrent le Saint-Gothard; mille hommes du même corps, détachés des 44º et 102º demi-brigades, et de l'infanterie helvétique, sous les ordres du général Béthencourt, eurent à passer le Simplon.

Le 18 mai, ce général arriva au bord d'un précipice qu'on passait ordinairement sur des pièces de bois, dont une extrémité posait dans le rocher creusé, et l'autre sur une poutre en travers. Cette espèce de pont avait été emporté par un éclat de roche, et entraîné dans le courant qui coulait au fond de l'abîme. Il ne restait que la rangée de trous dans lesquels avait été engagée l'une des extrémités de chaque pièce de bois : un des soldats les plus hardis s'offre à mettre les deux pieds dans les deux premiers trous, puis à tendre une corde à hauteur d'homme, en marchant de cavité en cavité, et lorsqu'il est parvenu à fixer la corde jusqu'à l'autre extrémité de l'intervalle entièrement vide au-dessus de l'abîme, le général Béthencourt donne l'exemple de passer ainsi suspendu par les bras à une corde même très peu forte; et c'est ainsi que mille Français franchissent un intervalle d'environ dix toises, chargés de leurs armes et de leurs sacs. Le passage effectué, on grava sur le roc le nom du général Béthencourt et des officiers de l'état-major.

Cinq chiens suivaient la colonne. Ils se précipitèrent dans le gouffre. Trois furent à l'instant entraînés dans le torrent; les deux autres se tirèrent des flots, gravirent les roches escarpées, et parvinrent, mouillés et meurtris, jusqu'aux pieds de leurs maîtres.

A Etroubles, on voulut remettre aux soldats de l'avant-garde des primes de mille francs que Bonaparte avait promises par canon amené, avec son caisson, au-delà de la montagne; mais aucun d'eux ne voulut accepter cette récompense méritée par tant de fatigues et de travaux.

Deux divisions d'avant-garde étaient à peine arrivées à Etroubles, que le général Lannes réunit et dirigea six bataillons et quelques pièces de campagne sur la petite ville d'Aoste. L'ennemi en fut chassé, avec perte de trois cents prisonniers, cent hommes tués ou blessés, et trois pièces de canon.

Bonaparte ne quitta Lausanne que le 19 mai, pour joindre l'armée. Il reçut à Martigny des dépêches de Suchet, qui lui apprirent l'approche d'un corps de cinq mille hommes détachés par Mélas. Le premier consul franchit le Saint-Bernard sans danger. Après s'être reposé une heure au monastère, il redescendit par un sentier qu'avaient frayé quelques fantassins. Vers le milieu du chemin la descente se trouva si rapide qu'il fut obligé de s'asseoir et de glisser d'une hauteur d'environ deux cents pieds.

Le 21, Bonaparte établit son quartier-général dans la ville d'Aoste. L'avant-garde était arrêtée devant la ville et le château de Bard, situés sur le chemin qui conduit d'Aoste à Ivrée. Le général Berthier s'y était porté de sa personne pour reconnaître cet obstacle, qu'on ne croyait pas d'abord aussi difficile à surmonter. Le fort est construit sur un rocher de forme pyramidale, qui, se trouvant détaché et isolé sur la rive gauche de la Doria-Baltea, dont le cours, en cet endroit, est plus rapide et le lit plus profond, ferme la vallée d'Aoste, et présente une barrière formidable. Sa garnison était forte de quatre cents hommes, et logée à couvert dans des casernes blindées et chargées de larges pierres. Les batteries étaient garnies de vingt-deux pièces.

Quatre compagnies de grenadiers et deux autres de sapeurs suffirent pour prendre la ville. Mais une première attaque contre le fort fut repoussée, et une pièce de canon placée dans le clocher de la ville, d'autres pièces de quatre glissées avec des efforts inouïs sur des hauteurs qui dominaient le château, ne firent presque aucun effet. Des soldats les avaient portées sur leur dos à travers les rochers.

L'armée se trouvait dans une position critique, resserrée dans un espace étroit, manquant de vivres, et ne pouvant espérer de continuer sa route qu'après la prise du fort qui leur barrait le passage. Berthier essaya de frayer un passage aux troupes par le mont Albaredo, dans une distance assez éloignée pour que les feux du fort ne pussent y porter empêchement. Quinze cents hommes furent employés à cette opération, et travaillèrent avec tant d'activité qu'en moins de deux jours elle fut terminée. Des escaliers furent taillés dans les endroits où la pente était rapide : dans ceux où le sentier, étroit et fortement incliné, était bordé à droite et à gauche par des précipices, on éleva des murs en pierre sèche pour garantir des chutes; là où les rochers se trouvaient séparés par des crevasses trop profondes, on jeta des ponts pour les réunir. L'avant-garde, les autres divisions, et même la cavalerie, purent défiler par ce sentier périlleux, qui offrait de bien plus grandes difficultés que celles rencontrées au passage du Saint-Bernard; mais il fut impossible de faire passer l'artillerie.

Le 23 mai, Bonaparte se rendit au camp, et monta à pied, avec le général Berthier, sur le sommet de la montagne d'Albaredo, pour avoir un coup d'œil complet de la position du château de Bard, qui fut enfin pris, et, dès le 26 mai, l'avant-garde s'avançait sur Turin. Elle rencontra au pont de la Chiusella six mille hommes d'infanterie et quatre mille de cavalerie que commandaient les généraux Kaim et Haddick, envoyés par Mélas vers la frontière de Piémont. La 6e demi-brigade légère fut chargée d'attaquer le pont. Macon, chef de cette demi-brigade, voyant que le feu de quatre pièces d'artillerie placées à l'autre extrémité du pont arrêtait la tête de sa colonne, se précipita dans la rivière, fut suivi par sa troupe, et, sous un feu de mitraille très meurtrier, il parvint à tourner le pont. Ce brillant fait d'armes décida le succès. Pendant ce temps, les autres troupes s'étaient avancées, avaient débouché du pont, et toutes ensemble se portèrent rapidement sur l'infanterie ennemie qui s'était formée sur les hauteurs de Romano. Le combat s'engagea de nouveau dans cette position, et les Autrichiens furent chargés avec impétuosité. Ils se repliaient en désordre dans la plaine, lorsque le général Kaim, pour les rallier et les soutenir, fit déployer sa nombreuse cavalerie. Celle-ci chargea à son tour l'infanterie française, et réussit à la repousser au moment où elle allait s'emparer de l'artillerie de ses adversaires; mais le général Malher, arrivant alors avec sa demi-brigade, les 22e et 40e de ligne, arrêta cette cavalerie, repoussa jusqu'à trois charges successives, dans lesquelles les ennemis finirent par se rompre eux-mêmes, ce qui leur fit éprouver une perte considérable. En couvrant la retraite sur Chivasso, le seul régiment de Latour perdit plus de deux cents chevaux; le général comte Palfi, qui commandait ce corps de cavalerie, fut blessé mortellement, et mourut le lendemain à Chivasso.

Les autres corps de l'armée française n'avaient pas été moins heureux que l'avant-garde. Moncey se trouvait, le 22 mai, à Bellinzona, et le général Béthencourt à Domo-d'Ossola. Le général Thureau s'était emparé du village de Clavières et avait fait quinze cents prisonniers. Il avait trouvé à Clavières une grande quantité d'armes, de munitions et d'approvisionnements de toute espèce.

Après le combat de Chiusella, Bonaparte vint passer en revue à Chivasso les troupes de l'avant-garde.

Le 27 mai, quinze cents cavaliers, aux ordres de Murat, les divisions Boudet et Loison, et une partie de la division Monnier, s'emparèrent de Verceili, où ils trouvèrent des magasins de riz, de blé et d'avoine. L'armée entière suivit la route de Turin, et passa le Tésin, le 31 mai, à Turbigo. Le général Landon, qui défendait la ligne du Tésin, battit en retraite jusqu'aux portes de Milan. Le 1er juin, les Autrichiens évacuèrent la capitale de la Lombardie, se contentant de laisser dans la citadelle une garnison de deux mille hommes sous les ordres du général Nicoletti. Les troupes françaises entrèrent dans la capitale de la Lombardie, le 2 juin, une heure après son entière évacuation par les Autrichiens. Le général Monnier fut chargé de l'investissement du château, et il fut convenu qu'aucun acte d'hostilité ne serait commis de part et d'autre sur la ville.

Bonaparte, avec son état-major, entra le même jour à Milan, au milieu d'une population immense qui paraissait animée du plus vif enthousiasme.

Le 4 juin, les divisions Boudet et Loison occupèrent les postes de San-Giulano et de Melegnano, et la ville de Lodi, où les Autrichiens avaient des magasins d'armes, de munitions et d'habillements.

Le général Lannes, avec l'avant-garde, avait suivi la rive gauche du Pô. Il marcha sans rencontrer d'obstacles jusqu'à Pavie, où il entra le 7 juin.

Le général Mélas, qui se trouvait à cette époque à Turin, apprit en même temps la prise de Milan et la capitulation de Gênes. Il évacua soudainement Turin, abandonna le Piémont, et marcha dans la direction d'Alexandrie au-devant de la colonne du général Elsnitz, qui se retirait devant le corps du général Suchet. Le général Ott, après avoir conclu la capitulation de Gênes, eut ordre de s'avancer vers Pavie et de former l'avant-garde de l'armée autrichienne.

Le jour de la prise de Pavie, la division Loison mit en fuite l'arrière-garde du général Landon. La division Duhesme s'empara de Crema et de Cremona, et passa le Pô le 8 juin. La légion cisalpine du général Lecchi traversa l'Adda et prit les villes de Lecco et de Bergame. Murat, avec la cavalerie et la division Boudet, se rendit maître de Plaisance, après avoir défait le régiment de Klebeck, dépendant de l'avant-garde du général Ott. Lannes jeta sur la rive droite du Pô trois bataillons de la division Watrin.

Bonaparte fixa son quartier-général à Pavie, et songea à attaquer Mélas avant que la masse des troupes autrichiennes fût réunie. Le 9 juin, le général Ott, campé sur les hauteurs de Carteggio avec seize mille hommes, fut chassé successivement de toutes ses positions, après cinq heures d'un combat acharné. Il rallia ses troupes au village de Montebello, où une nouvelle action s'engagea bientôt. Forcés à la retraite, les Autrichiens furent poursuivis jusqu'à San-Giulano, laissant sur le champ de bataille trois mille morts, cinq mille prisonniers et six pièces de canon. Cette victoire était d'autant plus remarquable qu'elle avait été remportée par des conscrits sur les vieilles bandes autrichiennes. L'engagement avait duré depuis dix heures du matin jusqu'à huit heures du soir.

En apprenant la défaite du général Ott, Mélas se détermina à tenter une bataille décisive. Le 11 juin, le général Desaix, récemment débarqué à Toulon, vint joindre le premier consul à Stradella, et prit le commandement des deux divisions Boudet et Monnier, en qualité de lieutenant. Le 12 juin, Bonaparte porta son quartier-général de Stradella à Voghera, sur la route de Tortone, en avant de Montebello. Les divisions qui se trouvaient en ligne, et marchant à l'ennemi, pouvaient monter à trente mille hommes au plus. Dans la nuit du 12 au 13, elles s'établirent sur la Scrivia.

Les divisions Watrin et Mainoni formèrent la droite, sous la direction de Lannes. Desaix occupa le centre avec ses deux divisions et celle du général Lapoype. L'aile gauche, formée par les divisions Chambarlhac et Gardanne, fut confiée au lieutenant-général Victor. Murat se plaça avec la cavalerie à gauche du corps de Desaix.

Le reste de l'armée de réserve était réparti dans l'Italie et ne pouvait prendre part au combat. Mélas opposait aux troupes françaises présentes quarante à cinquante mille hommes; sa cavalerie, forte de sept mille hommes, était plus nombreuse et mieux montée que celle des Français, et il avait beaucoup plus d'artillerie.

Une arrière-garde autrichienne de quatre à cinq mille hommes occupait le village de Marengo. Le 13 juin, vers quatre heures du soir, la division Gardanne l'emporta d'assaut, et poursuivit l'ennemi jusqu'à ses retranchements sur la Bormida. Le général Gardanne devait, d'après l'ordre du consul, s'y jeter pêle-mêle avec l'ennemi, et brûler, s'il était possible, les ponts jetés sur la rivière. Mais l'obscurité qui commençait à régner, les détachements restés en réserve dans la tête de pont, et le feu de trente pièces de canon placées dans les ouvrages, arrêtèrent la marche des Français, et favorisèrent la rentrée des Autrichiens, malgré tout le désordre de leur retraite. La division Gardanne prit position à la ferme de Pedrebona, en avant de Marengo, et à égale distance de ce village et de la Bormida. Le général Desaix fut envoyé avec son corps d'armée à Rivalta, pour observer la route d'Acqui et la communication de Gênes.

Cette diversion réduisait l'armée française à un effectif de dix-huit mille hommes d'infanterie, et de deux mille cinq cents chevaux.

Le 14 juin, l'armée ennemie passa la Bormida sur trois points. Les colonnes du centre et de la droite chassèrent la division Gardanne de la ferme de Pedrebona; l'aile gauche de l'armée française défendit pendant plusieurs heures le village de Marengo, et fut enfin obligée de l'abandonner. Les deux divisions de Lannes, accourues pour soutenir le choc, furent également repoussées; mais elles se replièrent en bon ordre et par échelons, sans se laisser entamer.

La colonne autrichienne de gauche attaqua, à la droite des Français, la garde consulaire, forte de deux bataillons et de deux escadrons. Neuf cents grenadiers, formés en carré, bravèrent les efforts réitérés de la cavalerie ennemie.

Pendant la nuit du 13 au 14, Bonaparte avait rappelé le corps du général Desaix. Au moment où les deux bataillons de la garde allaient céder à des forces supérieures, la division Monnier arriva sur le champ de bataille. Une de ses brigades, aux ordres du général Saint-Cyr, débusqua l'infanterie légère du général Elsnitz du village de Castel-Ceriolo, et parvint à s'y maintenir.

A cinq heures et demie du soir, Desaix, arrivant à marches forcées avec la division Boudet, parut à la hauteur du village de San-Giulano. Bonaparte ordonna aussitôt de ralentir le mouvement de retraite ; il forma une ligne de bataille depuis Castel-Ceriolo jusqu'à San-Giulano, et en parcourant le front : « Français, dit-il, c'est avoir fait trop de pas en arrière, le moment est venu de marcher en avant. Souvenez-vous que mon habitude est de coucher sur le champ de bataille. » Les soldats crièrent: Vive Bonaparte ! — « Ce n'est plus par des paroles, ajouta-t-il, c'est par des faits que vous allez me prouver si vous voulez que je vive. Cette bataille décide du sort de l'Italie ; je compte sur vous. »

Cependant Mélas se croyait sûr de la victoire. Il envoya partout des courriers, sur la foi desquels on prépara des fêtes et des illuminations à Venise et dans d'autres grandes villes de la domination autrichienne. La reine de Naples apprit au spectacle, à Livourne, cette nouvelle prématurée, et interrompit les acteurs pour s'écrier de sa loge : « Enfin ce brigand de Bonaparte est perdu ; il n'échappera personne de son armée. » Elle était loin de prévoir le dénoûment du drame qui se jouait dans la plaine de Marengo, et dont l'arrivée de Desaix fut la péripétie.

Une colonne de cinq mille grenadiers ennemis marche contre la division Boudet. Quand elle est à demi-portée de fusil, le commandant de l'artillerie Marmont démasque une batterie de quinze pièces, dont le feu à mitraille, aussi vif qu'il était inattendu, arrête la tête de la colonne impériale. La neuvième légère commence alors l'attaque, et est bientôt suivie des autres corps de la division. La fusillade s'engage ; une élévation de terrain, couvert de vignes, dérobait à Desaix une partie de la ligne ennemie : il s'y porte pour la découvrir, reçoit une balle au milieu de la poitrine, et tombe dans les bras de Lebrun, l'un des aides-de-camp de Bonaparte, qui se trouve en ce moment auprès de lui. On attribue à Desaix expirant les paroles suivante : « Allez dire au premier consul que je meurs avec le regret de n'avoir pas assez fait pour vivre dans la postérité. »

Furieux de la mort de leur général, les soldats se précipitent impétueusement sur la colonne ennemie. Deux régiments de dragons, aux ordres du chef de brigade Kellermann, la prennent en flanc, et l'obligent à mettre bas les armes.

Lannes, Monnier, la garde consulaire et la cavalerie de Murat, poussent les Autrichiens avec une égale vigueur, et des tirailleurs que Saint-Cyr avait détachés de Castel-Ceriolo s'avancent jusqu'auprès de Marengo. Les Autrichiens abandonnent tout le terrain qu'ils ont envahi depuis le matin, et, poursuivis au-delà du village de Marengo, vont se retrancher dans leur camp d'Alexandrie. La bataille se termina à dix heures du soir.

Le lendemain Mélas proposa un armistice, que Berthier conclut le jour même, à Alexandrie, avec le général autrichien. Bonaparte obtint la restitution du Piémont, de la Ligurie, de la Lombardie, et la cession de douze places à titre de garantie.

Ainsi s'accomplit la prédiction de Monnier aux braves de la garnison d'Ancône, lorsqu'il leur avait annoncé « qu'un jour les armées françaises, mieux dirigées, sauraient reconquérir l'Italie abandonnée. »

Rien n'étonna plus l'Europe attentive que la singulière convention d'Alexandrie, qui terminait ainsi tout-à-coup cette grande lutte entre une armée aguerrie, couverte d'une gloire si récente, et des troupes dont les trois cinquièmes avaient à peine un mois de service. Selon le général Bulow, cette campagne est une suite de prodiges. « Il m'est impossible, dit-il, d'arrêter ma pensée sur un tel concours d'*événements extraordinaires*, sans me persuader qu'il est des époques marquées par une Providence impénétrable pour opérer de grands changements sur la terre. Cette *campagne miraculeuse*, que je nommerai la campagne de Marengo, me semble devoir être mise au rang de ces immortelles époques. »

Bonaparte se rendit à Milan presque immédiatement après avoir ratifié la convention d'Alexandrie. Il fut reçu dans cette ville avec enthousiasme. Il en partit le 28 juin, passa le 30 a Lyon, et prit le 1er juillet la route de Paris. Sur toute sa route il trouva les bourgs et les villages décorés d'arcs de triomphe, de berceaux de fleurs, et d'autres ornements de reconnaissance et d'admiration.

Moins décisifs, les succès de l'armée du Rhin ne furent pas moins honorables que ceux de la grande armée d'Italie.

Pendant le mois de mai, Moreau essaya inutilement de faire abandonner au général Kray sa position d'Ulm. Le 28 mai, le général Lecourbe s'empara de Mindelheim, passa le Lech, et entra à Augsbourg. Il évacua cette ville, le 3 juin, pour se rapprocher du gros de l'armée.

A cette époque, Gouvion-Saint-Cyr et Bruneteau-Sainte-Suzanne quittèrent l'armée : le premier, par raison de santé, et le second, pour aller organiser un corps de réserve qui se rassemblait à Mayence. Le général Richepanse remplaça le général Sainte-Suzanne dans le commandement de l'aile gauche, et le général Grenier prit le commandement du centre en l'absence du général Gouvion-Saint-Cyr.

Le 5 juin, la droite de l'armée autrichienne, composée de vingt-cinq mille hommes aux ordres de l'archiduc Ferdinand, attaqua vigoureusement l'aile gauche des Français postés sur des hauteurs entre la Roth et l'Iller. Le général Grenier leur envoya en toute hâte une division conduite par le général Ney pour soutenir le combat. L'aile gauche se retirait par le pont de Kellmünz sur l'Iller, et l'avant-garde ennemie s'était arrêtée sur un plateau, à une demi-lieue de ce pont, quand Ney gravit le plateau, sous le feu de l'artillerie, sans laisser tirer un coup de fusil, à la tête des grenadiers de la 48e demi-brigade.

Les Autrichiens furent enfoncés à la baïonnette, chassés de la position, et culbutés dans un ravin, où ils abandonnèrent leur artillerie, leurs caissons et douze cents prisonniers : le reste se sauva à travers les bois.

Ce succès de la division Ney ayant dégagé le général Richepanse, celui-ci put reprendre l'offensive : il repoussa les autres colonnes ennemies et leur fit cinq à six cents prisonniers, parmi lesquels se trouva le général Sporck.

Le même jour, deux mille Français, campés à trois lieues d'Augsbourg, et qui composaient l'arrière-garde de Lecourbe, furent surpris et taillés en pièces : cinq cents d'entre eux parvinrent néanmoins, avec la plus grande difficulté et toujours combattant, à se retirer à Turkeim, favorisés par les bois où ils s'étaient jetés en s'échappant.

Pour obliger son adversaire à sortir de sa position, et l'isoler des magasins de Donauwerth et de Ratisbonne, Moreau résolut de passer le Danube entre Ulm et l'embouchure du Lech. Il chargea donc Lecourbe de chasser des bords de cette dernière rivière les Bavarois et les troupes des généraux Starray et Giulay. Lecourbe força le passage du Lech, le 12 juin, et reprit Augsbourg le 13.

Au moment où Lecourbe entrait à Augsbourg, tous les postes des Autrichiens étaient attaqués sur la ligne. Le général Richepanse, sur la rive gauche de l'Iller, emporta, après un combat opiniâtre, le village de Burgrienden, que défendait en personne l'archiduc Ferdinand avec des troupes d'élite.

Le 16 juin, les corps des généraux Starray et Giulay furent complètement repoussés de la rive droite du Danube.

Le 17, Moreau fit reconnaître les bords du Danube et réunir tous les matériaux nécessaires au passage de ce fleuve. Le général Kray avait fait détruire tous les ponts jusqu'à Donauwerth : les Français n'avaient ni pontons ni barques, et l'on eut beaucoup de peine à rassembler les madriers indispensables pour en établir. Les reconnaissances dirigées par le général Puthod apprirent que les ponts de Blindheim et Gremheim étaient les plus faciles à réparer, et l'on résolut d'effectuer le passage sur ces deux points.

Pour suppléer au manque de barques, Lecourbe forma une compagnie de quatre-vingt-dix soldats nageurs, dont il confia le commandement au capitaine Gromety. Un officier d'état-major, nommé Guenot, intrépide nageur, alla enlever deux nacelles sur la rive gauche, malgré le feu de l'ennemi, et les ramena sur la rive droite, n'ayant reçu qu'une légère blessure au pied.

Le 19 juin, à la pointe du jour, les Français démasquèrent, vis-à-vis Gremheim, une batterie de quelques pièces, à l'effet d'éloigner un peu de l'autre rive les postes ennemis qui s'y trouvaient; mais ceux-ci ripostèrent par un feu très vif, sous lequel Gromety et ses nageurs traversèrent le fleuve. Les deux nacelles dirigées par deux sapeurs du génie portaient leurs habits et leurs armes : arrivés à la rive gauche, ces braves, sans s'inquiéter de leurs vêtements, ne saisissent que leurs fusils et se précipitent à la baïonnette sur le premier poste ennemi, qui fut fait prisonnier. Un plus fort détachement, qui se trouvait en arrière, est attaqué avec la même intrépidité; les soldats autrichiens, ne pouvant résister à ce choc, se replient derrière Gremheim, où se trouvaient deux compagnies d'infanterie : les nageurs, maîtres du village, marchent sur ces troupes; ils sont arrêtés un moment par un parti de cavalerie qu'ils forcent à rétrograder en s'embusquant derrière des haies et faisant feu sur lui. Pendant ce temps, un hussard du 8ᵉ régiment, d'ordonnance auprès du général Puthod, ayant passé le Danube dans une des nacelles qui avaient servi à porter les armes, paraît sur un cheval trouvé dans Gremheim, et commande *en avant;* l'ennemi, s'imaginant, à la vue du hussard qui se multiplie à ses yeux troublés, que le pont est rétabli, fait sa retraite en désordre.

Pendant que les nageurs s'avançaient à la poursuite des postes autrichiens, et en attendant qu'on réparât le pont, chaque nacelle transportait un ou deux chasseurs de la 10ᵉ d'infanterie légère. Renforcé ainsi de quelques hommes, le capitaine Gromety ne balança point à marcher sur une batterie de deux pièces placée à la hauteur de Blindheim. Elle fut enlevée, et les pièces, tournées contre les Autrichiens, furent servies par des canonniers qui traversèrent le fleuve au moyen d'échelles placées sur les piles du pont de Blindheim. Les sapeurs et les grenadiers suivirent les canonniers; le pont fut réparé et les deux villages occupés par la brigade de Puthod.

A la nouvelle de ce passage, un détachement autrichien accourut en hâte de Donauwerth. Lecourbe avait fait occuper le village de Schowningen. Le détachement, fort de quatre mille fantassins et de quatre cents chevaux, avec six pièces de canon, ne put parvenir à prendre ce poste. Chargé par deux escadrons de carabiniers et un peloton de hussards du 8ᵉ régiment, l'ennemi fut mis en déroute, et laissa deux mille cinq cents hommes au pouvoir du vainqueur.

Lecourbe avait lui-même dirigé cette charge. Il se porta immédiatement, avec le 2ᵉ régiment des carabiniers, le 9ᵉ des hussards, et celui des cuirassiers, au secours des divisions Montrichard et Gudin, qui avaient traversé le fleuve et combattaient du côté de Dillingen. Un corps de trois mille hommes d'infanterie, pressé vigoureusement, fut coupé par les cuirassiers, entre Hochstett et Dillingen, et dix-huit cents hommes isolés du reste de la colonne furent obligés de mettre bas les armes.

Lecourbe arriva vers cinq heures du soir à Lauingen, et tint en respect les lignes autrichiennes pendant qu'on réparait les ponts de Lauingen et de Dillingen. Moreau passa le Danube sur le premier de ces ponts. Les divisions Decaen et Leclerc vinrent se placer entre les deux, par la rive gauche du Danube; à huit heures, la réserve de cavalerie que conduisait le général en chef se réunit à celle du général Lecourbe et aux divisions Decaen et Leclerc. Les deux généraux chargèrent à plusieurs reprises, à la tête des cavaliers français, les lignes autrichiennes qui s'appuyaient au village de Gondifingen. Il fut occupé le soir, à onze heures. Ainsi se termina cette longue suite de combats, connus sous le nom de bataille d'Hochstett. Cinq mille prisonniers, vingt pièces de canon, plusieurs drapeaux et étendards restèrent entre les mains des Français, qui vengèrent l'affront fait aux armes de leurs pères, en 1704, sur le même terrain, lorsque le prince Eugène et Marlborough battirent les maréchaux de Tallard et de Marsin.

L'armée française acheva de passer le Danube dans la nuit du 19 au 20, à l'exception de l'aile gauche, qui resta en observation devant Ulm. Le général Kray évacua son camp retranché pour se porter en Bavière, et fut suivi dans sa retraite par les Français. Pour le prévenir, Moreau, le 25 juin, envoya en Bavière la division Decaen, qui, après avoir battu dans trois rencontres le détachement austro-bavarois du général Meerfeld, entra à Munich le 28.

Le 27, les divisions Gudin et Montrichard attaquèrent vingt-cinq mille Autrichiens qui avaient passé le Danube la veille, e s'étaient placés sur les hauteurs d'Unterhausen, à une lieue de Neuburg. La position fut enlevée; mais un bataillon, envoyé sur le village de Rosenfeld, fut vivement repoussé, et un échec allait obliger les assaillants à un mouvement rétrograde vers le bourg d'Oberhausen, lorsque Lecourbe, à la tête de la division de réserve du général Grandjean, vint rétablir le combat. Les colonnes françaises s'étaient d'abord avancées l'arme au bras, sans tirer un seul coup de fusil, malgré le feu très vif de huit pièces d'artillerie. La 14º demi-brigade légère et la 46º de ligne se trouvèrent bientôt engagées avec la cavalerie ennemie, sans se laisser entamer par les charges vigoureuses de celle-ci. Toutes les troupes étaient mêlées autour d'Unterhausen, et le combat se prolongea jusqu'à dix heures du soir. Les munitions étant épuisées de part et d'autre, on se battit à l'arme blanche ou à coups de crosse de fusil. Enfin Unterhausen fut occupé, et les Autrichiens laissèrent huit cents prisonniers au pouvoir des vainqueurs. Dans la nuit du 27 au 28 juin, le général Kray évacua Neuburg, repassa le Danube, et se dirigea sur Landshut.

Moreau établit son quartier-général à Augsburg, et Lecourbe avec dix-huit bataillons se porta vers le Tyrol pour y resserrer le corps d'armée du prince de Reuss. En quelques jours, ce dernier se rendit maître des retranchements de Feldkirch, de tout le Voralberg, de la vallée des Grisons, et fit treize cents prisonniers. Le général Sainte-Suzanne, avec le corps formé à Mayence, passa le Mein, le 11 juillet, et vint s'établir entre New-Wissemburg et Hanau.

Le 13 juillet, Kray proposa un armistice. Les conditions en furent arrêtées le 15, à Parsdorf, par le général de brigade Lahorie, et le comte de Dietrichstein.

Après la conclusion des armistices d'Alexandrie et de Parsdorf, les plénipotentiaires de l'Autriche et de l'Angleterre se réunirent à Lunéville pour y régler les conditions d'une paix générale. Pendant la suspension des hostilités et le congrès qui s'ouvrit à Lunéville le 9 novembre, les armements se continuèrent avec la plus grande activité. Au mois de septembre, la France avait en ligne plus de deux cent mille hommes.

François II, accompagné de l'un de ses frères, l'archiduc Jean, partit de Vienne le 6 septembre, et arriva le lendemain au quartier-général d'Alt-OEting sur l'Inn. Il parcourut aussitôt la ligne occupée par son armée, et sa présence produisit un grand effet sur les troupes.

L'armistice fut dénoncé le 12 novembre. Le 28, l'armée française avait déjà fait replier les avant-postes ennemis dans toutes les directions ; mais ayant affaire à des forces supérieures, Moreau prit le parti de rétrograder pour attirer l'ennemi sur un terrain propre à une bataille générale. L'espace compris entre l'Inn et l'Iser, et dont le village de Hohenlinden pouvait être regardé comme le point central, était le plus avantageux et le plus favorable que Moreau pût choisir pour combattre un ennemi supérieur en cavalerie. Le sol est coupé, accidenté dans tous les sens par des vallons, des ruisseaux, des bois épais et des hauteurs escarpées. L'ennemi ne pouvait arriver sur les Français que par des chemins de traverse pratiqués pour le charriage des coupes de bois, et rendus impraticables par les pluies d'automne.

L'aile gauche des Français, forte de vingt mille hommes, était commandée par le général Grenier; la division Grandjean en était l'arrière-garde. Le centre, composé des divisions Grouchy, Richepanse et Decaen, était dirigé par Moreau en personne, et formait une masse de vingt-sept mille hommes. L'aile droite et trois divisions, qui composaient un corps séparé sous les ordres de Bruneteau-Sainte-Suzanne, ne prirent point part à la bataille.

Le 3 décembre, à sept heures du matin, les troupes autrichiennes se mirent en mouvement. La colonne du centre s'avança sur la chaussée qui traverse les bois de Hohenlinden, et attaqua les avant-postes des divisions Grandjean et Grouchy; en même temps la droite des Autrichiens débouchait sur la division Ney, faisant partie de l'aile gauche. Les troupes de Ney et de Grouchy se réunirent, et par des charges brillantes refoulèrent l'ennemi dans les défilés du bois et firent un grand nombre de prisonniers.

La division Richepanse, postée au village d'Ebersberg, l'avait quitté dans la nuit, était arrivée à sept heures du matin au hameau de Saint-Christophe, et avait continué sa marche à travers les bois par des chemins affreux, que les guides eux-mêmes ne pouvaient plus reconnaître, à cause de la neige qui les recouvrait et qui tombait encore en abondance. La colonne de gauche des Autrichiens l'attaqua à quelque distance de Saint-Christophe, et en sépara la brigade Drouet. Sans chercher à rétablir la communication, Richepanse marcha vers la forêt de Hohenlinden. Trois bataillons de grenadiers hongrois, formés en colonne serrée, se présentent pour disputer le passage : « Que dites-vous de ces hommes-là, grenadiers de la 48e? s'écrie Richepanse en s'adressant aux braves qui le suivent. — Général, ils sont morts! » et à l'instant, croisant la baïonnette, ils fondent sur l'ennemi. Le choc est terrible : la résistance égale l'impétuosité de l'attaque; mais les premiers rangs sont bientôt culbutés, et l'impulsion une fois donnée, aucune des colonnes qui se présentent successivement ne peut arrêter la marche des Français.

Ce beau fait d'armes avait lieu au moment où Ney enfonçait, à la sortie des défilés, les troupes autrichiennes. Richepanse le joignit au milieu du carnage, et augmenta la terreur des vaincus.

Cependant la division Drouet dégagea la brigade Decaen et vint se réunir à la division Grouchy pour combattre la droite des Autrichiens. L'aile gauche des Français acheva la victoire; les ennemis rompus s'enfuirent à travers les bois, dans tout le désordre d'une déroute complète; la nuit força les Français d'abandonner une poursuite qui aurait pu devenir aventureuse.

Les résultats de cette bataille furent si complets que, sans l'état affreux des chemins et l'extrême brièveté des jours, les Autrichiens n'auraient pas sauvé une pièce de canon; aussi le général en chef satisfait ne cessait de répéter : « Mes amis, vous avez conquis la paix; oui, c'est la paix que nous venons de conclure aux champs de Hohenlinden. »

Dans le dessein d'envahir la Haute-Autriche, Moreau se prépara à passer l'Inn. Le 9 décembre, à six heures du matin, les divisions Montrichard et Gudin traversèrent cette rivière à Neuhurn. Le général Lecourbe tenta inutilement de réparer le pont de Rosenheim que les ennemis avaient incendié, et les divisions Decaen et Grouchy furent obligées de remonter jusqu'à Neuhurn. La division Richepanse passa l'Inn à Rosenheim sur un pont de bateaux, et celle du général Grenier en face de Wasserburg.

L'armée française s'avançait rapidement sur Vienne. Son approche avait répandu dans cette capitale une consternation profonde. Moreau allait porter son quartier-général à Steyer, lorsque le général Grünne se présenta muni de pleins pouvoirs pour conclure un armistice. L'archiduc annonçait au général en chef français que l'empereur était décidé à faire la paix, quelles que fussent d'ailleurs les dispositions de ses alliés. Moreau, dont le vœu, au milieu de ses derniers triomphes, avait été pour la paix, crut devoir arrêter la marche de ses troupes et consentir à l'armistice demandé. Bien que l'occupation de Vienne semblât devoir être avantageuse aux intérêts de la république, Moreau ne refusa point la trêve demandée par l'Autriche. Tout cependant lui présageait de nouveaux triomphes : l'armée du Rhin avait conquis en vingt-deux jours quatre-vingts lieues de terrain, franchi sans perte les formidables lignes de l'Inn, de la Salzach, de la Trann et de l'Ens; mis hors de combat plus de quarante-cinq mille Impériaux, et pris cent quarante-sept pièces de campagne et une grande quantité de drapeaux (25 décembre 1800).

L'armistice de Steyer interrompit également la marche des troupes gallo-bataves que commandait Augereau.

L'armée gallo-batave, forte de dix-sept mille hommes, était composée des deux divisions françaises Barbou et Duhesme, et d'une division hollandaise aux ordres de Dumonceaux. Elle se trouvait à la fin d'août en cantonnement dans le pays de Limburg, entre la Lahn et la Nidda. Le quartier-général d'Augereau était à Offenbach, sur la rive gauche du Rhin.

Les levées mayençaises, soldées par l'Angleterre et commandées par le baron d'Albini, et un détachement autrichien sous la conduite du général Simbschen, étaient opposées au corps d'armée d'Augereau. Le 25 novembre, l'armée française occupa Aschaffenburg. Le baron d'Albini, qui venait d'évacuer cette ville, fit sa retraite sur Fulde, et ne reparut plus. Le 26, l'avant-garde de la division Barbou prit possession de Schweinfurt ; le 27, la division Dumonceaux s'empara de Wurtzburg, et forma le blocus de la forteresse de Masemberg.

Le général Simbschen avait réuni douze à treize mille hommes dans la position de Burg-Eberach. Le 3 décembre, ce village et les coteaux qui le dominent furent emportés par la division Duhesme. La division Barbou entra à Nuremberg, et défit, le 18 décembre, au-delà de cette ville, sur la route de Tischbach, un renfort de quatre mille hommes d'infanterie et de deux mille chevaux qu'amenait le général Klénau.

Peu de temps après, Augereau reçut la nouvelle de l'armistice conclu à Steyer.

L'armée que dirigeait Macdonald était primitivement destinée à appuyer le flanc droit de l'armée du Rhin. Au mois de septembre elle prit la dénomination d'armée des Grisons, et vint occuper les sommités du Tyrol allemand. Elle était forte de treize mille hommes et partagée en quatre divisions.

Dans les derniers jours d'octobre, la première division, aux ordres du général Baraguay-d'Hilliers, et composée de trois mille cinq cents hommes d'infanterie, d'un escadron de hussards et d'une compagnie d'artillerie légère, commença son mouvement pour entrer en Valteline.

Au mois de novembre, Macdonald se mit en devoir de le suivre, et le 26 novembre, le général Laboissière, commandant la cavalerie de l'armée, arriva au village de Splugen avec le 10e de dragons, le 1er de hussards et le 12e de chasseurs. Le lendemain ces troupes enlevèrent le passage du Splugen.

A l'approche des Français, le général Hiller, commandant les troupes autrichiennes dans le Tyrol, renforça les flancs de son armée. Huit à dix mille Autrichiens, aux ordres des généraux Stejanich et Kaim, occupaient la ville de la Noss, au revers du mont Tonal, et défendaient ainsi le point le plus important du Tyrol italien, en ce qu'il forme la communication la plus courte et la plus facile entre la vallée de l'Oglio et celle de l'Adige.

Outre ces troupes, les Autrichiens avaient encore auprès de Sainte-Marie dans le val de Munster, trois mille hommes employés à la garde d'un nombreux parc d'artillerie; le général Auffenberg, avec un autre corps de sept à huit mille hommes, était dans la Haute et Basse-Engadine.

Le général Bauhmann, commandant l'avant-garde du corps d'Auffenberg, surprit, les 8 et 9 décembre, les postes de Scarf et de Zuz; mais ces mêmes postes furent repris le 12.

La disette retint ces troupes dans leurs positions jusqu'au 20 décembre. Elle fut telle que, pendant deux jours, les généraux eux-mêmes ne vécurent que de châtaignes enlevées de vive force dans les villages.

Pendant cette station, Macdonald reçut des instructions qui rendaient ses opérations dépendantes de celles de l'armée d'Italie.

Bonaparte avait laissé le commandement de l'armée d'Italie au général Brune. Le général Dupont fut mis à la tête de l'aile droite, forte de douze mille hommes, et Moncey fut chargé de diriger l'aile gauche; quatorze mille hommes aux ordres de Suchet formèrent le centre.

Mélas fut remplacé par le feld-maréchal comte de Bellegarde, et l'effectif de l'armée d'Italie fut porté à quatre-vingt mille hommes. Ces forces se cantonnèrent dans le Mantouan et le Ferrarais. Vingt mille hommes aux ordres des généraux Landon et Wukassowich se portèrent dans le Tyrol italien. Un corps d'avant-garde de vingt mille hommes, commandé par le prince Hohenzollern, fut réparti sur la rive droite du Mincio.

L'occupation de la Toscane fut la première opération du général Brune; puis, avant de tenter le passage du Mincio que défendait l'armée autrichienne, il rapprocha de lui la division Rochambeau, campée à l'aile gauche, dans le val Camonica, et invita Macdonald à la remplacer par ses troupes.

La passe d'Aicaperga, qui conduit dans le val Camonica ou haute vallée de l'Oglio, est hérissée de rochers couverts de glaces, qui rendent le sentier extrêmement glissant.

L'avant-garde de l'armée des Grisons, conduite par Vandamme, franchit ce passage difficile en sept heures de temps.

Pour que le reste de l'armée, avec un renfort de deux mille Cisalpins envoyés par Brune, ne fût pas inquiété dans sa marche, Macdonald fit attaquer les retranchements de Zernetz sur l'Inn et ceux du mont Tonal.

Dans la nuit du 22 au 23 décembre, le général Vaux, avec une partie de l'avant-garde, se porta sur le mont Tonal.

Les troupes de la division Baraguay-d'Hilliers s'emparèrent des retranchements de Fernetz, de Casanova, et de plusieurs passages dans les montagnes (25-27 décembre). Macdonald s'avança dans le val Camonica, et le 31 décembre il établit son quartier-général à Breno, au centre même de la vallée.

Instruit de la marche de l'armée des Grisons, Brune avait commencé son mouvement. Le 17 décembre, l'aile gauche occupa Monzambano et Castellaro; le centre, Volta et Zoresto; l'aile droite, Goïto et Castelluchio.

Le passage du Mincio devait avoir lieu à Monzambano, le 25 décembre. Le général Dupont eut ordre d'exécuter une fausse attaque vis-à-vis de Pozzolo, en jetant un pont au-dessous du moulin della Volta; mais Bellegarde ayant porté toutes ses forces sur ce point, le centre de l'armée française accourut en hâte au secours de l'aile droite. Nos soldats abordèrent les lignes ennemies aux cris de : Vive la république et le premier consul ! Malgré leur grande supériorité numérique, les Autrichiens furent chassés de Pozzolo et perdirent plus de cinq mille hommes, près de trois mille prisonniers, onze pièces de canon et trois drapeaux.

Le 26 décembre, le reste de l'armée passa le Mincio à Monzambano, et s'empara de Valeggio et de Castel-Novo. Les Autrichiens perdirent plus de mille hommes tués, deux mille prisonniers et quatre pièces de canon.

Après ce nouvel échec, Bellegarde sentit qu'il ne pouvait plus rester entre le Mincio et l'Adige, et prit la résolution de se retirer derrière la dernière de ces rivières. Toute la nuit fut employée à replier les divisions vaincues d'abord sur Villa-Franca, et ensuite sur la rive gauche de l'Adige; une forte arrière-garde fut laissée à Villa-Franca pour protéger ce mouvement rétrograde. La division de quatre à cinq mille hommes qui occupait, sous le commandement du général autrichien Rousseau, la position retranchée de Salionzo, avait reçu l'ordre d'opérer sa retraite sur le Montebaldo; mais l'avant-garde de l'aile gauche, aux ordres du général Delmas, attaqua, le 27 au matin, les redoutes dans lesquelles se trouvaient encore mille Autrichiens, qui se rendirent prisonniers avec armes, bagages, deux drapeaux et quatorze pièces de canon. Cet événement accéléra la retraite de l'armée ennemie. Le général Bellegarde concentra son armée dans le camp retranché sous Vérone, et fixa son quartier-général à San-Michele.

Les victoires de l'armée d'Orient et la défense de Malte forment de glorieux épisodes au milieu des grands événements militaires de l'année 1800.

La convention d'El-Arich, pour l'évacuation de l'Egypte, fut signée, le 24 janvier, par Desaix et le citoyen Poussielgue, plénipotentiaires de Kléber, et les plénipotiaires du grand-visir. Le commodore anglais Sidney-Smith, qui avait le premier proposé des négociations, ne s'engagea point dans le traité.

Kléber s'occupait des préparatifs du départ, et avait livré plusieurs forteresses aux troupes du grand-visir; mais il reçut de Sidney-Smith la notification officielle qu'aucun bâtiment ne pouvait sortir des ports de l'Egypte, sous quelque prétexte que ce fût.

A la lecture de cette étrange missive, le général en chef indigné donne sur-le-champ des ordres pour le réarmement des forts, pour arrêter le départ des munitions, et faire revenir celles qui étaient déjà transportées.

Toutes les troupes qui occupaient la Haute et la Basse-Egypte se réunirent au Caire, à marches forcées. Kléber convoqua tous les officiers généraux présents au camp en conseil de guerre, et, ne leur présentant d'autres pièces que la lettre de l'amiral Keith, et le plan de bataille que lui, géné-

en chef, se proposait de livrer, il leur dit : « Citoyens généraux, vous avez lu cette lettre; elle vous dicte votre devoir et le mien. Voici notre situation: les Anglais nous refusent le passage, après que leurs plénipotentiaires en sont convenus; et les Ottomans, auxquels nous avons livré le pays, veulent que nous achevions de l'évacuer conformément au traité. Il faut vaincre ces derniers, les seuls que nous puissions atteindre. Je compte sur votre zèle, votre sang-froid, et la confiance que vous inspirez aux troupes. Voici mon plan de bataille. »

Cette exposition ne fut suivie d'aucune délibération; tous les membres du conseil partageaient les désirs du général en chef; pas un ne balançait à soutenir, au péril de sa vie, la gloire des armes et l'honneur du peuple français.

Dans la nuit du 19 au 20 mars, l'armée française se forma en bataille dans la plaine de la Qoubbeh; elle ne comptait pas dix mille hommes, et l'armée turque était forte de soixante à quatre-vingt mille combattants.

L'avant-garde turque était postée au village de Matarich (l'ancienne Héliopolis). En marchant à sa rencontre, Kléber voit une forte colonne de cavalerie et d'infanterie qui, après avoir fait un détour dans les terres cultivées, se dirige vers le Caire. Les guides s'avancent pour la charger, et sont près d'être enveloppés; mais le général Leclerc, commandant la cavalerie, détache le 22º de chasseurs et le 16º de dragons. Les cavaliers français, bien inférieurs en nombre, font des prodiges de valeur, et l'ennemi, prenant la fuite, s'éloigne à perte de vue, et se dirige vers le Caire. Nous parlerons plus bas des fâcheux résultats de cette manœuvre des mamelouks, sagement combinée.

Sur ces entrefaites, les janissaires, maîtres de Matarich, sortent du retranchement, et se précipitent, à l'arme blanche, sur la colonne de gauche; mais arrêtés de front par le feu vif et soutenu de cette colonne, le terrain est bientôt jonché de leurs corps, et ceux que la fusillade n'a point atteints, pris en flanc par la colonne de droite, expirent sous le fer des baïonnettes. Les grenadiers franchissent les fossés remplis de morts et de blessés, et, en un moment, l'artillerie, les drapeaux, les queues de pacha, les effets de campement, enfin tout ce qui se trouve dans les retranchements, tombe au pouvoir des vainqueurs. Ceux qui, pour s'y défendre, se sont jetés dans les maisons du village, périssent égorgés ou deviennent la proie des flammes; d'autres, essayant de gagner la plaine, sont foudroyés par le feu des carrés de Friant; la cavalerie de Leclerc sabre ou disperse le reste.

Les Français ne s'amusent point à piller les tentes et les riches bagages que les Turcs viennent d'abandonner. D'eux-mêmes, et sans qu'il soit besoin de le leur rappeler, ils se disposent à marcher sur les principales forces du visir, pour le rejeter dans le désert.

L'armée française formait quatre grands bataillons carrés. Ceux de gauche étaient sous les ordres de Friant, ceux de droite étaient commandés par Régnier. Pendant que ce dernier réunissait sa division autour de l'obélisque d'Héliopolis, l'armée turque, s'étant mise en mouvement pour venir au secours de son avant-garde, prenait position sur des hauteurs, entre Sérichaurt et El-Marek. Une nuée de tirailleurs, sortis d'un bois de palmiers, entoure Friant; Régnier vole à son secours.

Le canon français fait taire l'artillerie turque, dont les boulets se perdent dans les airs.

Alors, et presque au même moment, tous les drapeaux réunis des divers points de la ligne turque dans une seule masse, annoncent une attaque soudaine. Les osmanlis se précipitent sans ordre sur le carré de droite, et sont bientôt mis en fuite. Le grand-visir Jussuf, qui attendait dans le village d'El-Marek l'issue de cette première attaque, s'enfuit vers son camp d'El-Khanka, et Nassif-Pacha, faisant un détour sur la lisière du desert, prend la route du Caire.

Le visir effrayé envoya l'interprète Lomaka à Kléber pour lui proposer de faire cesser les hostilités. « Dites au grand-visir, répondit Kléber, que je lui porte moi-même ma réponse. »

Les troupes victorieuses arrivèrent au village d'El-Khanka avant le coucher du soleil. Elles y trouvèrent les effets de campement et les équipages de l'ennemi que celui-ci avait abandonnés dans sa fuite précipitée, et elles prirent sous ses tentes le premier repos et la première nourriture de la journée. Depuis vingt-quatre heures ces intrépides soldats ne s'étaient soutenus qu'avec de l'eau-de-vie dont on leur avait fait une distribution pendant la nuit; mais ils trouvèrent un ample dédommagement dans le camp turc, approvisionné en vivres de toute espèce. Indépendamment des nombreux effets de campement, on y recueillit une grande quantité de cottes de mailles, de casques de fer et de munitions.

Kléber prévoyant une révolte au Caire, se hâta d'y envoyer des renforts. Le 22 mars, il s'empara de Belbéis. Pendant qu'on faisait déposer les armes à la garnison ottomane, un des soldats ne voulut point se laisser désarmer, et, s'élançant sur le chef de brigade Victor Latour-Maubourg, aide-de-camp du général en chef, lui tira un coup de fusil à bout portant. La balle n'enleva qu'une épaulette. A l'instant, par l'effet du caractère bizarre de ce peuple presque à demi sauvage, tous ceux à qui on avait laissé des armes les jetèrent aux pieds des soldats français, en disant qu'ils ne méritaient plus de les conserver, et qu'on vengeât sur eux l'attentat de leur camarade. Celui-ci fut puni de mort sur-le-champ par les grenadiers, et les chefs seuls conservèrent leurs armes.

On trouva à Belbéis dix canons, dont deux anglais, avec la devise *Honni soit qui mal y pense.*

La défaite de trois mille cavaliers turcs, au village de Koraïm, détermina le grand-visir à abandonner Salahieh, où il s'était refugié, et les Français s'en emparèrent.

Kléber fut de retour au Caire le 27 mars, et trouva cette ville livrée à l'insurrection que les agents turcs y avaient excitée. Nassif-Pacha y était entré le 20 mars, avec une escorte nombreuse, annonçant que la bataille de Matareh était perdue, et qu'il venait prendre possession de la capitale au nom du sultan Sélim III. Le peuple le reçut avec des acclamations, et en peu d'heures il y eut cinquante mille hommes armés de fusils. On se porta au quartier habité par les Francs et les Européens; on les massacra tous sans distinction d'âge ni de sexe; on jeta leurs corps dans l'eau, on pilla leurs meubles, et l'on finit par incendier le quartier.

Deux cents soldats, commandés par l'adjudant-général Daranteau, étaient retranchés dans une maison de la place Esbékieh, quartier-général des Français. Ils soutinrent pendant deux jours entiers l'attaque de plus de dix mille hommes établis dans les maisons voisines. Huit hommes de la 13e demi-brigade, commandés par le sergent Clane, gardaient la maison du chef de police Mustapha-Aga : assaillis par une foule nombreuse, ils entreprennent de se faire jour; les insurgés, voyant tomber quelques-uns des leurs sous les baïonnettes du faible détachement de Clane, s'écartent, et les neuf Français se retirent à la citadelle, en se battant continuellement de rue en rue dans l'espace de plus d'une lieue. Dans ce trajet, trois d'entre eux sont blessés : les six autres s'arrêtent pour les défendre, et les portent jusqu'à la citadelle. Leurs adversaires, auxquels ils avaient enlevé une pièce de canon qu'ils n'abandonnèrent que pour sauver leurs blessés, les poursuivirent jusqu'aux portes de la forteresse, « étonnés, dit le général Kléber, et furieux de cette action aussi hardie que digne d'admiration. »

Le 22 mars, une colonne française, envoyée par Kléber et commandée par Lagrange, parvint jusqu'au quartier-général français. Un détachement aux ordres des généraux Friant et Donzelot arriva peu de jours après, et les Français reprirent l'offensive.

Les habitants du Caire montraient une grande activité dans leurs préparatifs de guerre. Les rues étaient garnies de barricades en maçonnerie de douze pieds de haut, et à deux créneaux. On déterra plus de vingt pièces de canon enfouies depuis longtemps; des fabriques de poudre furent créées; des boulets forgés avec les grilles des mosquées. Les particuliers s'empressèrent d'offrir leurs provisions pour former des magasins de subsistances, et ceux qui travaillaient dans les ateliers et aux retranchements eurent seuls part aux distributions. Le peuple était à la recherche des bombes, des obus et des boulets des Français. Les Égyptiens fondirent même des canons de calibre avec les projectiles qu'ils ramassaient; circonstance qui fait présumer qu'ils étaient aidés dans leur entreprise par quelques Européens.

L'alliance de Mourad-Bey, qui échangea l'assurance de son appui contre le titre de prince-gouverneur du Haut-Saïd pour les Français, le rétablissement de l'autorité française sur tous les points, la dispersion de dix mille hommes, débris de l'armée ottomane, à Schouara, près de Damiette, par douze cents hommes aux ordres de Belliard; tous ces événements favorables permirent à Kléber de concentrer toutes ses forces sur le Caire. Le 15 avril, après un combat sanglant, les habitants de Boulak se rendirent; ceux du Caire capitulèrent le 21 ; les osmanlis et mameloucks évacuèrent la ville le 27.

Les troupes françaises y firent ensuite leur entrée solennelle par la porte de la Victoire, au bruit des décharges répétées de l'artillerie de l'armée et des forts, et en présence de plus de deux cent mille témoins, qui s'étaient réunis pour admirer les triomphateurs. Dans cette mémorable campagne, on avait pris à l'ennemi cent dix-sept drapeaux, plus de soixante pièces de canon, et une quantité considérable de caissons et de munitions.

Un détachement anglais, commandé par le lieutenant-colonel Murray, était débarqué au port de Suez ; Kléber y envoya, le 19 avril, le chef de brigade Lambert et l'adjudant-général Mac-Sćeby, avec un détachement de la 21ᵉ légère, cent hommes du corps des dromadaires, une compagnie de grenadiers de la 32ᵉ de ligne, un détachement du 14ᵉ de dragons, quelques sapeurs, et trois pièces d'artillerie légère.

Sans attendre les assaillants, Murray s'embarqua avec une partie de sa troupe, laissant à la défense de la place cinquante Anglais avec les Arabes d'Iambo, auxquels il eut soin de dire que les Français qui venaient à Suez n'étaient qu'un reste de l'armée entièrement détruite.

L'attaque fut très vive ; les Français entrèrent pêle-mêle avec leurs adversaires dans la ville, dont ils furent bientôt maîtres. L'ennemi eut cent hommes de tués sur le champ de bataille, parmi lesquels quinze Anglais. Il n'y eut qu'un homme tué et trois blessés du côté des Français.

Le lieutenant-colonel Murray, voulant empêcher les bâtiments de commerce de rentrer dans le port, d'où ils s'étaient retirés pendant le combat, ordonna qu'on y mît le feu. Cette mesure déloyale excita contre lui l'indignation des Arabes mêmes.

Depuis la reprise du Caire, les Egyptiens regardèrent Kléber comme un héros invincible, et se soumirent sans arrière-pensée. Kléber cherchait à se concilier leur affection, lorsque la mort interrompit le cours de ses travaux. Un Turc, nommé Soleyman, assassina, le 14 juin, le successeur et l'émule de Bonaparte. La colonie perdit en Kléber son principal soutien, et marcha rapidement vers sa décadence.

Les Anglais préludèrent par la prise de Malte à la conquête de l'Egypte. Bonaparte n'avait laissé à Malte qu'une garnison de quatre mille hommes, mal pourvus de vivres et de munitions. Le général Vaubois, qui y commandait, vit bientôt ses troupes réduites par les maladies à moins de deux mille cinq cents hommes, auxquels vinrent se joindre les équipages des bâtiments échappés au désastre d'Aboukir.

Peu de temps après cette bataille navale, quelques vaisseaux portugais se présentèrent devant le port : l'escadre anglaise de l'amiral Nelson et deux frégates napolitaines complétèrent le blocus. Les Maltais, blessés dans leurs idées religieuses et dans leurs habitudes par le régime républicain, prirent les armes, et furent organisés en compagnies, bataillons et régiments, par des officiers anglais et portugais.

Vaubois se renferma dans la Cité la Vallette, fit faire les recherches les plus exactes des vivres qui se trouvaient en magasin, chez les particuliers, et se disposa à une vive résistance ; il fit réparer avec soin toutes les fortifications, et pendant tout le temps que dura le blocus une discipline sévère régna parmi les troupes.

Au mois de janvier 1800, un aviso trompa les croisières ennemies et apporta la nouvelle de la révolution qui avait placé Bonaparte à la tête du gouvernement. Elle fut reçue avec enthousiasme. Les troupes, persuadées que le premier consul ferait tout ce qui dépendrait de lui pour les secourir, jurèrent de s'ensevelir sous les ruines de Malte, plutôt que de se rendre aux ennemis de la France.

Ce serment aurait été accompli si les Français n'eussent eu à repousser que les attaques combinées et jusqu'alors infructueuses des assiégeants par terre et par mer ; mais l'ennemi le plus redoutable, le seul qu'il ne fût point en leur pouvoir de vaincre, était le manque de vivres et de munitions, dont ils étaient incessamment menacés. Une division, partie de Toulon pour leur porter secours, avait été dispersée à la vue de Malte.

Au commencement de juillet, Nelson, qui avait déjà envoyé au général Vaubois cinq sommations inutiles, le menaça du refus d'une capitulation honorable si la garnison ne se rendait pas à l'arrivée d'une flotte russe qu'il disait à Messine. « La valeur de la garnison, répondit le général Vaubois, est celle de Français aussi remplis de l'amour de leur devoir que de courage. Cette place est en trop bon état, et je suis moi-même trop jaloux de bien servir mon pays et de conserver mon honneur, pour écouter vos propositions. Quelques ennemis qui se présentent, nous les combattrons avec vigueur, et nous les forcerons, ainsi que tous ceux qui viendraient après, à nous craindre et à nous estimer. »

Le marquis de Nizza, commandant les troupes portugaises, demanda une entrevue au général français ; celui-ci consentit à le recevoir au fort Manoël ; mais en voyant paraître l'amiral portugais, les soldats de la garnison, ne pouvant contenir leur indignation, s'écrièrent : « Non ! non ! nous voulons conserver Malte à la république : nous périrons tous sur les remparts avant de capituler ! Osez venir nous attaquer ! » Ce fut en vain que le général Vaubois voulut faire cesser ces clameurs universelles. Il fut impossible au marquis d'expliquer le motif de sa présence, et il se retira aussitôt.

De quarante-cinq mille habitants renfermés d'abord dans la place, il n'en restait plus que neuf mille. Deux mille sept cents d'entre eux furent mis hors des portes. Le général anglais Graham défendit à ses avant-postes de les laisser passer. C'est en vain qu'ils implorèrent l'intercession de leurs compatriotes mêlés parmi les Anglais : ces derniers firent feu sur eux. Ces malheureuses victimes errèrent deux jours au pied des remparts. Vaubois en eut pitié et leur fit rouvrir les portes.

Cependant on ne voyait dans la place que des morts et des mourants. Réduit à capituler, Vaubois conclut, le 5 septembre, une convention qui livrait l'île de Malte aux Anglais.

CAMPAGNE DE 1801—1804.

Opération des armées d'Italie et des Grisons ; Congrès de Lunéville ; paix ; préparatifs d'une invasion en Angleterre ; mouvements militaires sur la frontière d'Espagne ; derniers combats livrés en Égypte ; évacuation de ce pays ; belle conduite des membres de l'Institut d'Égypte ; paix générale ; Napoléon est déclaré empereur des Français

Après avoir traversé le Mincio, le général Brune se prépara à forcer le passage de l'Adige. Tous les apprêts de cette opération étaient terminés le 1er janvier 1801 ; elle s'effectua presque sans obstacle. Le gros de l'armée s'attacha à la poursuite de l'ennemi, qui se repliait, et l'aile gauche seule demeura sur le Haut-Adige, et manœuvra pour se joindre à l'armée des Grisons.

L'armée française entra le 3 janvier dans Vérone, et le 8 dans Vicence. Le 11, elle passa la Brenta. La ville de Trévise fut occupée le 14 ; le 16, la signature d'un armistice sauva les Autrichiens d'une perte presque certaine. La place de Peschiera, dont le général Chasseloup faisait le siége, les châteaux de Vérone et de Legnano, Ferrare et Ancône, furent remis aux Français. La cession de Mantoue fut la condition d'un nouvel armistice négocié et signé à Lunéville, le 26 janvier, par les plénipotentiaires des deux nations, et qui fut considéré comme un grand acheminement vers la paix, dont on traitait les conditions avec une égale activité de part et d'autre.

Pendant ce temps l'armée des Grisons s'était dirigée sur Trente. Pour y arriver, il fallait franchir le San Zeno, l'une des plus hautes montagnes de la chaîne des Alpes. On fraya un passage aux soldats, aux chevaux et mulets qui portaient les munitions, en taillant d'énormes blocs de glace. Le 6 janvier, l'armée des Grisons arriva à Storo, à quinze lieues de la ville vers laquelle elle se dirigeait. Elle était la Trente à même jour, après avoir fait quarante milles en trente-quatre heures, et emporté, chemin faisant, la forte position de la Bocca d'Anfo, défilé de soixante toises qui défendaient de bons ouvrages; celle de Pieve di Bruno et de Sau-Alberto dernier retranchement que les Autrichiens avaient fortifié avec le plus grand soin. L'arrière-garde du général Landon, qui avait défendu pied à pied toutes ces positions, acculée définitivement sur Trente, résista encore vigoureusement à la légion italienne du général Lecchi : celui-ci, marchant en tête de l'avant-garde du général Macdonald, s'était précipité sur le pont de Trente, afin d'empêcher les Autrichiens de le brûler; mais il fut obligé de reculer devant les batteries qui se trouvaient de l'autre côté de la rivière. Quand il revint à la charge, appuyé par la division Pully, le pont était incendié : il fallut en construire un avec des radeaux; et cette opération entraîna une grande perte de temps et d'hommes, car les travailleurs étaient exposés à la mitraille et à la mousqueterie de l'ennemi. Enfin, le pont étant achevé, les Français traversèrent l'Adige, culbutèrent tout ce qui se trouva devant eux sur la rive opposée, et entrèrent pêle-mêle avec les Autrichiens dans la ville.

Le général Landon était vivement pressé par l'aile gauche de l'armée d'Italie, et la réunion prochaine de ce corps avec l'armée des Grisons allait mettre dans une position critique son détachement et celui de Wukassowich. Landon eut recours à une perfidie : instruit de la prise de Trente, il négocia avec Moncey, qui l'ignorait, un armistice dont la condition principale était la remise de cette ville. Les armistices signés à Steyer et à Trévise mirent un terme aux mouvements de l'armée des Grisons. Cette armée demeura répandue dans le Tyrol italien.

Tout paraissait annoncer que la paix allait enfin être rendue à l'Europe. L'Angleterre n'avait plus en Italie d'autre appui que la cour de Naples.

Pendant le congrès de Lunéville, le roi Ferdinand avait fait avancer entre l'Abruzze supérieure et la Marche-d'Ancône un corps de douze mille hommes, confié au comte de Damas, émigré français; ce détachement s'était retiré sur le territoire romain après l'occupation de la Toscane.

A la fin de novembre 1800, Bonaparte avait rassemblé à Dijon dix mille hommes, sous les ordres de Murat, et les avait dirigés sur Genève et Chambéry.

Le Piémont était troublé par de fréquentes insurrections. La réunion du Navarrais à la république cisalpine, le passage continuel des troupes françaises, la levée des contributions de guerre, étaient les prétextes dont on se servait pour soulever les paysans, et le général Soult, commandant du pays, n'ayant à sa disposition que des soldats infirmes et malades, se maintenait difficilement par la double voie de la force et de la clémence.

Dans la Toscane, le général Miollis, avec trois mille hommes de l'aile droite de l'armée d'Italie, avait à combattre à la fois le corps d'armée de

Roger de Damas et quinze mille hommes commandés par le marquis de Sommariva.

Par les ordres du premier consul, Murat quitta Milan le 12 janvier 1801, et se dirigea sur la Romagne; mais l'intervention de la Russie, réclamée par la reine Caroline, femme de Ferdinand, dans un voyage qu'elle fit auprès de Paul 1er, fut acceptée par Bonaparte et suspendit les opérations de la nouvelle armée. L'envoyé russe Lewaschew fut reçu à Florence par Murat, et parut au spectacle avec le général français : on lui présenta un drapeau russe qu'il joignit lui-même au drapeau tricolore, en s'écriant : « Les deux plus grandes nations de l'Europe doivent être unies pour la paix du monde et le bonheur général. »

Le 6 février, Murat conclut à Faligno un armistice qui devait donner aux diplomates réunis à Lunéville le temps d'arrêter un traité de paix définitive.

Les négociations entamées à Lunéville n'avaient été que suspendues, et les plénipotentiaires étaient même restés dans cette ville pendant que les hostilités recommençaient. La nouvelle du désastre de Hohenlinden fournit au comte de Cobentzel le prétexte de déclarer : « qu'il était autorisé par Sa Majesté l'empereur à donner à ses pouvoirs l'interprétation que leur avait donnée le plénipotentiaire français, et à traiter sans le concours des Anglais. »

Un message du gouvernement annonça au Corps Législatif cette note officielle, et les succès des armées qui l'avaient provoquée. Les conditions de la paix furent déduites de la manière suivante : « La rive gauche du Rhin sera la limite de la république française; elle ne prétend rien sur la rive droite. L'intérêt de l'Europe ne veut pas que l'empereur passe l'Adige. L'indépendance des républiques cisalpine, helvétique et batave sera assurée et reconnue. Nos victoires n'ajoutent rien aux prétentions du peuple français; l'Autriche ne doit pas attendre de ses défaites ce qu'elle n'aurait pas obtenu par des victoires. »

Le traité définitif fut ratifié le 9 février 1801, et l'Angleterre seule refusa d'y prendre part. Ce fut contre elle que se dirigèrent toutes les forces de la France. L'ancien projet d'une descente en Angleterre fut reproduit et accueilli avec enthousiasme.

Tout ce qui restait de ressources à la marine française seconda les vues du premier consul.

Bonaparte songeait en même temps à arracher aux mains des Anglais le Portugal, dont le gouvernement obéissait à leur impulsion. Il amena la cour de Madrid à déclarer la guerre à celle de Lisbonne, et se chargea de soutenir puissamment son royal allié dans une entreprise où celui-ci s'engageait pour ainsi dire malgré lui. Il fut arrêté, dans une convention secrète, « que S. M. C. et la république française formeraient une armée combinée, pour obliger le Portugal à se détacher de son alliance avec l'Angleterre.

En conséquence, Godoï, prince de la Paix, *consultador général* à Madrid, fut mis à la tête d'une armée espagnole de quarante mille hommes. Le corps d'observation dit *de la Gironde*, joint aux troupes qui revenaient d'Italie, fut confié au général Gouvion-Saint-Cyr, èt se prépara à franchir les Pyrénées. Le Portugal détourna l'orage par un traité de paix qui fut signé à Madrid, le 29 septembre 1801.

La guerre allait bientôt cesser sur tout le continent. Déjà l'armistice avec Naples avait été changé en traité.

Le roi de Naples, intimidé par la présence de l'armée de Murat, réunie sur les frontières des États-Romains, accepta les conditions que la France voulut lui imposer. Le 28 mars 1801, fut signé à Florence un traité par lequel le roi des Deux-Siciles s'engageait à fermer ses ports aux bâtiments turcs et anglais pendant la durée de la guerre. Il renonçait à la souveraineté de l'île d'Elbe, des présides de Toscane et de la principauté de Piombino, et accordait à la république, à titre d'indemnité des dépenses de la guerre, une somme de cinq millions, payable dans trois mois.

Trois jours après la signature de ce traité, douze mille hommes, commandés par le général Soult, occupèrent les places et ports de l'Adriatique. Murat chargea le général Tharreau de s'embarquer avec la 60ᵉ demi-brigade et trois cents hommes de la légion polonaise, pour mettre ensuite pied à terre à Porto-Ferrajo, capitale de l'île d'Elbe. En même temps, le chef de brigade Mariotti, avec six cents Polonais, partait le 30 avril de Bastia, pour aborder à Porto-Longone.

Mariotti éprouva peu de résistance. Mais le général Tharreau, arrivé le 2 mai devant Porto-Ferrajo, trouva cette ville occupée par trois cents Anglais, huit cents Toscans et quatre cents Corses à la solde de l'Angleterre. Le gouverneur anglais Aizey avait contraint en outre tous les habitants valides à prendre les armes.

Tharreau, dont le détachement se composait d'environ quinze cents hommes, tenta plusieurs attaques infructueuses. Il fallut que, vers la fin de juillet, un renfort de cinq mille hommes, avec une nombreuse artillerie et des compagnies de sapeurs et de pionniers, vint entreprendre un siége régulier. Watrin remplaça Tharreau dans le commandement de ses troupes.

Une escadre anglaise, aux ordres de l'amiral Warren, s'empressa de ravitailler Porto-Ferrajo, et, en croisant dans les eaux de Piombino, parvint à isoler les assiégeants de la terre-ferme.

Le 13 septembre, l'amiral Warren essaya de débarquer deux mille cinq cents Anglais et le régiment suisse de Wateville, pendant que les assiégés faisaient une sortie. Une colonne commandée par le général Watrin, et placée dans une position avantageuse, culbuta le renfort dans la mer; la moitié des troupes débarquées put à peine s'échapper. Une autre colonne française repoussa les assiégés dans la place, et deux cents Anglais de la garnison furent coupés et mirent bas les armes.

Le gouverneur Aizey prolongea sa résistance jusqu'au 1ᵉʳ octobre. A cette époque, il se disposait à capituler, quand il fut averti que les préliminaires de paix venaient d'être signés.

Dès le 28 mars 1801, une note remise au commissaire français Otto, par lord Hawkesbury, premier secrétaire d'état d'Angleterre, avait prévenu le gouvernement français des dispositions pacifiques de S. M. B. Par les préliminaires signés à Londres, le 1er octobre, la France et ses alliés recouvrèrent les colonies dont les Anglais s'étaient emparés, à l'exception de la Trinité et de Ceylan. L'île de Malte fut rendue aux chevaliers de Saint-Jean-de-Jérusalem, et l'Egypte à la Sublime-Porte.

Avant que cette dernière clause fût connue en Orient, une convention avait livré l'Egypte aux Anglais.

A l'époque de la mort de Kléber, l'Egypte était divisée en huit arrondissements.

Le premier comprenait les provinces de Syouth et de Minich, gouvernées par le général de brigade Donzelot.

Le second, les provinces de Beny-Souef et du Fayoum, commandées par le général de division Dumas.

Le troisième, les provinces du Caire, d'Alkfyélhy et de Giseh, commandées par le général de division Belliard.

Le quatrième, les provinces de Charquich et du Zélyoubeh, commandées par le général de division Verdier.

Le cinquième, les provinces de Bahhyreh, de Rosette et d'Alexandrie, commandées par le général de division Friant.

Le sixième, les provinces de Damiette et de Mansourah, commandées par le général de division Rampon.

Le septième, la province de Garbieh, commandée par le général de brigade Fugières.

Le huitième, la province de Menoufieh, commandée par le général de division Verdier.

Mourad-Bey gouvernait alors le Saïd pour la république française.

Menou, par rang d'ancienneté, succéda à Kléber, dont il était loin d'avoir les talents. Dans une sécurité profonde, il ne songeait qu'aux fêtes et aux plaisirs, lorsque, la nuit du 1er mars 1801, une flotte anglo-turque débarqua dans la rade d'Alexandrie. Malgré les efforts du général Friant, à la tête de quinze cents hommes d'infanterie et de cent quatre-vingts cavaliers, douze mille Anglais opérèrent dès-lors leur débarquement. Sir Ralph Abercromby commandait l'armée anglaise, et le capitan-pacha l'armée ottomane. La flotte, aux ordres de l'amiral Keit, se composait de quarante-huit bâtiments anglais, vaisseaux, flûtes, bricks, corvettes ou frégates, et de quatorze vaisseaux turcs portant six mille Albanais et janissaires.

La division Lanusse et le 22e de chasseurs à cheval arrivèrent à Alexandrie, du 9 au 11 mars, au secours de Friant.

Un combat en avant d'Alexandrie rendit les Anglais maîtres du hameau de Bedah sur le canal d'Alexandrie, et les mit à même de bombarder le fort d'Aboukir, qui, ne pouvant soutenir l'assaut, ouvrit ses portes le 17 mars.

Le 18 mars, Menou passa la revue des troupes françaises réunies devant Alexandrie. Leur total était de huit mille trois cent cinquante fantassins et mille trois cent quatre-vingts cavaliers ; savoir : la division Régnier (85° et 13° demi-brigades), la division Friant (61° et 75°), la division Rampon (32° et 2°), la division Lanusse (65°, 18° et 4°), et la division d'Estaing (21° et 88°). Il y avait en outre un corps de cavalerie commandé par le général Roize, et un corps de dromadaires.

L'armée anglaise s'élevait à seize mille hommes d'infanterie, deux cents chevaux, douze pièces de canon attelées, et trente en position dans les redoutes, sans compter celles des chaloupes canonnières.

Les troupes françaises se rangèrent en bataille le 21 mars, entre trois et quatre heures du matin. La gauche, sous les ordres de Lanusse, enfonça la droite des Anglais ; mais ce général, marchant à la tête de la cavalerie, fut atteint à la cuisse d'un boulet partant des chaloupes canonnières. Quatre grenadiers voulurent l'enlever, mais un second boulet emporta deux de ces braves. Cet événement mit le désordre dans l'aile gauche.

Au centre, Rampon eut deux chevaux tués sous lui et ses habits percés de balles.

Le général Destaing, chargé d'attaquer la seconde ligne des Anglais, fut blessé l'un des premiers, ainsi que le chef de bataillon Rausser.

La demi-brigade de ce dernier, la 21° légère, se retira en bon ordre ; seulement un régiment détaché pour lui couper la retraite fit prisonnier le troisième bataillon, presque entièrement composé de Cophtes ; trente d'entre eux qui gardaient le drapeau se firent tous tuer avant qu'il ne tombât dans les mains des Anglais.

Menou, au milieu de l'action, ordonna intempestivement à la réserve de cavalerie de charger. Le général Roize, qui la commandait, après d'inutiles représentations, s'écrie : « Mes amis, on nous envoie à la gloire et à la mort ; marchons ! » Leur charge repousse les Anglais jusqu'à leurs tentes ; mais là, des trous-de-loup, des chausses-trappes, des cordages et des piquets embarrassent les pieds des chevaux. Roize met pied à terre et périt en combattant. Un officier de dragons pénètre jusque dans la tente d'Abercromby, lutte avec lui corps à corps, et lui porte des coups si terribles que le général anglais en mourut quelques jours après.

L'aile droite, commandée par Régnier, soutint encore le combat pendant plus de quatre heures. La retraite s'effectua en bon ordre, et les Français reprirent leurs positions. Leur perte fut de huit cents morts, quatre cents prisonniers et deux cents blessés.

Le 17 avril, trois mille Anglais et un détachement turc marchèrent sur Rosette, que nos troupes évacuèrent. Le 10, ils assiégèrent le fort Jullien, où s'étaient renfermés vingt-cinq hommes de la 61°, une compagnie d'invalides et quelques canonniers. Bien que l'ennemi fît un feu terrible, et que l'un des fronts du fort eût été détruit par les inondations, cette faible garnison résista pendant dix jours, et les Anglais, en la voyant sortir, demandèrent avec étonnement si elle était bien là tout entière.

Le 9 mai, les Anglo-Turcs s'emparèrent de Rahmanieh. L'occupation de cette ville coupait la communication d'Alexandrie avec l'intérieur de l'Egypte, et exposait ainsi l'armée à périr de faim.

Bloqué dans Alexandrie, Menou envoya le chef de brigade Cavalier, commandant le régiment *des dromadaires*, dans la province de Bahhyreh, pour y enlever des vivres. Le 16 mai, Cavalier arriva au village d'El-Oah, sur les bords du Nil, avec deux cent vingt hommes d'infanterie, cent vingt-cinq dragons, une pièce de canon, quatre-vingt-cinq dromadaires et six cents chameaux.

Il s'avançait dans le désert, quand il fut assailli par une brigade d'infanterie anglaise et un détachement de cavalerie. Après trois heures de retraite, harcelé par les Anglais et par des colonnes d'Arabes, obligé de s'arrêter parce que les chameaux abattus tombaient à chaque pas, il fit avec le major Wilson une convention par laquelle les Anglais s'engageaient à le ramener en France, lui et sa troupe, avec armes et bagages.

Le grand-visir était parti d'El-Arich, le 14 avril, avec vingt-cinq mille Turcs et douze cents Anglais. Belliard, commandant du Caire, marcha à sa rencontre avec quatre mille six cents hommes d'infanterie, neuf cents cavaliers et vingt-quatre pièces de canon. Le 16 mai, il défit une avantgarde ennemie; mais, craignant d'être enveloppé par la cavalerie ottomane, il rentra au Caire le 17 mai.

Pendant ce mouvement, six mille osmanlis prirent possession de Damiette. Un autre détachement turc se porta sur le fort Lesbeh qui n'avait qu'une garnison de deux cents hommes. Cette garnison, sommée de se rendre, manifesta, pour gagner du temps, l'intention de se défendre jusqu'à l'extrémité; mais pendant la nuit elle encloua les canons, jeta dans le Nil les munitions et les vivres, et évacua le fort en silence.

Vers cette époque, Mourad-Bey mourut de la peste à Beny-Souef, au moment où il se préparait à se rendre au Caire pour partager les dangers des Français. Son successeur, qu'il avait lui-même désigné, Osman-Bey-el-Tamburdji, voyant la cause des Français désespérée, se borna à leur faire passer des grains, et se rendit au corps d'armée du capitan-pacha.

Le 23 mai, six à huit mille Anglais, venant de l'Inde, débarquèrent à Kosseir. Le général en chef, Hutchinson, successeur de sir Ralph Abercromby, se crut alors en mesure de bloquer incontinent l'armée française, et s'avança jusqu'à Embabeh, où il établit son quartier-général, le 20 juin.

L'armée française était moissonnée par la peste; il entrait dans le lazaret du Caire jusqu'à cent cinquante soldats par jour; on n'avait plus au Caire de vivres que pour quinze jours. Dans cette extrémité, le général Belliard assembla un conseil de guerre. Le général Donzelot y proposa de se retirer dans la Haute-Egypte, et d'y faire la guerre à la manière des mameloucks, en attendant des renforts. Le chef de brigade Dupas, commandant la citadelle du Caire, ouvrit l'avis d'aller affronter l'ennemi dans ses retranchements, de vaincre ou de périr les armes à la main. Mais le général Belliard n'avait que cinq mille hommes à opposer aux armées turques et à quinze mille Anglais environ. La majorité des officiers présents décida donc qu'on négocierait l'évacuation du Caire. La convention fut conclue le 27 juin, et le 9 août la garnison du Caire s'embarqua pour la France.

L'embarquement de l'armée française s'effectua successivement par convois. Menou quitta Alexandrie le 17 octobre 1801. L'armée française avait perdu en Egypte huit mille neuf cent quinze hommes, d'après l'état dressé au Caire par l'ordonnateur en chef Sartelon.

Tués dans les combats.	3,614
Morts de leurs blessures.	854
Morts par accidents.	290
Morts de maladies ordinaires.	2,468
Morts de la fièvre pestilentielle.	1,689
Total.	8,915

L'évacuation de l'Egypte fut le dernier événement de la guerre qui depuis si longtemps désolait l'Europe et l'Afrique. Le 17 mars 1802, les plénipotentiaires de toutes les nations, réunis à Amiens, arrêtèrent les articles d'un traité de paix générale.

L'Europe commençait à jouir de la paix, lorsque le roi d'Angleterre, en refusant d'évacuer Malte, aux termes du traité d'Amiens, donna le signal de nouvelles hostilités. L'empereur de Russie offrit en vain sa médiation. La saisie de plusieurs bâtiments de commerce français fut l'objet des vives réclamations de Bonaparte. Le cabinet de Saint-James y répondit en demandant : 1° l'évacuation des républiques batave et helvétique par les troupes françaises; 2° l'évacuation de l'île de Malte après l'expiration de dix ans. A la lecture de ce message, Bonaparte expédia l'ordre d'arrêter par toute la France et sur tous les territoires occupés par nos armes les Anglais qui s'y trouvaient et de les retenir prisonniers, en représailles de la saisie injuste des vaisseaux français (12 mai 1803).

L'invasion du Hanovre fut la première opération militaire entreprise par le premier consul. Le 15 avril 1803, douze mille hommes, rassemblés à Nimègue, quittèrent cette ville, sous le commandement de Mortier.

En entrant dans le Hanovre (28 mai), Mortier répondit par une sage proclamation au manifeste que Georges III avait adressé aux Hanovriens, et dans lequel, après avoir présenté l'armée française comme une troupe de brigands et de spoliateurs, il appelait aux armes tous ceux qui étaient en état de les porter, pour repousser la plus inique des agressions.

Mortier présenta aux Hanovriens le roi d'Angleterre comme un parjure, responsable du fléau de la guerre, et leur promit que l'armée française, soumise à la discipline la plus sévère, respecterait les personnes et les propriétés.

Le 31 mai, l'armée française prit position en avant de Wetche. Douze mille hommes d'infanterie, quatre mille de cavalerie et huit cents artilleurs ou sapeurs lui étaient opposés, et gardaient la ligne de la rivière de la Honte.

A la première nouvelle de l'approche des Français, le duc de Cambridge, général en chef des Hanovriens, avait donné sa démission, pris la poste pour s'embarquer, craignant sans doute de partager la honte que son frère, le duc d'Yorck, avait recueillie de son expédition de Hollande. Cette fuite du troisième fils du roi d'Angleterre parut d'autant plus étrange que, quelques jours auparavant, il avait juré de mourir les armes à la main plutôt que de permettre aux Français de s'emparer du Hanovre.

Le feld-maréchal Walmoden prit le commandement en chef après le départ du duc. Quelques instants suffirent pour l'intimider et lui faire accorder un armistice qui mit les Français en possession de tout l'électorat. Par suite de la capitulation signée, le 4 juillet, au quartier-général français d'Artlenburg, les troupes hanovriennes déposèrent les armes et s'engagèrent à ne point combattre avant d'avoir été échangées.

Maître du Hanovre, le premier consul songea à réaliser le projet de descente en Angleterre.

Tous les corps de l'ancienne armée, de cette armée victorieuse de l'Europe, et qui commençait à être impatiente de son inaction, reçoivent l'ordre de se tenir prêts à marcher sur les divers points de la côte de l'Océan, où devaient se rassembler les divisions de la grande flottille. Les soldats prennent part au sacrifice général, abandonnant plusieurs mois de leur paie pour la construction des bateaux qui doivent les transporter au rivage ennemi.

Parti de Paris vers la mi-juin 1803, Bonaparte visita une partie des villes du département de l'Escaut et de la Belgique. Quelques mois après, il alla au camp de Boulogne, où les troupes désignées à l'expédition d'Angleterre se rassemblaient sous les ordres du maréchal Soult et de l'amiral Brueys.

De retour à Paris, Bonaparte s'occupa d'affermir son autorité. Enfin, le 3 avril 1804, un tribun, nommé Curée, proposa de l'investir de la dignité impériale, et de la déclarer héréditaire dans sa famille. Cette motion, adoptée le 10 mai par le Tribunat et le Sénat, plaça Napoléon Bonaparte sur le premier trône de l'Europe.

Le 18 mai, Napoléon nomma maréchaux de l'empire les généraux Berthier, Murat, Moncey, Jourdan, Massena, Augereau, Bernadotte, Soult, Brune, Lannes, Mortier, Ney, Davoust et Bessières. Le nombre des maréchaux était limité à seize par le sénatus-consulte organique qui fixait les bases du gouvernement; mais les sénateurs maréchaux n'y étaient point compris. Les sénateurs Kellermann, Lefebvre, Pérignon et Serrurier furent honorés de cette dignité nouvelle.

Napoléon remit en vigueur la dénomination de *régiments* pour les demi-brigades, et celle de *colonels* pour les chefs de brigade.

Le 18 juillet, Napoléon quitta Paris pour aller activer par sa présence les travaux du camp de Boulogne. Dans la soirée du 19, il fit manœuvrer les différentes divisions de la flottille, parcourut la ligne des côtes, et fut accueilli dans tous les camps par les acclamations des citoyens, des soldats et des matelots.

Les différents camps tracés depuis plus de deux ans, et occupés alors par l'élite de l'armée française réorganisée, offraient un spectacle singulièrement remarquable par les développements de l'industrie qui avait surtout présidé à leur formation. Chacun d'eux ressemblait à une cité où les commodités et les agréments de la vie civile se trouvaient réunis avec la discipline et le goût austère qui signalent le militaire français dans les camps de plaisance.

Le 9 mai 1802, le premier consul avait institué la Légion-d'Honneur pour récompenser les services militaires et civils. Le 16 août 1804, l'empereur voulut distribuer des croix de la Légion-d'Honneur aux militaires qui avaient mérité cette distinction dans les dernières campagnes.

A six heures du matin, plus de quatre-vingt mille hommes sortirent des camps et s'avancèrent vers la plaine du moulin Hubert. Dans cette plaine se trouvait un échafaudage d'environ quarante pieds carrés, élevé à quinze pieds environ au-dessus du sol, auquel on montait par trois escaliers couverts de tapis. Sur cet échafaudage étaient trois estrades : celle du milieu supportait le siège de Dagobert, œuvre de saint Éloi, qu'on avait décoré de trophées et de drapeaux pris en Italie et en Égypte ; l'estrade de gauche était réservée aux grands dignitaires ; celle de droite supportait un trépied portant le bouclier de Duguesclin et le casque de Bayard. A la droite du trône, soixante ou quatre-vingts tentes avaient été dressées pour les dames de la ville.

Un aide-de-camp de l'empereur appelait un à un les militaires désignés. Deux pages prenaient la décoration dans le casque de Duguesclin, et la remettaient à Napoléon, qui l'attachait sur la poitrine du titulaire. A cet instant, huit cents tambours battaient un roulement, et des fanfares exécutées par plus de douze cents musiciens signalaient le retour du soldat à sa compagnie.

Napoléon tint sa cour à Boulogne avec une magnificence qui éclipsait celle des anciens rois. Les arts, le luxe, les plaisirs affluaient au quartier impérial, et formaient un contraste remarquable avec l'ordre et la discipline sévère qui régnaient dans les camps. Aux manœuvres militaires qui avaient occupé les troupes pendant la matinée, on voyait succéder, le soir, les danses, les fêtes et les jeux scéniques ; des acteurs choisis dans les divers théâtres de Paris, après avoir reproduit quelques-uns des chefs-d'œuvre de la scène française, jouaient ensuite des pièces allégoriques propres à augmenter l'enthousiasme des spectateurs, et à porter leur patriotisme et leur dévouement au plus haut degré d'énergie, par les allusions ingénieuses et les traits piquants qu'elles renfermaient.

L'empereur retourna à Paris au mois d'octobre. Le 2 décembre, il fut sacré à Notre-Dame-de-Paris par le pape Pie VII. La journée du 5 décembre fut consacrée à distribuer aux troupes de nouvelles enseignes surmontées d'un aigle, symbole de la puissance impériale, qui devait être aussi, pendant neuf années, celui de la victoire.

CAMPAGNE DE 1805.

Napoléon est nommé roi d'Italie; nouvelle coalition; discours de l'empereur au Sénat; organisation de la grande armée; victoires de Donawerth, de Wertingen, de Guntzburg, d'Elchingen, d'Ulm, de Lolben; entrée des Français dans Vienne; victoires de l'armée d'Italie; victoire d'Austerlitz; paix de Presbourg.

Après avoir aboli la république en France, Napoléon ne pouvait la laisser subsister en Italie. Le vœu de la *Consulte d'Etat* italienne l'appela à porter la couronne de fer des rois de Lombardie. Il nomma vice-roi pour gouverner le royaume en son absence son fils adoptif Eugène Beauharnais, né du premier mari de l'impératrice Joséphine. Elisa, sœur de l'empereur, mariée à un officier corse, reçut en apanage la principauté de Piombino et le territoire de Lucques.

Ces actes étaient autant de preuves d'une ambition qui devait nécessairement soulever contre le jeune empire les vieilles monarchies. L'Autriche, la Russie, la Suède et la Prusse ne tardèrent pas à s'unir à l'implacable Angleterre.

La troisième coalition contre la France était formée : ce fut l'Autriche qui, en envahissant la Bavière, donna le signal des hostilités. Napoléon fit lever le camp de Boulogne, se rendit au sénat, et y prononça le discours suivant :

« Sénateurs,

» Je vais quitter ma capitale pour me mettre à la tête de l'armée, porter un prompt secours à nos alliés, et défendre l'intérêt le plus cher à mes peuples.

» Les vœux des éternels ennemis du continent sont accomplis; la guerre a commencé au milieu de l'Allemagne; l'Autriche et la Russie se sont réunies à l'Angleterre, et notre génération est de nouveau entraînée dans les calamités de la guerre. Il y a peu de jours, j'espérais encore que la paix ne serait pas troublée; les menaces et les outrages m'avaient trouvé impassible; mais l'armée autrichienne a passé l'Inn, Munich est envahi, l'électeur de Bavière est chassé de sa capitale : toutes mes espérances se sont évanouies.

» Sénateurs, quand, à votre vœu, à la voix du peuple français tout entier, j'ai placé sur ma tête la couronne impériale, j'ai reçu de vous, de tous les citoyens, l'engagement de la maintenir pure et sans tache.

» Magistrats, soldats, tous veulent maintenir la patrie hors de l'influence de l'Angleterre, qui, si elle prévalait, ne nous accorderait qu'une paix environnée d'ignominie et de honte, et dont les principales conditions seraient la perte de nos flottes, le comblement de nos ports, et l'anéantissement de notre industrie.

» Français, votre empereur fera son devoir, mes soldats feront le leur, vous ferez le vôtre. »

L'empereur quitta le château de Saint-Cloud le 24 septembre, et alla attendre à Strasbourg l'arrivée des troupes qui devaient former la grande armée.

L'armée de Hanovre et les régiments réunis dans le camp de Zeist, en Hollande, composaient les deux premiers corps, sous les ordres du maréchal Bernadotte et du général Marmont; l'armée des côtes de l'Océan fournit quatre autres corps, commandés par les maréchaux Davoust, Soult, Lannes et Ney; un septième corps, confié au maréchal Augereau, fut chargé d'occuper le Vorarlberg et la Souabe. L'armée d'Italie formait le huitième corps. Le maréchal prince Murat fut mis à la tête de cinq divisions de réserve de cavalerie; huit cents vélites à cheval, sous la conduite du maréchal Bessières, furent attachés à la garde particulière de l'empereur.

Toute l'armée française passa le Rhin du 25 au 26 septembre; la gauche, composée des corps de Bernadotte et de Marmont, et de deux divisions bavaroises, vint s'établir à Wurtzburg; le reste des troupes françaises manœuvra de manière à venir faire face au Danube.

Le 6 octobre l'armée tenait la ligne suivante :

Bernadotte, en position à Weissenburg;

Davoust, à Altingen, à cheval sur le Wernitz;

Soult, maître du pont de Munster, était aux portes de Donawerth;

Ney, à Kossingen;

Lannes, à Neresheim;

Enfin la cavalerie de Murat bordait le Danube.

L'armée autrichienne d'Allemagne, sous les ordres de l'archiduc Ferdinand et du feld-maréchal Mack, s'était concentrée dans les environs d'Ulm.

La deuxième division du corps d'armée du maréchal Soult, commandée par le général Vandamme, étant arrivée le 6, à huit heures du soir, à

Donawerth, eut l'honneur de porter les premiers coups à l'ennemi; elle culbuta le régiment de Colloredo qui défendait le pont de la ville, tua une soixantaine d'hommes, et fit cent cinquante prisonniers. Le maréchal Soult fit réparer le pont, se porta sur Augsbourg avec les divisions Vandamme et Legrand, tandis que la division Saint-Hilaire remontait le Danube par la rive gauche, pour observer le mouvement des troupes réunies autour d'Ulm, et se rabattre ensuite dans la même direction que les deux autres divisions que nous venons de nommer.

Le prince Murat, arrivé à Donawerth le 7 au matin, avec la division de dragons commandée par le général Walter, y traversa le fleuve pour se porter rapidement sur le Lech. Le colonel Wathier, à la tête de deux cents dragons du 4ᵉ régiment, traversa cette rivière à la nage pour s'emparer du pont situé sur la route de Rain. Un régiment de cuirassiers autrichiens voulut faire quelque résistance : il fut chargé avec impétuosité par Wathier et ses deux cents braves, et le pont resta au pouvoir de la colonne française.

Le lendemain Murat se mit en marche pour couper la route d'Ulm à Augsbourg. Il eut à soutenir à Wertingen un combat de deux heures contre une division ennemie, composée de douze bataillons de grenadiers, et soutenue par un autre escadron du régiment d'Albert. Ces cuirassiers furent sabrés; l'ennemi perdit la plupart de ses drapeaux et de ses pièces de canon, et laissa prisonniers entre les mains des Français deux lieutenants-colonels, six majors, soixante officiers et près de quatre mille soldats. Après cette victoire, Murat continua son mouvement et se porta au village de Zusmershausen, situé sur la route d'Ulm à Augsbourg.

Napoléon, qui marchait avec le corps du maréchal Lannes, établit son quartier général à Zusmershausen, et y passa en revue la cavalerie de Murat, ainsi que les deux divisions Oudinot et Suchet; c'est là qu'il reçut des mains du chef d'escadron Excelmans, aide-de-camp de Murat, les drapeaux pris au combat de Wertingen. L'empereur lui dit : « Je sais qu'on ne peut être plus brave que vous, je vous fais officier de la Légion-d'Honneur. » Napoléon se fit présenter par chaque régiment un dragon, auquel il donna également la décoration de la Légion-d'Honneur, en témoignant à tous les dragons sa satisfaction de leur conduite. Les grenadiers d'Oudinot participèrent aussi à ces récompenses, et l'empereur loua leur courage et leur belle tenue.

Le maréchal Soult, après avoir manœuvré, les 7 et 8 octobre, avec la division Legrand, rejoignit celle de Vandamme pour se rendre avec elle à Augsbourg par la rive droite du Lech, tandis que le général Saint-Hilaire s'y portait par la rive gauche. Le maréchal rencontra à Aichach les débris de la colonne autrichienne battue et dispersée à Wertingen, les chassa de ce village, et entra le 9 à Augsbourg.

Le même jour, le corps du maréchal Ney (6ᵉ corps, força le passage du pont de Guntzburg, et se plaça vis-à-vis d'Ulm sur les deux rives du Danube, après avoir mis en fuite l'archiduc Ferdinand.

Le 10, le corps du général Marmont (2ᵉ corps) s'avança à marches forcées pour prendre position sur les hauteurs d'Irllersheim, près d'Augsbourg. Napoléon le rencontra au pont de Lech, à l'instant de son passage. Faisant alors former le cercle aux régiments, il les harangua à la manière des empereurs romains. Il leur parla de la situation de l'ennemi, de l'imminence d'une grande bataille, et de la confiance qu'il avait en leur valeur et en leur dévouement. Cette harangue avait lieu pendant un temps affreux; la neige tombait à gros flocons, le froid était assez vif, et le soldat avait les pieds dans la boue; mais l'empereur n'en fut pas moins écouté avec un religieux silence, qui ne fut rompu que lorsqu'il eut cessé de parler, par des acclamations unanimes et des cris belliqueux.

Les troupes ennemies campées devant Ulm essayèrent de faire une trouée, le 11, en attaquant la division Dupont qui était postée à Albeck, sur la rive gauche; mais les six mille soldats de Dupont résistèrent pendant un jour à vingt-cinq mille hommes, et firent quinze cents prisonniers.

Le 12, Napoléon arriva à Burgau.

Le 14, à la pointe du jour, le seizième corps enleva le pont d'Elchingen, qu'occupaient seize mille Autrichiens. Au bout de quatre heures l'ennemi se replia sur Ulm, abandonnant trois mille prisonniers. Cette journée valut au maréchal Ney, après la campagne, le titre de duc d'Elchingen.

Le même jour, la garnison de Memmingen, forte de neuf bataillons d'infanterie, se rendit au quatrième corps; en même temps, le premier corps entrait dans Munich.

Le 16, au village de Languenau, Murat, à la tête d'une partie de la cavalerie et du 9ᵉ régiment d'infanterie légère, attaqua le détachement du général Warneck, et lui fit trois mille prisonniers. Le lendemain il l'atteignit de nouveau à Nereshcim; la division de dragons du général Klein chargea les Autrichiens, leur prit deux drapeaux, un officier-général et onze cents soldats. L'archiduc Ferdinand, qui se trouvait à Nereshcim avec sept généraux, monta à cheval et s'enfuit au plus vite, laissant son dîner préparé et servi.

Cependant Napoléon, voulant éviter à l'armée autrichienne une attaque de vive force, fit proposer au feld-maréchal Mack une capitulation que celui-ci consentit le 17 octobre.

Le 20, trente mille hommes, dont deux mille de cavalerie, vinrent défiler devant Napoléon avec tous les honneurs de la guerre, et se livrèrent ensuite au vainqueur, auquel ils remirent soixante pièces de canon et quarante drapeaux.

L'armée française, rangée en bataille, occupait les hauteurs de la ville. Napoléon, entouré de sa garde, ayant fait appeler les généraux autrichiens, au nombre de seize, y compris le général en chef Mack, les tint auprès de lui jusqu'à ce que les troupes eussent défilé, et leur témoigna les plus grands égards. Puis, leur adressant la parole : « Messieurs, leur dit-il, l'empereur votre maître me fait une guerre injuste; je vous le dis avec franchise, je ne sais pourquoi je me bats; je ne sais ce qu'on veut de moi; » et, leur montrant les Français rangés en bataille sur les hauteurs : « Ce n'est pas dans cette seule armée que consistent mes ressources; cela serait-il vrai, je ferais bien du chemin avec cette même armée; mais j'en appelle au rapport de vos soldats prisonniers qui vont traverser la France; ils verront quel esprit anime mon peuple, et avec quel empressement il viendra se ranger sous mes drapeaux. Voilà l'avantage de ma nation et de ma position; avec un mot, deux cent mille hommes de bonne volonté accourront près de moi, et en six semaines seront de bons soldats; au lieu que vos recrues ne marcheront que par force, et ne pourront qu'après plusieurs années faire des soldats. Je donne encore un conseil à mon frère l'empereur d'Allemagne; qu'il se hâte de faire la paix. C'est le moment de se rappeler que tous les empires ont un terme; l'idée que la fin de la dynastie de la maison de Lorraine serait arrivée doit l'effrayer. Je ne veux rien sur le continent. Ce sont des vaisseaux, des colonies, du commerce que je veux, et cela vous est avantageux comme à nous. » Mack ayant répondu à Napoléon que François n'aurait pas voulu la guerre, mais qu'il avait été forcé par la Russie : « En ce cas, reprit l'empereur des Français, vous n'êtes donc plus une puissance? »

En récapitulant le nombre des prisonniers faits depuis le commencement de la campagne, on trouve un total de plus de soixante mille hommes, dont vingt-neuf officiers-généraux et deux mille officiers ordinaires. De part et d'autre, le nombre des tués était hors de toutes les proportions établies à la guerre. C'était le résultat du système d'opérations si habilement conçu par Bonaparte, et exécuté avec autant de bravoure que de dévouement par sa belle armée, qui à peine avait perdu deux mille hommes dans les différents combats qui précédèrent la reddition d'Ulm. Aussi les soldats disaient-ils dans leurs bivouacs : « L'empereur a trouvé une nouvelle manière de faire la guerre; il se sert de nos jambes plus que de nos baïonnettes. »

Cependant les débris de l'armée autrichienne, retirés sur la rive droite de l'Inn, sous les ordres du général Kienmayr, se réunissaient aux premières colonnes d'une armée russe forte de plus de trente mille hommes, qui, commandée par le général Kartusow, était venue en poste du fond de la Russie. Il devenait instant de prendre des mesures contre ces forces combinées qui s'augmentaient de jour en jour, et de combattre encore pour contraindre l'empereur d'Autriche à accepter une paix qu'il ne paraissait pas disposé à solliciter.

Le lendemain de l'entrée des troupes françaises dans Ulm, Napoléon se rendit à Augsbourg. Les quatre-vingts grenadiers du premier peloton de sa garde portaient chacun un drapeau pris sur l'ennemi.

Le 24 octobre, tous les corps de la grande armée qui avaient pris part à la campagne étaient réunis à Munich. Un nouveau corps, détaché de ceux des maréchaux Lannes et Ney, et composé des divisions Gazan et Dupont, avait été confié au maréchal Mortier. A la fin d'octobre, ils se mirent en mouvement pour s'avancer vers l'Ion.

Le 29 octobre, l'empereur entra à Bronau. Le 30, la réserve de la cavalerie française chargea six mille Autrichiens sur les hauteurs de Ried, et fit cinq cents prisonniers. Le 31, elle les atteignit de nouveau à Lambach. Huit bataillons russes s'avançaient pour protéger les vaincus; la division Bisson (du deuxième corps) accourut au secours de la réserve et mit l'ennemi en déroute.

A l'approche de la grande armée, les Austro-Russes se replièrent sur Vienne. L'empereur d'Autriche, effrayé, envoya le général Giulay solliciter une suspension d'armes. Napoléon lui fit répondre que ce n'était point à la tête de deux cent mille hommes qu'on traitait d'armistice avec une armée qui fuyait.

Les avantages emportés par les Français à Lover, a Amstetten, à Marienzell, accélèrent le mouvement rétrograde de l'ennemi.

Le 2 novembre, le sixième corps envahit le Tyrol. Le 3, la division Loison s'empara de Seefeld. Le 5, à deux heures du matin, le général de division Loison dirigea sur le fort de Scharnitz deux colonnes, dont l'une devait tourner le poste, tandis que la seconde, formée du 69ᵉ régiment, attaquerait de front. Pour parvenir jusqu'au pied du fort, il fallut escalader des rochers à pic qui avaient plusieurs centaines de pieds de haut. Les soldats attachèrent leur havre-sac sur leur tête pour parer l'effet des balles et des pierres, gravirent les rocs en se cramponnant aux arbustes et en enfonçant leurs baïonnettes dans les crevasses, et pénétrèrent dans le fort.

Le 7 novembre, Ney arriva à Inspruck, où il trouva une artillerie considérable, seize mille fusils, et un grand approvisionnement de poudre.

Le 10 novembre, les Russes attaquèrent la division Gazan, campée en avant de Dernstein, furent repoussés, culbutés dans le village de Loiben, et perdirent quatre mille hommes faits prisonniers.

Craignant d'être entourés par des forces supérieures, Mortier et Gazan marchèrent au-devant de la division Dupont, formant la seconde colonne du corps d'armée. Peu de temps après leur départ, l'armée russe tout entière attaqua les troupes qu'ils avaient laissées à Loiben.

Les deux généraux se hâtèrent de revenir; ils avaient quatre mille hommes seulement, deux pièces de canon et six boulets, les munitions ayant été presque épuisées la veille. Dans cette situation critique, le major Henriod, commandant deux bataillons du 102ᵉ régiment, observe que la colonne ennemie, s'avançant par un défilé et ne présentant que huit hommes de front, pouvait être attaquée à la baïonnette. Le plan qu'il donne est approuvé. « Camarades, crie-t-il aux grenadiers qu'il dirigeait, nous sommes enveloppés par trente mille Russes, et nous ne sommes que quatre mille. Nous leur passerons sur le ventre. Grenadiers du 102° régiment, vous aurez l'honneur de charger les premiers; souvenez-vous qu'il s'agit de sauver les aigles françaises! »

Et le régiment de répondre à cette courte mais éloquente harangue :
« Nous sommes tous grenadiers! »

Le mode de combat indiqué par Henriod eut un plein succès. Les Russes, refoulés dans un espace étroit, se débandèrent et s'enfuirent en désordre. Ils perdirent près de six mille hommes, dont cinq cents blessés brûlés dans le village de Loiben, que l'ennemi incendia en se retirant.

Le 13 novembre, la réserve de cavalerie, formant l'avant-garde française, pénétra dans Vienne entièrement évacuée par les troupes ennemies. Napoléon quitta dans la soirée son quartier-général, établi depuis le 8 à l'abbaye de Molk, entra dans la capitale de l'Autriche, et s'installa dans le palais impérial de Schœnbrunn, d'où il envoya aux maires de Paris les drapeaux pris sur l'ennemi.

Les 13, 14 et 15 novembre, la réserve et les corps des maréchaux Lannes, Soult et Davoust traversèrent Vienne et passèrent le Danube.

Le 15, le corps du maréchal Lannes, avec trois brigades de cavalerie légère guidées par Murat, prit à l'arrière-garde russe cent voitures d'équipages toutes chargées.

Dans la soirée du 16, les trois corps d'armée de Murat, de Lannes et de Soult attaquèrent les Russes auprès du village de Gunstersdorf. A onze heures du soir, les Français se trouvèrent maîtres du champ de bataille, de dix-huit cents prisonniers, de douze pièces de canon et de quelques voitures de bagages.

Le 17 novembre, le sixième corps, parti d'Inspruck le 9, vint camper à Botzen, et de là à Clagenfurth, où il opéra sa jonction avec l'armée d'Italie, qui venait de chasser les Autrichiens des rives de l'Adige, de la Brenta et du Tagliamento, après une suite de combats dont le récit ne sera point sans intérêt.

Au commencement de la campagne, l'armée d'Italie, forte d'environ cinquante mille hommes, était partagée en cinq divisions d'infanterie (Duhesme, Gardanne, Molitor, Verdier, Partonneaux et Séras), et en trois divisions de cavalerie (Pully, Mermet et Espagne). Masséna en reçut le commandement en chef. Ses troupes étaient réunies sur la rive droite de l'Adige. L'armée autrichienne, sous les ordres de l'archiduc Charles, était campée sur la rive gauche.

Une trêve avait été consentie, afin d'attendre l'issue des événements d'Allemagne. A l'expiration du délai convenu, le 18 octobre, Masséna fit attaquer le pont du vieux château de Vérone. Le combat se prolongea jusqu'à la chute du jour. L'armée autrichienne y perdit douze cents hommes tués, quinze cents prisonniers, sept pièces de canon et dix-huit caissons. La perte des Français ne s'éleva pas au-delà de six cents hommes, dont quatre cents blessés, et ils restèrent maîtres du passage de l'Adige.

Le 29 octobre, l'ennemi fut chassé de San-Michele et poursuivi jusqu'au-delà du village de San-Martino. Le 30 novembre, la plus grande partie des troupes autrichiennes, rassemblées en avant de Caldiero, fut mise en déroute, et repoussée jusqu'au pied des redoutes élevées près de ce village. Cette bataille coûta aux Français quinze cents hommes hors de combat, et eur valut trois mille cinq cents prisonniers et trente pièces de canon. Le nombre des Autrichiens morts était si considérable que l'archiduc Charles fit demander une trêve pour pouvoir les enterrer.

Le 1er septembre, cinq mille Autrichiens, aux ordres du général Hillinger, séparés du gros de l'armée par un mouvement de la division Séras, mirent bas les armes à Cara-Albertini.

Le 4, les Français entrèrent dans Vicence. Les 5 et 6, les villes de Padoue et de Bassano furent coupées par les divisions Verdier et Séras.

Le 5, l'armée française passa la Brenta et vint camper à Castel-Franco. Le 8, elle traversa la Piave sans résistance ; elle poursuivit vivement l'ennemi jusqu'au Tagliamento, força le 13 le passage de ce fleuve, s'empara de Trieste le 20, et avança avec rapidité vers la Carniole.

Le 22, huit mille deux cents Autrichiens qui occupaient le Tyrol descendirent des Alpes Rhétiennes et se dirigèrent sur Castel-Franco. Le corps d'armée française cantonné dans le royaume de Naples, sous les ordres de Gouvion-Saint-Cyr et de Reynier, avait été placé par Masséna en observation sur le littoral de l'Adriatique. Ce corps d'armée se porta au-devant du détachement autrichien, et le dispersa. Tout ce qui ne fut pas pris ou tué demanda à capituler. Le prince Rohan-Soubise, général en chef, plusieurs colonels, un grand nombre d'officiers, six mille fantassins, mille chevaux, six drapeaux, un étendard, douze pièces d'artillerie, leurs caissons, des bagages considérables, tombèrent entre les mains des Français, qui étaient tout au plus au nombre de cinq mille combattants, et n'eurent à regretter que cent cinquante hommes tués ou blessés (23 novembre).

La réunion complète de l'armée d'Italie avec le sixième corps eut lieu vers cette époque, et les opérations de Masséna se trouvèrent désormais subordonnées à celles de Napoléon.

Le 20 novembre, l'empereur établit son quartier-général à Brünn, où il reçut les députés de la Moravie. Les Austro-Russes, poursuivis avec vigueur par Murat, s'arrêtèrent enfin à Olmutz, où étaient les deux empereurs d'Autriche et de Russie (23 novembre). L'effectif des forces ennemies était de quatre-vingt-deux mille quarante hommes, dont dix-huit mille Autrichiens.

Le 27, le maréchal Davoust entra à Presbourg, capitale de la Hongrie ; le 28, l'avant-garde russe, commandée par le prince Bragation, reprit l'offensive, et marcha sur la ville de Wischau, occupée par quelques régiments de cavalerie française. Instruit de ce mouvement, l'empereur ordonna la retraite. L'armée française occupa les villages de Monitz, Telnitz, Sokolnitz, Kobelnitz et Schlapanitz ; l'avant-garde couronna les hauteurs d'Aregezd, de Pratzen et de Jirzokowith.

Le but de Napoléon était d'attirer ses adversaires dans une position qu'il avait choisie : « Si je renforce ma droite en la retirant vers Brünn, disait-il, et que les Russes abandonnent les hauteurs, fussent-ils trois cent mille, ils sont pris en flagrant délit et perdus sans ressource. »

Napoléon envoya Savary, un de ses aides-de-camp, au quartier-général des souverains alliés, sous prétexte de complimenter l'empereur Alexandre.

Savary, de retour, annonça à Napoléon qu'il avait reçu un accueil distingué de l'empereur de Russie et du grand-duc Constantin, mais que rien n'égalait la jactance et la présomption des jeunes officiers qui entouraient le monarque russe.

Napoléon sourit : il voyait avec plaisir que l'ennemi donnait tête baissée dans le piége qui lui était tendu.

Le 29 novembre, les Russes sur cinq colonnes s'avançaient pour tourner la droite de l'armée française et lui couper la retraite.

Napoléon, pour mieux faire croire qu'il reculait et refusait une bataille en avant de Brünn, fait demander une entrevue à Alexandre.

Celui-ci lui envoya son aide-de-camp Dolgorouki. L'aide-de-camp crut voir dans la contenance triste et silencieuse des troupes françaises les indices d'une terreur panique, et parla à l'empereur français avec un ton d'impudence et de morgue.

Napoléon écouta froidement les propositions ridicules qu'osait lui faire cet impertinent écho du ministère anglais, comme, par exemple, de déposer la couronne de fer, de céder la Belgique, etc., etc.; et, par cette modération calculée, il laissa partir l'envoyé d'Alexandre avec l'intime persuasion que l'armée française était dans l'impossibilité de parer le coup qu'on allait lui porter.

Revenu au quartier-général russe, Dolgorouki s'empressa de communiquer cette impression à la foule des jeunes courtisans qui exerçaient une si grande influence sur l'esprit de leur maître. Il n'était plus question de combattre l'armée française avec des chances plus ou moins avantageuses, tous les doutes étaient dissipés à cet égard ; elle allait passer sous le joug, et recevoir la loi des plus vaillantes troupes de l'Europe.

Vainement quelques vétérans de l'armée autrichienne, de ces vieux généraux qui ont fait les campagnes d'Italie, représentent au conseil que ce n'est point dans une pareille confiance et avec cette présomption qu'il convient de marcher contre une armée qui compte tant de soldats exercés et de chefs habiles ; les jeunes officiers russes demandent à grands cris le combat.

Le 1er décembre, l'armée ennemie continua son mouvement. L'empereur fut convaincu qu'elle courait à une perte certaine. « Avant demain soir, dit-il à Berthier, cette armée est à moi. »

Il adressa à l'armée une proclamation chaleureuse, et, pour juger de l'effet qu'elle avait produite sur les soldats, dans la nuit du 1er au 2 décembre il s'approcha de quelques bivouacs, à pied, et suivi de son état-major il trouva la compagnie de grenadiers du 46ᵉ régiment de ligne paisiblement endormie.

« Parbleu, dit-il, voilà une compagnie qui dort paisiblement. »

— « Je le crois bien, répondit le grenadier Archer, nous pouvons dormir quand tu veilles. »

Bientôt toute la compagnie fut debout; Archer imagina de prendre de la paille sur laquelle il couchait, de la tordre au bout de son fusil, et d'en faire un fanal pour éclairer la marche de l'empereur. Tous ceux qui se réveillèrent s'empressèrent de suivre son exemple, et la splendeur de cette illumination subite parvint jusqu'au camp ennemi avec les acclamations de cinquante mille soldats placés sur le front de bandière. Archer s'approcha, et, faisant illusion à un passage de la proclamation de Bonaparte : « Sire, lui dit-il, tu n'auras pas besoin de t'exposer ; je te promets, au nom de mes camarades, que tu n'auras à combattre que des yeux, et que nous t'amènerons demain les drapeaux et l'artillerie russes pour célébrer l'anniversaire de ton couronnement. »

Napoléon, vivement ému, s'écria en rentrant dans sa baraque : « Voilà la plus belle soirée de ma vie ; mais je regrette de penser que je perdrai demain bon nombre de ces braves gens. » L'acclamation des troupes se prolongea toute la nuit.

La force totale des troupes françaises était d'environ soixante-dix mille combattants. Les divisions Vandamme, Saint-Hilaire et Legrand, formant l'aile droite, et dirigées par le maréchal Soult, se postèrent aux villages de Sokolnitz, de Telnitz et de Kobelnitz. Le centre, commandé par Bernadotte, et composé des divisions Friant et Drouet, était placé derrière le village de Tirzokowilk; l'aile gauche et la cavalerie s'appuyaient à une hauteur appelée *la colline du Santon*. Dix bataillons de la garde et dix bataillons de grenadiers servaient de réserve. Cette réserve ne tira pas un coup de fusil pendant la bataille ; et comme elle demandait à combattre, Napoléon apaisa les soldats par ces mots : « Restez tranquilles et ne faites rien aujourd'hui ; on n'a pas besoin de vous. »

Le soleil se leva radieux; Napoléon parcourut les régiments en les encourageant par de rapides allocutions : « Souvenez-vous, dit-il à l'ex-57ᵉ demi-brigade (58ᵉ régiment), que, il y a bien des années, je vous ai surnommée la Terrible. — J'espère que les Normands se distingueront aujourd'hui, cria-t-il au 28ᵉ régiment de ligne, composé, en grande partie, de conscrits du Calvados et de la Seine-Inférieure. »

Mais déjà les hauteurs se dégarnissent successivement, et les Austro-Russes se répandent dans la plaine. Remarquant que la direction de marche des colonnes d'infanterie ennemies doit mettre entre elles de grands intervalles, à mesure que leurs têtes s'approchent de la vallée de Telnitz, Sokolnitz et Kobelnitz, Bonaparte demande à Soult combien il croit qu'il faille de temps pour s'avancer vers les hauteurs de Pretzen. « Moins de vingt minutes, répond le maréchal. Le brouillard qui couvre encore le fond de la vallée où nos troupes sont placées et la fumée des bivouacs qui s'éteignent déroberont ce mouvement à l'ennemi. — En ce cas, répond l'empereur, attendons encore un quart d'heure. »

L'attaque va commencer, et Napoléon fait aux troupes à portée de l'entendre cette courte et énergique allocution : « Soldats ! souvenez-vous que cette bataille doit être un combat de géants. Il faut finir cette campagne par un coup de tonnerre qui confonde l'orgueil de nos ennemis et apprenne enfin au monde que nous n'avons pas de rivaux. »

Soult, en quittant l'empereur, s'était porté sur le village de Kobelnitz, en arrière duquel se trouvait la division Saint-Hilaire sous les armes; et passant devant chaque régiment, il excitait leur ardeur et leur enthousiasme. S'arrêtant ensuite devant le 10ᵉ d'infanterie légère : « Rappelez-vous, dit-il aux soldats et aux officiers, que vous avez battu les Russes en Suisse. — Nous ne l'avons pas oublié, encore moins aujourd'hui que jamais. »

Le combat s'engage par l'extrême droite, où la première colonne russe s'empare de Telnitz. Les deuxième et troisième colonnes emportèrent également Sokolnitz.

Soult dirigea la division Saint-Hilaire sur le village de Pretzen, occupé par la quatrième colonne russe, et le prend d'assaut après deux heures de combat. La garde impériale russe, commandée par le grand-duc Constantin, et placée en avant du village d'Austerlitz, fut attaquée par les divisions du centre et refoulée sur l'avant-garde aux ordres du prince Bagration. Cette avant-garde, chassée par l'aile gauche du village de Posotzitz, se retire sur Austerlitz. La position de Sokolnitz est enlevée à l'ennemi par les seules divisions Legrand et Friant, bien que plus de vingt mille Russes soient réunis sur ce point. La troisième colonne, dispersée en cherchant à traverser un étang glacé, est presque tout entière engloutie dans les eaux. Un parc de cinquante pièces d'artillerie, marchant sous la garde de quatre bataillons, veut suivre une ancienne digue submergée servant autrefois de communication, par le lac d'Augezd, entre le village de ce nom et celui de Satschau; mais la glace qui couvrait le lac n'étant pas assez forte pour supporter ce poids énorme, rompt lorsque le convoi était au milieu du lac : hommes, chevaux, canons, caissons, tout disparaît. Le nombre des troupes qui périrent ainsi était d'autant plus considérable qu'un grand nombre de fuyards avait suivi sur le lac les quatre bataillons qui escortaient les pièces.

Les deux empereurs de Russie et d'Autriche voyaient ces désastres des hauteurs d'Austerlitz. A quatre heures du soir, par une pluie abondante et glaciale, les débris de l'armée austro-russe fuyaient en désordre vers Stodiegitz.

Napoléon donna le nom de bataille d'Austerlitz à cette victoire, que les soldats français avaient nommée la bataille des Trois-Empereurs. L'ennemi y perdit dix-huit mille six cents hommes, trente mille prisonniers, quarante-cinq drapeaux, les étendards de la garde impériale russe, cent vingt pièces de canon, quatre cents voitures d'artillerie, tous les gros équipages, et une quantité considérable de chevaux. La perte des Français fut évaluée à deux mille morts et quatre à cinq mille blessés.

L'ennemi, sans équipages et sans vivres, était sur le point d'être cerné. Le 4 décembre, François II vint trouver le vainqueur à son bivouac, près du moulin de Saruschitz : « Je vous reçois, lui dit Napoléon, dans le seul palais que j'habite depuis deux mois. — Vous tirez si bon parti de cette habitation qu'elle doit vous plaire, » reprit François II.

Un armistice fut aussitôt conclu (6 décembre). Lorsque l'empereur d'Autriche eut quitté Napoléon, celui-ci parut regretter un instant la condescendance qu'il venait de montrer, et dit à ses officiers : « Cet homme me fait faire une faute, car j'aurais pu saisir ma victime, et prendre toute l'armée russe et autrichienne; mais enfin quelques larmes de moins seront versées. »

Le général Savary, envoyé auprès de l'empereur Alexandre pour savoir s'il adhérait à la trève, fut introduit à minuit au quartier-général impérial russe à Holitsch. Alexandre donna sa parole, et fit en ces mots l'éloge de l'empereur et des soldats français : « Dites à votre maître qu'il a fait des miracles; que la journée du 2 a accru mon admiration pour lui; que je le regarde comme un prédestiné, et qu'il faut à mon armée cent ans pour égaler la sienne. »

Le 26 décembre, un traité fut signé à Presbourg. Napoléon fut reconnu roi d'Italie, et les électeurs de Bavière et de Wurtemberg conservèrent le titre de rois que Napoléon leur avait donné après la bataille d'Austerlitz.

L'empereur accorda 16,000 francs de pension aux veuves des généraux tués à Austerlitz; 2,400 francs à celles des colonels et majors; 1,200 francs à celles des capitaines; 800 francs à celles des lieutenants et sous-lieutenants; et deux cents francs aux veuves des soldats. Par un autre décret, l'empereur adopta les orphelins; ils devaient être instruits et établis à ses frais, et il les autorisa à joindre à leur nom celui de Napoléon.

Pour rappeler les exploits de la campagne de 1805, on éleva sur la place Vendôme une colonne triomphale, haute de cent trente-un pieds un pouce, revêtue de bas-reliefs en bronze; elle porte sur la façade méridionale l'inscription suivante, composée par Visconti :

NEAPOLIO. IMP. AVG.
MOMVMENTVM. BELLI. GERMANICI.
ANNO. M. DCCCV.
TRIMESTRI. SPATIO. DVCTV. SVO. PROFLIGATI.
EX. AERE. CAPTO.
GLORIÆ. EXERCITVS. MAXIMI. DICAVIT.

Le prince Eugène Beauharnais obtint la main de la princesse royale de Bavière, et le prince de Bade celle de Stéphanie Beauharnais, nièce de l'impératrice. Mais ce n'était pas assez pour Napoléon d'être sacré par la victoire, de se voir souverain de deux puissants États, d'avoir créé deux rois, de distribuer des titres à ses maréchaux et des principautés à sa famille; il songeait à partager entre ses frères tous les trônes de l'Europe. Ainsi il destinait Joseph Bonaparte à régner sur Naples; en conséquence, une armée de cinquante mille hommes se rassembla sous la conduite de Masséna, Gouvion-Saint-Cyr et Régnier; Joseph, dont le seul mérite était le génie de son frère, eut le titre de général en chef des troupes de l'expédition.

CAMPAGNE DE 1806.

Invasion du royaume de Naples; Joseph, frère de l'empereur, est proclamé roi des Deux-Siciles; prise de Gaëte; Louis Bonaparte monte sur le trône de Hollande; nouvelle coalition; forces respectives des combattants; proclamation; victoire d'Iéna; conquête de la Prusse; marche des troupes russes; prise de Thorn; combat de Pultusk; conquête de la Silésie.

La perfidie du gouvernement napolitain, qui, après avoir conclu avec la France un traité de neutralité, avait reçu dans ses ports les Russes et les Anglais, légitimait suffisamment l'agression des troupes françaises.

Le 12 janvier, Masséna établit son quartier-général à Spolette. La retraite des auxiliaires anglais et russes laissait les Napolitains presque sans défense; le 15 février, Joseph entra dans la ville de Naples; Ferdinand et Caroline s'étaient réfugiés à Palerme.

Joseph divisa l'armée française en trois corps : celui de Gouvion-Saint-Cyr occupa l'Apulie et le littoral de l'Adriatique; celui de Masséna fut chargé de garder Naples, et celui de Régnier de faire le siège de Gaëte et de soumettre la Calabre.

L'armée napolitaine, présentant un total de dix-huit à vingt mille hommes, était divisée en deux corps : l'un sous les ordres de Roger de Damas, l'autre sous ceux du feld-maréchal Rosenheim et de François-Janvier-Joseph, prince royal de Naples. Quelques détachements de bandits, entr autres ceux de Sciarpa et de Fra-Diavolo, quelques paysans appelés aux armes, vinrent grossir le nombre des défenseurs de la monarchie napolitaine.

Le 6 mars, la brigade d'avant-garde du corps de Régnier passa les défilés de Guaro, et défit un détachement ennemi de deux mille hommes. Le corps de Roger de Damas battit en retraite, et alla camper dans la plaine de Campo-Tenese. Attaqué dans sa position, il se débanda, et se dispersa dans les montagnes. Deux mille prisonniers, toute l'artillerie, cinq drapeaux et plus de cinq cents chevaux, restèrent entre les mains des vainqueurs (9 mars).

En apprenant cette déroute, l'autre partie de l'armée napolitaine se retira précipitamment. Le prince royal, son frère Léopold, les ministres, et environ deux mille hommes de troupes, s'embarquèrent à Reggio le 18 mars, et passèrent en Sicile.

Le 13 avril, en vertu d'un décret impérial, Joseph fut proclamé roi des Deux-Siciles, à Bagnara. Le 11 mai, le nouveau monarque rentra dans Naples, après avoir parcouru les provinces méridionales de ses Etats. Il trouva dans cette capitale le maréchal Jourdan, que Napoléon en avait nommé gouverneur.

La ville de Gaëte n'ouvrit ses portes que le 18 juillet. La garnison, forte de sept mille cinq cents hommes, commandée par le prince de Hesse-Philipstadt, obtint la faculté de s'embarquer pour la Sicile avec armes et bagages, sous la condition de ne point servir contre la France pendant un an et un jour.

Cependant six mille Anglais et trois mille Napolitains étaient débarqués, le 1er juillet, vis-à-vis Santa-Eufémia, en Calabre, et, soutenus par les paysans révoltés, ils avaient forcé le corps de Régnier à la retraite. Toute la Calabre était soulevée; les soldats français isolés, les femmes, les enfants même avaient été massacrés.

Masséna marcha aussitôt au secours de Régnier. Les deux corps opérèrent leur jonction à Morano; le maréchal établit son quartier-général à Cozenza. Les divisions françaises se mirent à parcourir le pays, pillant et brûlant les villes et les villages, et revenant chargées de butin à Cozenza. Tous les paysans pris les armes à la main furent condamnés à la potence; Fra-Diavolo fut fait prisonnier et périt sur l'échafaud; mais rien ne put étouffer complètement l'insurrection. Les soldats français, vainqueurs sur un point, étaient assassinés ou jetés au feu sur un autre; de nouvelles bandes succédaient sans cesse aux bandes détruites, et cette guerre d'extermination durait encore au commencement de 1807.

Pendant que les lieutenants de Joseph travaillaient à lui conserver sa couronne, Napoléon proclamait roi de Hollande son troisième frère, Louis Bonaparte (29 juin), et se plaçait lui-même à la tête de la Confédération du Rhin, composée de quatorze Etats d'Allemagne (12 juillet). François II abdiquait son titre d'empereur d'Allemagne, et prenait celui d'empereur d'Autriche.

Au mois de septembre, une nouvelle coalition se forma entre la Prusse, la Suède et l'Angleterre. Le 12, les Prussiens entrèrent en Saxe; la crainte d'une invasion détermina l'électeur de Saxe à joindre ses troupes à celles des ennemis de la France.

Le 25 septembre, Napoléon partit de Saint-Cloud. Le 1er octobre il passa le Rhin, le 6 il était à Bamberg; il reçut le lendemain *l'ultimatum* du roi de Prusse : on lui intimait en quelque sorte l'ordre de repasser le Rhin, d'évacuer le territoire allemand, et de renoncer aux couronnes d'Italie, de Naples et de Hollande. En lisant cette singulière missive, Napoléon dit à ceux qui l'entouraient : « Je plains le roi de Prusse, il n'entend pas le français; il n'a point sûrement vu cette rapsodie qu'on m'envoie en son nom. »

L'armée prussienne présentait un total de plus de cent mille combattants, en y comprenant vingt-cinq mille Saxons et un corps hessois. Une réserve formée à Custrin montait déjà à quarante mille hommes.

Le maréchal Berthier, prince de Neufchâtel, chargé du commandement général des troupes restées en Allemagne, avait mis les différents corps en mouvement dès le 17 septembre.

L'empereur quitta Bamberg le 8 octobre. La droite de la grande armée, composée des deux corps de maréchaux Soult et Ney, et d'une division bavaroise, se dirigea sur Hoff. Le centre, composé de la réserve de cavalerie aux ordres de Murat, grand-duc de Berg, du corps de Bernadotte, prince de Ponte-Corvo, de celui de Davoust et de la garde impériale, se porta sur Schleitz et Iéna. La gauche, formée des corps des maréchaux Lannes et Augereau, s'avança sur Saalfeld.

Le 9, le corps de Soult se rendit maître de Hoff : le même jour, le corps de Bernadotte s'empara du village de Shleitz. Non moins heureuse, l'aile gauche battit, près de Saalfeld, l'avant-garde du corps d'armée prussien du prince de Hohenlohe, et fit mille prisonniers.

L'armée prussienne attendait les Français sur la rive gauche de la Saale, entre Iéna et Eckardsberg.

Le 12 au soir, le maréchal Davoust occupa Naumburg. Le 13 octobre, Napoléon arriva avec sa garde à Iéna. Il fit placer sur un plateau, en avant de cette ville, les corps des maréchaux Lannes et Lefebvre, et disposa les autres corps aux environs.

Le matin du 14, l'empereur, parcourant les lignes, recommanda aux soldats de se tenir en garde contre la cavalerie prussienne, qui passait pour être très redoutable. Il leur rappela qu'à la même époque ils avaient, par leur valeur, décidé de la prise d'Ulm; que les Prussiens, ayant perdu leur ligne d'opérations et leurs magasins, se trouvaient cernés, comme l'avaient été les Autrichiens; qu'ils n'allaient point combattre pour la gloire, mais pour leur retraite, et que, comme ils cherchaient à faire une

trouée sur différents points, les corps qui les laisseraient passer seraien
perdus d'honneur et de réputation.

« Qu'on nous mène à l'ennemi! » répondent les soldats; et les cris : En
avant! se font entendre de toutes parts.

Lorsque la bataille commença, il n'y avait en ligne que la garde, le
corps du maréchal Lannes, celui d'Augereau, celui de Soult, et trois mille
hommes seulement du maréchal Ney.

En quelques heures, la droite des Prussiens fut dispersée et poursuivie
jusqu'à Weimar.

Le duc de Brunswick, commandant l'aile gauche ennemie, dirigea ses
troupes de manière à occuper les défilés de Kœsen, pour empêcher le corps
de Davoust de déboucher. Davoust, qui avait pris position en avant de
Naumburg, s'était hâté d'envoyer un bataillon du 25ᵉ régiment au défilé
de Kœsen, avec ordre de s'y défendre jusqu'à la dernière extrémité.

La position de Davoust allait être extrêmement critique : réduit aux
seules divisions de son corps, présentant un effectif de vingt-six à vingt-
sept mille combattants, dont dix-neuf cents de cavalerie, il se voyait exposé
à soutenir avec ses forces inégales le choc de la gauche de l'armée prussienne, composée en grande partie de troupes d'élite, et montant à plus
de cinquante mille hommes, dont près de douze mille de cavalerie.

Le brouillard était épais; la division Gudin marche sans voir l'ennemi
jusqu'à Harsen-Hausen, et fait reculer l'avant-garde ennemie. Attaqué
bientôt après par des forces supérieures, Gudin forme son infanterie en
carré, pour donner à la division Friant le temps d'arriver à son secours.

Friant ne se fait pas attendre. Les deux divisions, conduites par Davoust,
chassent les Prussiens d'une hauteur couronnée de bois, et protégée par
six pièces d'artillerie; la division Friant occupe le village de Spilberg, et
s'avance en colonnes serrées entre Awerstaedt et Lisdorf.

La division Morand achève de déboucher, s'unit à la division Gudin, enlève le village de Harsen-Hausen, et s'y maintient.

La position centrale des Prussiens était le plateau d'Eckardsberg. Pendant que Friant et Morand se portent sur les ailes de l'ennemi, Davoust et
Gudin gravissent le plateau sous le feu de l'artillerie; l'ennemi est abordé
à la baïonnette : vingt pièces de canon qu'il avait négligé d'enclouer sont
dirigées contre les fuyards; vingt-cinq mille Français avaient mis en déroute cinquante mille Prussiens.

Un grand nombre de drapeaux, plus de cent pièces d'artillerie, quinze
mille hommes tués ou blessés, parmi lesquels le duc de Brunswick, trois
mille prisonniers, furent les trophées de ce mémorable combat d'Awerstaedt, présenté dans les bulletins officiels comme un simple épisode de la
bataille d'Iéna.

Cette victoire avait été achetée par la perte de sept mille des braves qui
formaient le corps d'armée de Davoust.

Bernadotte, qui opérait sur les flancs du corps de Davoust, et auquel celui-ci envoya demander du secours à plusieurs reprises, n'avait pas bougé; ainsi Davoust s'était trouvé réduit à ses propres forces.

Les batailles d'Awerstaedt et d'Iéna répandirent en Prusse une terreur panique. Le lendemain, on lisait dans la gazette de Berlin : « L'armée du roi a été battue à Awerstaedt : le roi et ses frères sont en vie. »

Le roi de Prusse fit demander un armistice de six semaines. La réponse de Napoléon fut qu'il était impossible, après une victoire, de donner à l'ennemi le temps de se rallier. Les généraux ennemis sollicitèrent une trève de trois jours pour enterrer les morts. « Songez aux vivants, leur fit répondre l'empereur, et laissez-nous le soin d'enterrer les morts; il n'y a pas besoin de trève pour cela. »

Du 15 au 17 octobre, les villes d'Erfurth, Greussen, Halle, Leipsig, Ascherleben, Güslen, Bernburg, Spandau, Postdam, furent occupées. Le 27, Napoléon fit son entrée solennelle dans Berlin, par l'avenue de Charlottenburg : le corps municipal vint au-devant de lui, pour lui faire hommage des clefs de la capitale de la Prusse.

Le feld-maréchal Mollendorf, blessé grièvement, était retenu au lit dans Erfurth ; les troupes prussiennes, commandées par le prince de Hohenlohe et le général Blücher, fuyaient vers le Mecklemburg. Le 26, l'avant-garde de la brigade de cavalerie aux ordres du général La-salle tailla en pièces six mille hommes composant l'arrière-garde ennemie. Le 27, à Wigneensdorf, le corps des grenadiers du roi de Prusse fut fait prisonnier tout entier, et le lendemain seize mille hommes d'infanterie et six régiments de cavalerie se rendirent à Murat, dans la ville de Prentzlow.

Le 29, Stettin ouvrit ses portes au général Lassalle. La garnison, forte de six mille hommes, resta prisonnière : on trouva dans la place cent soixante pièces de canon, et des magasins considérables.

Le 31 octobre, quatre mille Prussiens, commandés par le général Becker, mirent bas les armes dans la ville d'Anklam. Enfin, le 6 novembre, Blücher, chassé de Lubeck par le corps de Bernadotte, se rendit prisonnier à Schwartau, avec tout le reste de l'armée prussienne. Le 8, la forteresse de Magdebourg, bloquée par le corps du maréchal Ney, fut occupée en vertu d'une capitulation. Cette conquête valut aux Français vingt-deux mille prisonniers, parmi lesquels vingt généraux, près de huit cents pièces de canon, un approvisionnement considérable en poudre et en boulets, un équipage de pont, un matériel immense d'artillerie, cinquante-quatre drapeaux et cinq étendards.

Le corps du maréchal Davoust avait pris Custrin. Les troupes hollandaises, commandées par le maréchal Mortier, occupèrent presque sans combat la Hesse et les villes anséatiques; les troupes de la Bavière et de Wurtemberg, commandées par Jérôme Bonaparte, le plus jeune des frères de Napoléon, étaient parties de Dresde pour s'emparer de la Silésie. De cent cinquante mille hommes, il ne restait plus au roi Frédéric-Guillaume que vingt mille hommes environ. Le roi et la reine avaient été chercher un asile dans Kœnigsberg. Maintenant c'était la Russie qu'il fallait combattre.

Avant d'entrer en Pologne, le 21 novembre, Napoléon lança le célèbre décret qui avait pour but d'établir le système du *blocus continental*. Il déclara interdits tout commerce et toute correspondance avec les îles britanniques. En conséquence, les lettres et paquets adressés aux Anglais, ou écrits en langue anglaise, devaient être saisis, tous les sujets d'Angleterre qu'on pourrait trouver faits prisonniers, toute marchandise anglaise déclarée de bonne prise. Aucun bâtiment venant de l'Angleterre ou des colonies anglaises ne pouvait être reçu dans aucun port.

Les hostilités avaient commencé avec la Russie dès le mois de mai 1806. Les Russes et la peuplade albanienne des Monténégrins avaient fait d'inutiles efforts pour s'emparer de la Dalmatie. Le refus d'Alexandre de ratifier un traité conclu à Paris par Doubril, son agent (8 juillet 1806), avait amené une rupture complète.

L'armée russe devait être portée à quatre-vingt mille hommes; mais à la fin d'octobre il n'y avait encore en Pologne que vingt-cinq mille hommes, commandés par le général Beningsen.

La grande armée française, complètement organisée, était composée de dix corps :

1er corps, Bernadotte.
2e — Marmont.
3e — Soult.
4e — Davoust.
5e — Lannes.
6e — Ney.
7e — Augereau.
8e corps, Mortier.
9e — Jérôme (troupes de la Confédération rhénane), en Silésie.
10e — Lefebvre (divisions badoise, italienne), employé au siége de Dantzig.

Le 10 décembre, le troisième corps entra à Posen et occupa le fort de Lenczyk, sur la route de Varsovie. Le cinquième arriva à Thorn, et le septième à Bamberg. Napoléon arriva le 27 à Posen.

Là, une députation de la haute noblesse polonaise vint le trouver, pour l'engager à contribuer à rétablir l'indépendance de la Pologne. Gagné à la cause française par les promesses de l'empereur, les Polonais accoururent en foule, et formèrent des régiments sous la direction du général Dombrowsky.

Le 27 novembre, le grand-duc de Berg avait quitté Posen, avec la réserve de cavalerie, pour pousser une forte reconnaissance sur Varsovie. A son approche, les Russes évacuèrent la capitale de la Pologne, et se retirèrent sur la Vistule.

Les troupes du grand-duc et du maréchal Davoust les suivirent de près : la rupture du pont sur la Vistule ne les arrêta point; elles la franchirent à la nage et s'emparèrent de Praga. Le 6 décembre, le sixième corps, formant la gauche de l'armée française, sous les ordres du maréchal Ney, traversa également la Vistule à Thorn. Ce fleuve, large de quatre cents toises, chariait des glaçons. Un bateau qui portait une partie de l'avant-garde fut un moment retenu par les glaces amoncelées autour de lui, et exposé au feu des Prussiens, maîtres de la ville de Thorn. Au milieu d'une grêle de balles, des bateliers polonais s'élancèrent de l'autre rive, atteignirent le bateau et le dégagèrent. Les Prussiens évacuèrent Thorn après un léger engagement.

Les débris de l'armée prussienne se réunirent au corps du général Tolsoï, formant la droite de l'armée russe. Le général Beningsen concentra le gros de ses troupes à Pultusk, et changeant subitement son système d'opérations militaires, se prépara à reprendre l'offensive.

Napoléon donna aussitôt des ordres pour accélérer le mouvement de toute l'armée française. Des ponts furent réparés ou rétablis sur la Vistule et le Bug. Le 11 décembre, la brigade du général Gauthier, faisant partie du corps d'armée du maréchal Davoust, traversa le Bug, repoussa un détachement russe accouru pour lui barrer le passage, et se porta à une lieue en avant de la rivière.

Napoléon partit de Posen le 16 décembre, passa à Varsovie, et rejoignit, le 23, le troisième corps. Davoust fit enlever par les généraux Morand et Petit les retranchements de Czarnowo. Quinze mille hommes qui les défendaient furent mis en déroute, et abandonnèrent aux Français une centaine de prisonniers et six pièces de canon.

En même temps, le maréchal Ney et le maréchal Bessières repoussaient l'ennemi sur d'autres points. Le 24, le général Rapp, avec une partie de l'avant-garde du troisième corps et de la réserve de cavalerie, s'empara du village de Nasielsk. A la suite de cet engagement, le corps du maréchal Augereau passa, à Cursomb, la Wkra, rivière qui se jette dans le Bug. Le 27, le cinquième corps occupa Pultusk, après un combat qui, commencé vers les dix heures du matin, dura jusqu'après le soleil couché. Le troisième, qui poursuivait les Russes depuis Nasielsk, atteignit leur arrière-garde sur la route d'Ostrolenka. Elle se défendit avec courage; mais, à onze heures du soir, elle opéra sa retraite en désordre, abandonnant quatre-vingts pièces d'artillerie, presque tous ses caissons, et douze cents voitures. Elle avait perdu dix à douze mille hommes tués, blessés ou faits prisonniers.

Les fatigues qu'avaient éprouvées les troupes françaises dans une marche continue de trois mois, et la rigueur de la saison, déterminèrent Napoléon à leur faire prendre leurs quartiers d'hiver.

Le 9ᵉ corps d'armée continua à combattre. Maître de Glogau, qui capitula le 2 décembre, le général Vandamme, par les ordres de Jérôme Bonaparte, se porta ensuite sur Breslau, capitale de la Silésie, et investit cette rive gauche de l'Oder, tandis que Jérôme venait camper sur la rive droite. Le feu des assiégeants commença le 10. Le 21 décembre, Jérôme laissa la conduite du siége à Vandamme pour se rendre auprès de son frère. La place ne se rendit que le 5 janvier 1807. La garnison demeura prisonnière; les officiers eurent la faculté de se retirer, sur leur parole d'honneur de ne point servir contre la France et ses alliés jusqu'à la paix ou leur échange. Toutes les autres places de la Silésie furent rapidement soumises au commencement de 1807.

CAMPAGNE DE 1807.

Combats de Mohrungen et de Bergfried; défaite des troupes prussiennes; victoire d'Eylau; ordre du jour; combat d'Ostrolenka; avantages divers sur les Russes; siège et prise de Dantzig; opérations militaires en Pologne; bataille de Friedland; entrevue et paix de Tilsitt; conquête de la Suède; fête en l'honneur de la grande armée; invasion du Portugal.

Vers la fin de janvier, les généraux russes résolurent d'attaquer l'armée française campée sur la Vistule. Napoléon, prévoyant ce dessein, envoya à Bernadotte l'ordre de faire un mouvement rétrograde. Ce maréchal se porta, le 25, d'Elbing sur Mohrungen, avec les 8e et 94e régiments de ligne, les 9e et 27e d'infanterie légère; il y trouva un détachement de quatorze mille hommes aux prises avec la division du général Pacthod. L'infanterie française gravit les hauteurs de Mohrungen, protégées par dix-huit canons en batterie, et commença le feu à bout portant, pendant que la division Dupont, qui avait fait seize lieues pour se trouver sur le champ de bataille, débouchait par la route d'Elbing à Mohrungen. Les forces françaises formaient un total de huit mille hommes. Malgré leur supériorité numérique, les Russes furent chassés de Mohrungen, et perdirent plus de deux mille hommes. Les Français n'eurent pas plus de huit à neuf cents hommes tués ou blessés.

L'armée française tout entière se mit en mouvement dans la journée du 1er février; le 3, le maréchal Soult s'empara du pont de Bergfried, sur l'Albe; le 5, le maréchal Ney atteignit, près de Deppen, les troupes prussiennes, qui cherchaient à franchir la Passarge pour rejoindre l'armée russe; elles furent culbutées au pas de charge, et s'enfuirent en abandonnant seize pièces de canon, leurs bagages et deux mille prisonniers.

Le 7, à la pointe du jour, l'avant-garde française rencontra, près du village de Hoff, l'arrière-garde russe occupant un plateau qui défend le débouché de la plaine où est située la ville de Preusch-Eylau. Les Russes furent repoussés jusque dans le cimetière d'Eylau. Après un combat meurtrier, cette ville fut prise à dix heures du soir. L'empereur établit son quartier-général sur le plateau en arrière d'Eylau.

Le 8 au matin, l'armée russe, forte de quatre-vingt mille hommes, parut en colonnes à une demi-portée de canon d'Eylau. Beningsen engagea l'action par une forte canonnade; pour répondre à ce feu, l'empereur fit avancer l'artillerie du 4e et du 7e corps, et soixante pièces qui composaient celle de la garde. Il arriva près de l'église au moment où une ligne de tirailleurs ennemis essayait de prendre ce poste. La division Saint-Hilaire eut ordre de se porter sur l'extrémité gauche de cette ligne, et le 7e corps entra dans le centre. Ce mouvement était à peine commencé, qu'une neige épaisse obscurcit tout-à-coup l'horizon et couvrit les deux armées. Le 7e corps s'égara un instant; Murat, avec quatre divisions, et le maréchal Bessières, à la tête de soixante escadrons de la cavalerie de la garde, le dégagèrent et culbutèrent le flanc droit de l'armée ennemie; une colonne russe de cinq à six mille hommes, qui, manœuvrant au hasard pendant l'orage, s'était présentée au cimetière d'Eylau, fut chargée impétueusement et massacrée presque tout entière. En même temps, le 5e corps et la division Saint-Hilaire chassaient l'aile gauche des Russes d'un plateau situé en avant du village de Klein-Sausgarten. A quatre heures du soir, les Russes se retiraient en désordre; ils laissaient sur le champ de bataille près de sept mille morts; quarante-cinq pièces de canon étaient au pouvoir des Français, ainsi que douze mille prisonniers, en y comprenant ceux faits depuis le 3 février. Seize mille blessés russes entrèrent dans Kœnigsberg. Les Français avaient deux mille morts et près de six mille blessés.

L'armée française se cantonna sur la ligne de la Passarge; l'empereur fixa son quartier-général à Osterode. Le 16 févr r, il annonça aux troupes leur rentrée en quartier d'hiver par l'ordre du jour suivant :

« Soldats !

» Nous commencions à prendre un peu de repos dans nos quartiers d'hiver, lorsque l'ennemi a attaqué le premier corps, et s'est présenté sur la Basse-Vistule. Nous avons marché à lui et nous l'avons poursuivi pendant l'espace de quatre-vingts lieues; il s'est réfugié sous les remparts de ses places, et a repassé la Pregel. Nous lui avons enlevé, aux combats de Bergfried, de Deppen, de Hoff, à la bataille d'Eylau, soixante-cinq pièces de canon, seize drapeaux, et tué, blessé ou pris plus de quarante mille hommes. Les braves qui, de notre côté, sont restés sur le champ d'honneur sont morts d'une mort glorieuse; c'est la mort des vrais soldats! Leurs familles auront des droits à notre sollicitude et à nos bienfaits.

» Ayant ainsi déjoué tous les projets de l'ennemi, nous allons nous rapprocher de la Vistule, et rentrer dans nos cantonnements. Qui osera troubler notre repos s'en repentira ; car, au-delà de la Vistule comme au-delà du Danube, au milieu des frimas de l'hiver comme au commencement de l'automne, nous serons toujours les soldats français, et les soldats français de la grande armée. »

Le même jour, le général Bennigsen fit une tentative sur Ostrolenka, que gardaient deux brigades du cinquième corps (commandé par Masséna, pendant une maladie du maréchal Lannes). L'infanterie russe réussit à pénétrer dans la ville; mais les deux brigades se défendirent dans les rues avec tant de valeur, que l'ennemi recula. Après trois charges successives, les divisions Oudinot et Suchet, arrivées à Ostrolenka vers le milieu du jour, achevèrent de la mettre en fuite. Il laissa sur le champ de bataille treize cents morts, plus de douze cents blessés, et sept pièces de canon. Nous eûmes une centaine de morts et soixante blessés.

Dans la nuit du 24 au 25 février, les Russes attaquèrent la ligne française sur l'Albe et sur la Passarge; une brigade du sixième corps, aux ordres du général Liger-Belair, mit en fuite le détachement ennemi, et fit prisonnier le général qui le commandait, son état-major, plusieurs officiers, et quatre cents soldats. Le lendemain, dix mille Russes qui s'étaient avancés jusqu'à Braunsberg furent attaqués par la division Dupont, faisant partie du premier corps, culbutés et chassés de la ville qu'ils avaient occupée; ils perdirent deux drapeaux, six cents morts, deux mille prisonniers et seize pièces de canon.

Dans les premiers jours de mars, le quatrième corps s'avança jusqu'à Wormditt; le sixième s'empara de Guttstadt, où l'on trouva des magasins de vivres; et le premier battit l'ennemi à Mehlsack, et lui prit trois pièces de canon. Le 7 mars, les Russes s'étant portés sur les postes occupés par les 50°, 27° et 39° régiments, furent repoussés vigoureusement. Un corps de cavalerie ennemie, qui parut à Wilenberg, fut chargé et dispersé par le premier régiment de carabiniers.

Le dixième corps de la grande armée, commandé par le maréchal Lefebvre, était destiné aux sièges de Dantzig, de Graudentz et de Colberg. Il se composait du contingent du grand-duché de Bade, de deux divisions polonaises sous les ordres du général Dombrowsky, d'un corps saxon, d'une division italienne dirigée par le général Teulié, et de troupes françaises de différentes armes. Ces forces s'élevaient à dix mille hommes, et furent portées par la suite à quinze ou seize.

Après la bataille d'Iéna et la déroute complète de l'armée prussienne, Manstein, commandant à Dantzig en l'absence de Kalkreuth, son gouverneur titulaire, prévoyant que la suite des événements militaires pourrait amener les Français devant cette place, avait ordonné la destruction de la majeure partie de ses faubourgs, et fait travailler les habitants aux perfectionnements de toutes les défenses extérieures. Cette mesure de précaution n'était point intempestive, car, à peine les travaux dont nous parlons étaient-ils achevés, que les Français, déjà sur la Vistule, menaçaient de faire le siège de Dantzig, l'une des places de la Prusse dont la prise importait le plus à Napoléon, en ce qu'elle offrait à sa ligne d'opérations un excellent appui, et que sa nombreuse garnison pouvait inquiéter les derrières de l'armée.

Le siége de Dantzig dura depuis le 1ᵉʳ février jusqu'au 24 mai.

La tranchée fut ouverte dans la nuit du 1ᵉʳ au 2 avril. Napoléon se rendit au camp devant Dantzig le 12 mai, avec la réserve de neuf escadrons aux ordres d'Oudinot, dont il avait donné au maréchal Lannes le commandement général. Le 21 mai, une partie des troupes aux ordres de Mortier, qui venait de conclure un armistice avec les Suédois, renforcèrent l'armée assiégeante. Le 27 mai, la garnison sortit avec les honneurs de la guerre. Le général Rapp fut nommé gouverneur de la place conquise, et le maréchal Lefebvre reçut, le 28 mai, le titre de duc de Dantzig.

Des négociations entamées pendant le siége de Dantzig avaient fait établir en Pologne une espèce de trêve tacite; mais, le 4 juin, les généraux ennemis commencèrent à faire quelques démonstrations hostiles devant la tête de pont de Spanden.

Le 5, Bernadotte, averti de ce mouvement, se porta à la tête de pont. Il ordonna au 17ᵉ de dragons de chasser les tirailleurs ennemis des bords de la Passarge. Au moment où il indiquait aux dragons la position qu'il fallait prendre, une balle l'atteignit à la gorge : on le crut mort; mais, dissimulant sa douleur, il encouragea les soldats et les rassura; à peine eut-on mis le premier appareil sur sa blessure qu'il s'élança à cheval et retourna au combat. Sept charges successives furent repoussées par les chasseurs du 27ᵉ d'infanterie légère, posté dans la tête de pont. L'ennemi perdit trois cents morts et neuf cents blessés, et son arrière-garde en déroute fut sabrée par les dragons, et poursuivie jusqu'au-delà de Wuchen.

Le 6, Bernadotte fut forcé par sa blessure de quitter le commandement, et fut remplacé par le général Victor.

Les Russes attaquèrent également le quatrième corps au pont de Lomitten, et le sixième à Guttstadt, à Wolfesdorf, à Amt, à Altkirken et à Deppen; ils furent repoussés, et l'armée russe se retira en hâte sur Heilsberg.

Le 10, les différents corps de l'armée française se portèrent sur Heilsberg, et engagèrent un combat sanglant que la nuit interrompit, et qui n'eut d'autres résultats que de permettre aux Français de s'établir au pied des retranchements ennemis.

Le 12, Heilsberg fut évacué par les troupes russes; le 13, les corps de Murat, de Davoust et de Soult s'avancèrent sur Kœnigsberg, et Napoléon marcha vers Friedland avec les corps de Ney, Lannes, Mortier et Victor, et la garde impériale.

Le 14, l'armée russe déboucha sur le pont de Friedland et attaqua l'avant-garde du maréchal Lannes. « C'est une époque heureuse, s'écria l'empereur, aux premiers coups de canon; c'est l'anniversaire de Marengo. »

Aussitôt il plaça Ney à la droite, Lannes au centre, Mortier à gauche, et Victor à la réserve. Chaque fraction de l'armée était soutenue par une réserve de cavalerie.

Ney, prenant pour point de direction le clocher de Friedland, poursuivit l'aile gauche des Russes jusque dans les rues de cette ville. Lannes soutint sans plier le choc des colonnes du centre ennemi ; pressée par le maréchal Mortier, et avertie des succès de ses adversaires par les flammes qui s'élevaient des toits de Friedland, l'aile droite russe découvrit un gué sur l'Elbe; ses troupes s'y portèrent en foule et avec tant de désordre qu'un grand nombre de soldats furent noyés, tués ou faits prisonniers.

L'armée russe perdit à Friedland quinze mille morts, soixante-dix pièces de canon, un grand nombre de caissons et plusieurs drapeaux. La cavalerie surtout avait fait des pertes immenses, car on comptait au nombre des morts et des blessés vingt-cinq généraux et beaucoup d'officiers d'un grade élevé.

Du côté des vainqueurs, la perte ne s'élevait pas à plus de cinq à six mille hommes tués ou blessés, parce que leur position les avait tenus à couvert, tandis que les Russes avaient été, au contraire, exposés pendant longtemps au feu meurtrier d'une artillerie nombreuse et bien dirigée.

Napoléon déploya à Friedland l'activité et les grands talents qu'il avait montrés dans les campagnes précédentes : on le vit, pendant l'engagement, parcourir à cheval les positions les plus exposées, et souvent les troupes remarquèrent avec effroi les boulets dont le ricochet le couvrait de poussière, ou qui venaient mourir à ses pieds.

La retraite de l'armée russe offrait le spectacle d'une déroute effrayante; les divisions qui avaient réussi à passer l'Albe erraient à l'aventure, et les Français rencontrèrent à chaque pas, et dans l'espace de plusieurs lieues, des canons, des caissons et des voitures abandonnés.

La prise de Kœnigsberg fut le résultat immédiat de cette victoire. Le maréchal Soult y entra le 16 : on y trouva des ressources immenses en subsistances, deux cents gros bâtiments chargés de sommes d'argent et des approvisionnements considérables, soixante mille fusils non encore débarqués. Vingt mille blessés prussiens et russes encombraient les hôpitaux et les maisons de la ville.

Le 19 juin, l'armée entra dans Tilsitt, où s'étaient trouvés, quelques jours auparavant, l'empereur de Russie et le roi de Prusse. Nos soldats y virent pour la première fois un escadron de Kalmoucks, lançant des flèches en fuyant; cette manière de combattre inusitée, qui rappelait celle des anciens Parthes, excita les éclats de rire de l'armée.

Un armistice fut conclu le 31 juin ; le 24, les deux empereurs eurent une entrevue au milieu du Niémen, sur un radeau élevé par les soins du général Lariboissière, commandant de l'artillerie de la garde. On convint que la ville de Tilsitt serait neutralisée.

Le lendemain, après une seconde entrevue dans le pavillon sur le Niémen, à laquelle le roi de Prusse assista, Alexandre se rendit à Tilsitt, et fut reçu à la descente du bateau par Napoléon. Tous deux à cheval, et causant familièrement, parcoururent ensuite la grande rue de la ville, où la garde impériale française se trouvait rangée en bataille; et, par l'effet d'une galanterie toute nationale, le cri de « Vive l'empereur Alexandre! » retentit en même temps que celui de « Vive l'empereur Napoléon! » Les monarques dînèrent ensemble; le grand-duc Constantin et Murat assistèrent seuls à ce repas.

Frédéric-Guillaume avait passé le Niémen, et était venu à Tilsitt occuper le logement préparé pour le recevoir. Napoléon l'accueillit avec tous les égards qu'il avait lieu d'en attendre, et lui rendit sa visite dans la même journée.

Les palais occupés par les trois souverains se touchaient presque, et, durant leur séjour à Tilsitt, ils n'eurent qu'une même table, celle de l'empereur des Français.

La paix fut enfin signée le 8 juillet. Un royaume de Westphalie fut fondé en faveur du prince Jérôme; la ville de Dantzig et son territoire furent distraits de la monarchie prussienne et déclarés indépendants; l'électeur de Saxe eut le titre de roi; le nouveau roi de Naples fut solennellement reconnu, et la Pologne reçut une constitution particulière.

Treize jours après la convention de Tilsitt, le 3 juillet, le roi de Suède, Gustave IV, dénonça l'armistice conclu avec le général Mortier, et alla prendre le commandement des troupes suédoises en Poméranie.

Depuis le mois d'avril, le maréchal Brune était à Magdebourg, où il s'occupait à former un nouveau corps d'observation, composé des divisions Molitor et Beudet; des troupes françaises et allemandes rassemblées sur les bords du Rhin, de vingt mille Hollandais, et d'une division espagnole.

Le corps d'observation se mit en marche le 11 juillet, repoussa l'armée suédoise, et l'investit dans Stralsund, le 6 août. Cette ville ouvrit ses portes le 20; le 9 septembre toutes les troupes suédoises capitulèrent dans l'île de Rugen.

L'occupation de la Poméranie suédoise, de Stralsund et de l'île de Rugen, complétaient les conquêtes faites par la grande armée.

Les troupes françaises restèrent jusqu'à la fin de juillet sur les bords du Niémen; elles y formèrent des camps qui rappelaient ceux de Boulogne. On y voyait des rues alignées au cordeau, portant les noms de nos principales batailles ou des braves morts pendant la campagne.

Napoléon, parti de Tilsitt vers le 15 juillet, arriva le 24 à Francfort; il y fut reçu au bruit du canon et au son des cloches de toutes les églises.

De retour à Saint-Cloud, le 26 juillet, Bonaparte reçut en audience solennelle, et successivement, les félicitations du Sénat, du Tribunat, du Corps Législatif, de la Cour de Cassation, de la Cour d'Appel, du Clergé de Paris, conduit par le cardinal-archevêque de Belloi; de la Cour de Justice criminelle, du Conseil des Prises; enfin du Corps municipal, ayant à sa tête le général Junot.

L'armée française fut répartie dans les pays conquis. Les dix mille hommes composant la garde impériale rentrèrent seuls en France. Ils arrivèrent à Paris le 25 novembre.

Non loin de la barrière qui conduit à la route du Nord, s'élevait un arc de la plus grande proportion connue. Cet arc n'avait qu'une seule ouverture, mais vingt mille hommes pouvaient y passer de front. A la naissance de la voûte, on voyait à l'extérieur de grandes Renommées présentant des couronnes de laurier. Un quadrige doré surmontait le monument. Sur chacune des faces se lisaient des inscriptions nobles et simples, composées par la troisième classe de l'Institut, et l'édifice, élevé sur les dessins de Chalgrin, quoiqu'on n'y eût employé ni colonnes ni aucun de ces ornements dont les architectes sont trop souvent prodigues, se distinguait par un caractère de grandeur véritable et de simplicité.

Dès le matin une foule immense de peuple entourait l'arc de triomphe : les plus curieux étaient montés sur une rotonde voisine, servant de barrière, et offrant elle-même un aspect monumental. Des cris d'enthousiasme annoncèrent, vers le milieu du jour, l'approche des braves ; ils parurent, et bientôt leurs aigles réunies ne formèrent qu'un seul groupe qui précéda la colonne.

Le corps municipal de Paris se présenta alors au-devant de la garde, en tête de laquelle se trouvait le maréchal Bessières. Les troupes s'arrêtèrent : un roulement général de tambours commanda le silence, et, au discours qui lui fut adressé par Frochot, préfet de la Seine, Bessières répondit dignement. Lorsqu'il eut cessé de parler, les couronnes d'or, votées par la ville de Paris, furent apposées aux aigles de la garde impériale, au milieu d'un cercle formé par son état-major.

On exécuta le Chant du Retour, dont Arnault avait composé les paroles et Méhul la musique. C'est sur la mesure de ce chant que les troupes défilèrent dans l'ordre suivant : les fusiliers de la garde, les chasseurs à pied, les chasseurs à cheval, la gendarmerie d'élite. Chaque régiment était précédé des officiers-généraux et supérieurs chargés de son commandement.

A la suite de la garde impériale marchait, accompagné de l'état-major de Paris, Hulin, commandant d'armes, suivi du corps municipal et de son cortége.

Le lendemain de l'entrée de la garde impériale, tous les théâtres donnèrent des représentations gratuites. Le parterre, l'orchestre et les premiers rangs de loges avaient été réservés pour les troupes.

Le Portugal, seul en Europe, restait soumis à l'influence de l'Angleterre, et les ports de ce royaume demeuraient ouverts aux vaisseaux anglais. La paix de Tilsitt était à peine signée que des ordres furent expédiés pour le rassemblement à Bayonne d'une armée désignée sous le nom de *premier corps d'observation de la Gironde*.

Le 17 octobre, cette armée, forte de vingt-six mille cent quatre-vingt-sept hommes, entra en Espagne sous la conduite du général Junot; moissonnée en route par la disette et la fatigue, elle vint camper le 2 décembre à Abrantès. Le 30, Junot entra dans Lisbonne avec quinze cents hommes d'avant-garde. Le roi s'était embarqué pour le Brésil ; la ville renfermait quatorze mille hommes de troupes réglées et trois cent cinquante mille habitants ; mais personne n'osa faire résistance.

Les soldats français arrivèrent à Lisbonne harassés d'une longue marche, presque sans armes, sans cartouches en état de faire feu, sans vêtements ni chaussures ; l'armée était réduite à dix mille hommes. Cependant le Portugal fut occupé sans coup férir ; seulement le remplacement du drapeau portugais par les trois couleurs causa quelque rumeur dans le peuple, qui considérait son étendard national comme un palladium venu du ciel.

Le général en chef avait ordonné, pour ce jour même, une grande parade de toutes les troupes qu'on put rassembler à Lisbonne ; mais cet appareil ne fit aucune sensation sur l'esprit de la multitude. De nombreux attroupements se forment ; les places, les quais, les rues, se remplissent de monde, au point d'en être encombrés ; les clameurs sont plus vives après que les troupes ont défilé ; don Sébastien, mort depuis cinq cents ans, à la bataille d'Alcala, en Afrique, et toujours attendu comme un messie par les Portugais, va enfin reparaître pour exterminer les Français. Le peuple se porte aux points les plus élevés de la ville, pour le voir arriver de plus loin. Des fanatiques assurent qu'ils ont aperçu à l'instant, sur la place du Commerce, la statue équestre de Joseph Ier se mettre en mouvement, et tourner deux fois sur elle-même ; enfin les agents secrets de l'ancien gouvernement et des Anglais ne négligent rien de ce qui peut exaspérer un peuple crédule et superstitieux.

Toutefois le sang-froid et les sages mesures de Junot arrêtèrent les effets de ce mouvement, et le calme fut rétabli le lendemain.

CAMPAGNES DE 1808—1809.

1808. — Guerre avec l'Espagne ; ses causes ; premiers mouvements de troupes ; bataille de Médina ; bataille de Baylen ; siége de Saragosse ; affaires de Portugal ; Napoléon en Espagne ; combat de Sommo-Sierra ; prise de Madrid ; deuxième siége de Saragosse ; combats divers.

1809. — Déroute des Anglais en Espagne ; entrée du roi Joseph à Madrid ; prise de Saragosse ; invasion du Portugal ; retraite de l'armée française ; nouvelle guerre avec l'Autriche ; victoires de Tann, d'Arensberg, d'Eckmühl, de Landshut et de Ratisbonne ; prise de Vienne ; victoire d'Essling ; opérations de l'armée polonaise ; victoires de l'armée d'Italie ; victoire de Wagram ; traité de Vienne ; élévation de Bernadotte au trône de Suède ; opérations de l'armée d'Espagne.

1808

L'alliance de l'Espagne avec la France avait mis cette monarchie dans l'état le plus critique. Sa marine était presque anéantie; la guerre avec l'Angleterre fermait les ports de la Péninsule, et lui enlevait toute communication avec ses possessions d'outre-mer. Toutefois, il n'en fallait pas moins payer le subside de six millions de francs que Napoléon avait exigé pendant la durée de la guerre, pour tenir lieu des engagements stipulés par le traité conclu à Saint-Ildephonse.

Une mésintelligence très prononcée existait depuis longtemps entre le premier ministre Godoï, favori de Charles IV, et l'héritier présomptif de la couronne; et cette mésintelligence prenait sa source dans l'indignation qu'avaient excitée chez le jeune Ferdinand l'élévation scandaleuse d'un parvenu sans talent et sans vertu, son ascendant despotique sur le roi et sur la reine, et la partialité qu'il avait précédemment montrée pour la France.

Immédiatement après le départ de Junot, un deuxième corps d'*observation de la Gironde*, de vingt-trois mille hommes, avait été réuni sous les ordres du général Dupont et avait franchi la frontière espagnole, annonçant qu'il se dirigeait vers le Portugal.

Le 30 janvier, un troisième corps de vingt-quatre mille hommes, commandé par le maréchal Moncey, passa la Bidassoa. Le 2 février, douze mille hommes rassemblés, dans les Pyrénées-Orientales, pénétrèrent en Catalogne, sous la conduite du général Duhesme. Le 17 février, le général Darmagnac, dont la division faisait partie du corps de Moncey, s'empara par surprise de la citadelle de Pampelune. Le 28, Duhesme occupa Barcelone; par ses ordres, le colonel Pio se rendit maître du fort de San-Fernando. Moncey chargea le général Thouvenot de s'assurer de Saint-Sébastien.

Cette occupation de quatre des forteresses les plus importantes de l'Espagne avait pour prétexte de prendre des garanties pour l'exécution des traités faits avec la France; mais le véritable motif de l'empereur était d'enlever à la maison de Bourbon le seul trône qui lui restât encore.

Au mois de mars, une insurrection populaire ayant contraint Charles IV d'abdiquer en faveur de Ferdinand son fils, Murat entra en Espagne pour prendre le commandement en chef de toutes les troupes françaises. Il entra à Madrid, le 23 mars, et s'empressa d'écrire à Napoléon et de lui demander pour quel parti il fallait se prononcer.

L'empereur arriva à Bayonne le 3 avril. Cédant aux sollicitations du général Savary, envoyé du monarque français, Ferdinand eut l'imprudence de se rendre dans cette ville. Charles IV et la reine-mère arrivèrent également à Bayonne le 30 avril. Napoléon déclara peu de temps après à Ferdinand qu'il ne convenait plus que les Bourbons régnassent en Europe, et il lui offrit le trône d'Etrurie en échange de celui qu'il avait perdu.

Vingt à vingt-cinq mille Français s'étaient réunis à Madrid. Le 2 mai, jour fixé pour le départ de la reine d'Etrurie, femme de Ferdinand, le peuple se souleva. Les Français furent assaillis et égorgés dans toutes les rues ; mais ces premiers mouvements insurrectionnels furent facilement apaisés.

Par deux traités signés le 5 août, Charles IV et Ferdinand renoncèrent à tous leurs droits à la couronne d'Espagne et des Indes. Napoléon apprit cet événement aux Espagnols par une proclamation conçue en ces termes :

« Vos princes m'ont cédé tous leurs droits à la couronne des Espagnes ; je ne veux point régner sur vos provinces, mais je veux acquérir des titres éternels à l'amour et à la reconnaissance de votre postérité.

» Votre monarchie est vieille, ma mission est de la rajeunir ; j'améliorerai toutes vos institutions, et je vous ferai jouir, si vous me secondez, des bienfaits d'une réforme sans froissements, sans désordres, sans convulsions.

» Espagnols, j'ai fait convoquer une assemblée générale des députations des provinces et des villes ; je veux m'assurer par moi-même de vos désirs et de vos besoins.

» Je déposerai alors tous mes droits, et je placerai votre glorieuse couronne sur la tête d'un autre moi-même, en vous garantissant une constitution qui concilie la sainte et salutaire autorité du souverain avec les libertés et les priviléges du peuple.

» Espagnols, souvenez-vous de ce qu'ont été vos pères, voyez ce que vous êtes devenus : la faute n'en est pas à vous, mais à la mauvaise administration qui vous a régis. Soyez pleins d'espérance et de confiance dans les circonstances actuelles ; car je veux que vos derniers neveux conservent mon souvenir et disent : Il est le régénérateur de notre patrie. »

Quelques jours après, un décret impérial proclama Joseph Bonaparte, roi de Naples, roi d'Espagne et des Indes.

Aussitôt tout le royaume fut en feu ; des *juntes* (conseils provinciaux) se déclarèrent indépendantes dans plusieurs provinces, et appelèrent le peuple à la guerre. Les Français et tous ceux qui passaient pour être leurs partisans furent voués à l'extermination ; des armées espagnoles s'organisèrent sur divers points. Ce fut au milieu de cette conflagration générale que le nouveau roi s'avança vers Madrid.

Les troupes françaises cantonnées en Espagne formaient quatre corps :

1° Deuxième corps d'observation de la Gironde : vingt-deux mille neuf cent cinquante hommes ;
2° Corps d'observation des côtes de l'Océan, du maréchal Moncey : vingt-quatre mille six cent cinquante hommes ;
3° Corps des Pyrénées-Orientales : douze mille quatre cents hommes ;
4° Corps aux ordres du maréchal Bessières, garde impériale dix-huit cent six hommes.

Les Espagnols étaient presque tous en armes, et d'autant plus formidables qu'ils étaient animés par l'amour de la patrie. Aussi la guerre fut-elle sanglante et implacable; les insurgés souillèrent la justice de leur cause nationale par d'atroces barbaries.

Le 14 juillet, le maréchal Bessières, avec treize mille hommes, défit à Medina-del-Rio-Secco une armée espagnole de quarante mille hommes.

Le 19 juillet, le général Dupont, cerné à Baylen par des forces supérieures, fut obligé de capituler.

La victoire de Medina-del-Rio-Secco était loin de consoler du désastre de Baylen; et quoique Bonaparte, dans un premier mouvement de joie, se fût écrié : « C'est une seconde bataille de Villa-Viciosa; Bessières a assuré à mon frère Joseph la couronne d'Espagne, » cette prophétie ne devait jamais s'accomplir, et des milliers de braves devaient encore verser leur sang sans pouvoir parvenir à consolider un trône qui n'avait pour appui que des baïonnettes étrangères.

Joseph, intronisé à Madrid le 24 juillet, en sortit le 1er août, vint fixer sa cour à Vittoria, et donna l'ordre aux troupes françaises de se concentrer sur les bords de l'Ebre. Cette mesure fit discontinuer les opérations du siége de Saragosse, commencé le 29 juin, sous la direction du général Verdier, par les divisions Verdier et Lefebvre-Desnouettes.

Saragosse, capitale de l'Aragon, s'était déclarée contre les Français dès le 25 mai. Un brigadier des armées espagnoles, don Joseph Palafox, avait pris le commandement général des insurgés.

Au mois de juin, Palafox reçut de Lérida un convoi de bouches à feu et de projectiles, et les Français, de leur côté, firent venir de Pampelune un parc de siége et des munitions qui les mirent à même de commencer l'attaque.

Le 31 juin, l'explosion d'un magasin à poudre, au centre de la ville, détruisit presque une rue tout entière; et, consternés d'une perte aussi fatale, les Espagnols achevaient à peine de retirer des décombres les cadavres de leurs malheureux concitoyens, victimes de l'événement, que le feu des assiégeants commença. Plus de douze cents bombes, obus ou boulets creux tombèrent dans la place, qui ne renfermait pas un seul bâtiment à l'épreuve du canon, et dont les habitants avaient négligé de construire de blindages.

Manquant de vivres et de munitions, Palafox fit établir des moulins conduits par des chevaux, et employa des moines, sous la direction de plusieurs officiers d'artillerie, à fabriquer de la poudre. Tout le soufre qui pouvait se trouver dans la ville fut mis en réquisition : la terre des rues fut lessivée afin d'en recueillir le salpêtre, et l'on fit du charbon avec des tiges de chanvre.

Les Espagnols se battaient avec énergie, et les femmes elles-mêmes prenaient part à la défense commune. L'attaque des Français s'était dirigée plus spécialement contre le Portillo et contre un vaste bâtiment carré situé hors des murs, appelé le château de l'Inquisition, et entouré d'un fossé large et profond. Palafox y avait fait élever une batterie; mais les canonniers, voyant incessamment leurs épaulements détruits, hésitaient dans leurs manœuvres, lorsqu'une jeune femme du peuple, nommée Augustina, qui était venue le 2 juillet apporter des provisions aux soldats espagnols, s'élança au milieu des morts et des blessés, arracha une mèche des mains d'un artilleur expirant, mit le feu à une pièce de vingt-quatre, et, sautant ensuite sur le canon, jura solennellement de ne le quitter qu'avec la vie. Entraînés par l'exemple d'un aussi beau dévouement, les Espagnols recommencèrent sur les Français le feu le plus terrible.

Un mois s'était écoulé au milieu des plus pénibles angoisses, et les habitants de Saragosse sentaient leurs esprits abattus et leurs forces épuisées. Déjà même les Français, après cent combats opiniâtres et meurtriers livrés dans les rues et sur les places publiques jonchées de morts et de mourants, de malades et de blessés, étaient maîtres de la moitié de la ville, dont chaque maison, crénelée et défendue avec la plus haute énergie, avait soutenu un siège particulier, lorsque, le 3 août, Verdier, croyant avoir suffisamment prouvé aux assiégés que leur résistance ne pouvait plus se prolonger, envoya à Palafox un parlementaire, avec cette sommation laconique : « Une capitulation ! »

La réponse, faite à l'instant, et de premier mouvement, fut : « Guerre à mort ! »

Les Français renouvelèrent donc leur attaque avec acharnement. Après huit jours de combats acharnés, au moment où Verdier faisait ses dispositions pour un dernier assaut, il apprit les événements de Baylen, et, comprenant la nécessité d'effectuer un mouvement rétrograde, leva le siège dans la nuit du 13 au 14.

En Portugal, les armes françaises avaient été également trahies par la fortune.

Nommé gouverneur général du Portugal et duc d'Abrantès, le général Junot administra en paix jusqu'au mois de mai. A cette époque, les nouvelles venues d'Espagne entraînèrent la défection de presque tous les auxiliaires espagnols.

Au mois de juin, le débarquement de cinq mille Anglais dans les Algarves fut le signal d'un soulèvement général : plusieurs détachements anglais débarquèrent successivement. Junot se maintint longtemps avec les douze mille hommes qu'il avait sous ses ordres : les généraux Kellermann et Loison remportèrent sur les insurgés plusieurs avantages signalés; mais les affaires malheureuses de Roliça et de Vimeiro l'obligèrent à capituler.

A Roliça, deux mille hommes, commandés par le général de Laborde, se battirent depuis neuf heures du matin jusqu'à cinq heures du soir contre treize mille Anglais. La division Laborde eut près de six cents hommes tués : l'ennemi perdit plus du double, mais il demeura maître du champ de bataille.

A Vimeiro, le 21 août, neuf mille deux cents hommes attaquèrent dix-sept mille Anglais commandés par sir Arthur Wellesley, depuis duc de Wellington. Les Français perdirent dix pièces de canon, mille hommes, et eurent près de neuf cents blessés.

Ces pertes étaient irréparables : de nouveaux débarquements, effectués le 24 août, portaient la force des troupes anglaises à trente-deux mille hommes, dont sir New-Dalrymple avait pris le commandement. Il fallut céder à la nécessité : en vertu d'une convention signée à Cintra, le 30 août, l'armée française évacua le Portugal avec armes et bagages ; elle conserva toute son artillerie de calibre et les chevaux de la cavalerie.

Les nouvelles d'Espagne et de Portugal ne déterminèrent point l'empereur à renoncer à une agression injuste. Quatre-vingt mille hommes de vieilles troupes furent dirigés sur les Pyrénées ; un sénatus-consulte ordonna la levée de cent soixante mille conscrits, et les contingents de la Confédération du Rhin furent également mis en mouvement. De leur côté, les provinces insurgées équipèrent chacune un corps d'armée, et en moins de six mois l'Espagne eut cent quatre-vingt mille hommes sous les armes; neuf mille auxiliaires espagnols, cantonnés dans le Holstein, désertèrent et vinrent se joindre à leurs concitoyens pour défendre l'indépendance du pays. Vingt mille Anglais, commandés par sir John Moore, marchèrent de Cintra sur Valladolid, tandis qu'un autre corps de quinze mille hommes venait directement des ports de la Grande-Bretagne.

Le premier corps de la grande armée, commandé par le maréchal Victor, et un nouveau corps sous les ordres du maréchal Lefebvre, entrèrent successivement en Espagne. Napoléon arriva à Vittoria le 5 novembre.

L'armée française fut ainsi disposée :

Aile droite, composée des corps des maréchaux Lefebvre et Victor, duc de Bellune, appuyée au golfe de Gascogne.

Centre, composé du corps du maréchal Soult, de la réserve de cavalerie aux ordres de Bessières, la garde impériale à Vittoria, et sur la grande route de Madrid.

Aile gauche, composée des corps des maréchaux Ney et Moncey, appuyée aux montagnes de l'Aragon.

Le 9 novembre, le centre attaqua l'armée d'Estramadure, la mit en déroute, et entra dans Burgos pêle-mêle avec les fuyards.

Le 11, le maréchal Victor défit à Espinola l'armée de Galice. De quarante-cinq mille hommes qui la composaient, plus de la moitié furent tués, noyés ou faits prisonniers; dix à douze mille hommes seulement parvinrent à se rallier et gagnèrent le pays de Leon.

Le 12, Soult entra dans Regnosa et s'y empara de canons, de magasins de vivres et de munitions, et d'un grand dépôt d'habillements fournis par l'Angleterre. Le 16, il attaqua Sant-Ander, où l'on trouva une immense quantité de coton, de denrées coloniales et de marchandises anglaises

différentes colonnes parcoururent la province et achevèrent la destruction de l'armée de Galice.

Le 19, le maréchal Lannes, récemment arrivé de Naples, fut placé à la tête de l'aile gauche, et chargé d'attaquer les armées d'Andalousie, d'Aragon, de Valence et de Castille. Ces troupes, dont le total formait quarante-cinq mille combattants, s'étaient rangées en bataille en avant de Tudela; Castanos en avait le commandement en chef.

La discipline sévère des Français, la précision de leurs mouvements, devaient leur assurer l'avantage sur des soldats courageux mais peu exercés. Les Espagnols cédèrent au premier choc; plus de quatre mille d'entre eux furent tués ou noyés dans l'Ebre; douze colonels, trois cents officiers et trois mille soldats faits prisonniers; ils laissèrent entre les mains des Français sept drapeaux et trente pièces de canon avec leurs attelages et leurs caissons.

Le 19 novembre, le quartier-général fut placé au village de Bocoquillas. Un corps de treize mille Espagnols défendait le défilé de Sommo-Sierra. Tandis que l'infanterie française faisait de pénibles efforts pour escalader les rochers, l'empereur arriva dans le défilé, ayant derrière lui les cavaliers de sa garde, dont le régiment de chevau-légers polonais faisait partie. Il s'arrêta au bas de la montagne et examina attentivement la situation de l'ennemi, dont l'artillerie placée sur les hauteurs foudroyait nos soldats; plusieurs boulets tombèrent à côté de Napoléon ou passèrent au-dessus de sa tête.

Il ordonna alors à l'escadron de chevau-légers de service auprès de sa personne de charger sur la batterie espagnole.

Le colonel Piré, envoyé avec l'escadron polonais jusqu'à la position inabordable, fit dire par un officier à Napoléon que la charge était impossible.

« Impossible! s'écrie l'empereur irrité, impossible! il n'y a rien d'impossible à mes Polonais. Impossible! je ne connais pas ce mot-là. Quoi! ma garde arrêtée devant des Espagnols, devant des bandes de paysans armés! »

Puis, apercevant le major Philippe de Ségur, il lui dit : « Allez donc, Ségur, partez: menez les Polonais; faites-les prendre par les Espagnols, ou ramenez-moi des prisonniers. »

Le major accourt au galop et transmet aux Polonais l'ordre positif de l'empereur. Le colonel Piré répéta que c'était impossible.

« Viens-y donc seul avec moi, dit-il au major, et vois si le diable, tout fait au feu qu'il est, pourrait mordre dessus. »

Cependant il fallait obéir.

« Allons! commandant, dit Ségur au chef d'escadron Kozietulski, l'empereur le veut; à nous l'honneur. Polonais, en avant! Vive l'empereur! »

L'escadron s'élança aussitôt en colonne par quatre de front et gravit la montagne au galop. Sur les quatre-vingts Polonais qui le composaient, vingt à peine restent sans blessures; mais les autres escadrons du régiment rallient ceux qui ont survécu à cette première décharge, en essuient une seconde, et emportent l'inaccessible position des Espagnols.

Depuis huit jours les habitants de Madrid s'occupaient du soin de barricader les portes et les rues ; les cloches de toutes les églises sonnaient à la fois ; cent pièces de canon étaient en batterie sur les principaux points ; toute la population était sous les armes.

Le 2 décembre, jour anniversaire du couronnement et de la bataille d'Austerlitz, les troupes françaises parurent devant Madrid ; le feu s'engagea le soir même à l'entrée des faubourgs. La ville capitula le 4 ; Napoléon calma l'irritation du peuple en proclamant une amnistie générale.

Cependant les débris des armées d'Estramadure et de Castille, qui s'étaient réunies derrière le Tage, furent dispersés par le corps du maréchal Lefebvre. Son successeur, le général Sébastiani, les battit encore à Ciudad-Réal, le 27 mars de l'année suivante.

Moncey, après la bataille de Tudela, s'était avancé dans la direction de Saragosse, et avait été contraint de s'arrêter pour rassembler des vivres et attendre des renforts. Palafox, profitant de la levée du siége, avait réuni et organisé ses troupes vaincues, fait de nouvelles levées, et ranimé l'énergie et le dévouement de ses compatriotes. De nombreux secours lui arrivaient des provinces voisines ; d'abondants magasins de subsistances étaient formés dans la ville, dont les fortifications se relevaient et s'augmentaient avec une extrême activité ; et les villages autour de la place, dépouillés et abandonnés par les habitants pour l'approvisionnement et concourir à sa défense, ne devaient bientôt plus offrir aux assiégeants aucune ressource en vivres et en travailleurs.

La garnison de Saragosse était forte de quarante mille hommes, dont deux mille de cavalerie. Quinze mille paysans, bien armés, et un grand nombre d'habitants, concouraient à la défense de la ville.

Le 19 décembre, le corps d'armée du maréchal Mortier vint se réunir à celui de Moncey, ce qui porta le total des troupes de siége à environ trente mille hommes. La tranchée fut ouverte dans la nuit du 29 au 30 décembre.

Vers le même temps, le septième corps de la grande armée (celui de Gouvion-Saint-Cyr), traversait les Pyrénées et investissait la place de Roses, qui capitula le 25 décembre. La garnison, forte de trois mille hommes, resta prisonnière et fut conduite en France.

Immédiatement après la reddition de Roses, le septième corps marcha sur Barcelone, où il arriva le 27 décembre, dégagea le corps d'armée du général Duhesme que les Espagnols tenaient bloqué, et prit ses cantonnement près des murs de Tarragone.

De nouveaux renforts étaient arrivés à l'armée française ; le cinquième corps, commandé par le maréchal Mortier, allait faire le siége de Saragosse ; et le huitième, formé par deux divisions de l'armée de Portugal, devait renforcer le corps d'armée du maréchal Soult.

Campagnes des Français.

Le 21 décembre, les troupes anglaises, dont nous avons signalé plus haut la présence, se réunissaient à Toro; elles présentaient une masse de trente mille combattants. Napoléon s'avança à leur rencontre avec sa garde, le corps du maréchal Ney et la réserve de cavalerie. Le quartier impérial était le 25 à Tordesilas; mais déjà les Anglais effectuaient leur retraite.

1809.

Le 1er janvier 1809, Napoléon établit son quartier-général à Astorga. Les Anglais, pressés de fuir, abandonnèrent leurs malades, leurs chevaux, leurs canons, leurs munitions, leurs bagages. La défaite de leur arrière-garde, le 3 janvier, augmenta encore le désordre qui régnait parmi eux. Sourds à la voix de leurs chefs, ils livrèrent Villafranca au pillage, maltraitèrent les paysans pour les obliger à fournir des vivres, incendièrent les villages, et se firent d'implacables ennemis de ceux qu'ils étaient venus défendre.

Témoin de cette déroute, Napoléon laissa au maréchal Soult le soin de poursuivre l'ennemi, et partit précipitamment pour Paris; il venait d'apprendre que l'Autriche se disposait à reprendre les armes.

Le 11 janvier, les débris de l'armée anglaise, réduite à vingt mille hommes, atteignirent le port de la Corogne. Attaqués le 16 dans leur camp, ils profitèrent de la nuit pour s'embarquer à la Corogne. Ils s'embarquèrent le lendemain, après avoir coupé les jarrets à tous les chevaux qui leur restaient. Maîtres de la Corogne le 21, les Français y trouvèrent dix-sept cents chevaux ainsi mutilés, dont cinq cents respiraient encore. La place et le camp anglais contenaient trois mille fusils, deux cents pièces de canon, six cent mille cartouches, deux cents milliers de poudre, des magasins de vivres, d'habillements et autres objets.

Le 27, Soult s'empara du Férol, place maritime très importante. La prise de Vigo compléta la conquête de la Galice.

Le roi Joseph était rentré à Madrid le 22, après la défaite de l'armée d'Andalousie, dispersée par le premier corps, le 13, près de la petite ville d'Uclès.

Le siège de Saragosse se poursuivait avec vigueur. La division Suchet (du cinquième corps), s'était portée sur Calatayud, afin d'établir la communication avec Madrid, et le troisième corps, dont Junot avait pris le commandement, se trouvait seul chargé du siège et du blocus de la rive droite de l'Ebre.

Le 16 janvier, on entendit tout-à-coup dans Saragosse le son des cloches en branle, le bruit d'une musique guerrière, et les plus vives acclamations. Les Français apprirent avec étonnement que Palafox, cherchant à entretenir le courage de la garnison, et à ranimer, par tous les moyens possibles, les espérances et le dévouement d'une population ignorante et crédule, avait imaginé de composer des bulletins, qu'il supposait avoir reçus par des voies extraordinaires, mais sûres : tantôt « Reding, après avoir anéanti le corps d'armée de Saint-Cyr, s'avançait à marches forcées pour faire éprouver un pareil sort aux assiégeants et débloquer Saragosse; tantôt « Lazan était entré en France par la vallée d'Aran; » ou bien « La Romana et Blacke avaient battu Napoléon en personne; Berthier et Ney étaient tués; toute retraite était coupée aux Français, qui avaient perdu plus de vingt mille hommes dans cette affaire mémorable. »

Le 22 janvier, le maréchal Lannes vint prendre la direction générale des travaux du siége. Il chargea le général Suchet de dissiper les bandes d'insurgés ou *guérillas* qui infestaient les routes, et l'armée de secours organisée dans le nord de la province par les deux frères de Palafox. Le 27, le maréchal fit livrer l'assaut; le couvent de Santa-Ingracia fut occupé, et les assiégeants purent combattre dans l'intérieur de la ville.

Ce genre de guerre offrait les plus grandes difficultés. Les murs étaient crénelés d'avance, et à tous les étages les portes et les fenêtres étaient barricadées.

Enfin, le 20 janvier, la junte de Saragosse envoya une députation au maréchal Lannes pour traiter de la capitulation. La ville se rendit à discrétion après cinquante-deux jours de tranchée ouverte, dont vingt-neuf pour entrer dans la place et vingt-trois autres de combats de maison en maison.

Le 21, les Français occupèrent tous les postes. Ils y trouvèrent cent treize bouches à feu, très peu de poudre et de projectiles, mais beaucoup de vin et d'huile, et du blé pour plus de six mois.

Le 24 février, le maréchal Lannes, accompagné du maréchal Mortier, fit son entrée solennelle dans Saragosse. Il fut reçu sous le portail de Notre-Dame del Pilar par l'évêque d'Huesca, à la tête du clergé de la ville.

Les deux maréchaux s'assirent en face du maître-autel, qui resplendissait d'or et de pierreries. La junte et les différentes autorités de la ville prêtèrent, au nom du peuple, serment de fidélité au roi Joseph; puis l'évêque d'Huesca entonna le *Te Deum*.

Peu de jours après, Lannes fut rappelé en France : le cinquième corps se mit en marche sur la Castille. Le troisième, dont Suchet prit la direction à la place de Junot, demeura en Aragon pour achever la soumission de cette province.

Au mois de mars, le maréchal Soult se mit en devoir d'envahir le Portugal. Il arriva, le 4, à Orensé, et y traversa le Minho. Son corps d'armée comptait vingt-deux mille combattants, dont trois mille de cavalerie.

Le 6 mars, l'armée française força le défilé de Verin, défendu par quatre mille Portugais. Le 10, elle entra dans la province de Tras-os-Montes. Le 12, la ville de Chavès lui ouvrit ses portes. Le 20, elle défit trente mille

Portugais rangés en bataille en avant de Braga. Le 24, les villes de Barcelos et Guimaraens furent occupées.

Les Portugais concentrèrent toutes leurs forces sur Oporto : néanmoins, le 30 mars, les 70° et 96° régiments de ligne franchirent les retranchements ennemis, et pénétrèrent dans la place. Les Portugais s'enfuirent et furent culbutés dans le Duero par la cavalerie : en quelques heures, toute la ville fut soumise.

Soult apprit bientôt après que la garnison de Chavès, forte de six mille soldats, et secondée par quinze mille paysans, avait repris Braga, Chavès et Guimaraens, et disputait la ville d'Amarante à la division Loison. Il sut aussi que La Romana, à la tête de trente mille insurgés, faisait des progrès dans la Galice.

Soult espérait encore des secours du premier corps, qui, cantonné dans la province de la Manche, avait reçu l'ordre d'entrer en Portugal. Ce corps avait en effet passé le Tage à Almaras, le 14 mars, et battu les Espagnols, le 28, en avant de Medellin : mais, réduit à vingt mille hommes et menacé de toutes parts, il lui était impossible de s'aventurer sur le territoire portugais.

Le 20 avril, seize mille Anglais débarquèrent à Lisbonne, et se dirigèrent vers Oporto. L'armée française, composée de vingt-deux mille hommes, commença alors une retraite plus régulière, mais presque aussi pénible que celle qu'elle avait fait faire aux Anglais en Galice.

Traquée dans sa route par les paysans, engagée dans d'affreux défilés, franchissant des torrents rapides, bivouaquant au milieu des rocs, sans vivres et sans fourrages, elle conserva toutefois ses chevaux, ses drapeaux et ses armes : mais ce ne fut qu'en abandonnant deux cents malades, son artillerie, ses munitions et son trésor, qu'elle parvint à atteindre Lugo, où, le 30 mai, elle se réunit aux troupes du maréchal Ney.

Pendant que les généraux de Napoléon se maintenaient à peine dans le sud de l'Europe, lui-même remportait au nord d'éclatantes victoires.

Les instigations de l'Angleterre, le désir de s'affranchir du traité de Presbourg, avaient déterminé François Ier à la guerre. D'immenses préparatifs prouvèrent que l'Autriche espérait enfin accabler le conquérant étranger dont elle avait subi le joug. Six corps d'armée d'environ trente mille hommes chacun furent placés sous la direction de l'archiduc Charles. Un septième, aux ordres de l'archiduc Ferdinand, fut destiné à envahir le grand-duché de Varsovie. Les huitième et neuvième, commandés par l'archiduc Jean, entrèrent en Italie. Deux autres corps formèrent la reserve. L'effectif de toutes ces forces s'élevait à cinq cent cinquante mille hommes.

A l'entrée de la campagne, il n'y avait en Allemagne qu'environ quatre-vingt mille hommes de troupes françaises ; savoir :

Quarante-cinq mille hommes (troisième corps), général Davoust; quatre mille hommes, général Oudinot ;

Vingt-cinq mille hommes, général Masséna ;

Réserve de cavalerie de trois divisions, général Bessières;

Quarante mille Bavarois (septième corps); vingt mille Saxons, général Bernadotte; dix mille Wurtembergeois (huitième corps), général Vandamme.

Les 9 et 10 avril, l'armée autrichienne effectua le passage de l'Inn. Napoléon arriva le 16 à Dillingen, sur le Danube. Il donna ordre à Davoust de venir immédiatement joindre l'armée bavaroise sur les bords de l'Adours.

Le 18, Oudinot partit d'Augsbourg, culbuta un détachement du sixième corps autrichien, et occupa le village de Pfaffenhoffen.

Davoust quitta Ratisbonne le 19 avril; les Autrichiens, battus à Tann et à Arnhoffen, firent d'infructueux efforts pour arrêter sa marche.

Napoléon n'avait alors que soixante-seize mille hommes, la plupart Wurtembergeois et Bavarois, à opposer à cent soixante mille ennemis : l'habileté du chef suppléa au nombre; il conçut le projet d'isoler l'une de l'autre les ailes de l'armée ennemie pour les battre en détail.

Pendant que Davoust, avec vingt-six mille hommes, lutte contre l'aile droite autrichienne, Napoléon, à la tête du reste des troupes françaises, défait l'aile gauche à Abensberg, la poursuit jusqu'à Landshut; puis, rejoignant Davoust à Eckmühl, il accable l'aile droite ennemie (20-21 avril).

Le 23, le maréchal Lannes reprit Ratisbonne. Dans l'attaque, Napoléon fut blessé au pied d'une balle morte; mais, à peine pansé, il remonta à cheval, et parcourut les lignes de l'armée au milieu des plus vives acclamations.

Le 24, après cinq jours de campagne, Napoléon y passait en revue l'armée française, et dans une proclamation énergique promettait aux soldats qu'avant un mois ils seraient à Vienne.

En effet, le gros de l'armée française s'avança sur cette capitale. L'archiduc Charles se réfugia en Bohême. L'aile gauche des Autrichiens, battue, le 24, par le corps du maréchal Bessières, fut une seconde fois défaite à Ebersberg, le 13 mai. Le 10, Napoléon parut aux portes de Vienne. Bombardée pendant quelques heures, elle obtint une capitulation semblable à celle que Napoléon lui avait octroyée en 1805.

Le 17, Napoléon fit faire des préparatifs pour passer le Danube. Le 20, il fit occuper l'île de Lobau, et jeter un pont qui fut achevé en trois heures. Le 21 mai, trente-cinq mille hommes de l'armée française étaient en ligne dans la plaine de Markfeld. La gauche était appuyée au village de Gross-Aspern, le centre à Essling, et la droite vis-à-vis Studt-Enzersdorf.

Résolu de livrer bataille, l'archiduc Charles rassembla en hâte toute l'armée autrichienne, et la fit former sur cinq colonnes. Cette armée présentait un total de quatre-vingt-dix mille hommes avec deux cent vingt-huit pièces de canon.

Les premiers efforts de l'ennemi furent dirigés contre l'aile gauche, que commandait Massena. Trois fois les Autrichiens essayèrent d'emporter la village de Gross-Aspern, et trois fois ils furent repoussés; on se battit avec acharnement dans les rues, les granges, les maisons. La division Boudet, qui défendait Essling, sous les ordres du maréchal Lannes, s'y maintint avec non moins de courage et de fermeté.

Des renforts arrivés pendant la nuit portèrent l'armée française à quarante-cinq mille hommes. Le combat recommença, le 22, dès quatre heures du matin. Les Français s'avancèrent au cri de *vive l'Empereur!* et culbutèrent le centre autrichien. La rupture des ponts du Danube, emportés par des bateaux chargés de pierres, et lancés des îles au-dessus de celle de Lobau, prolongea la lutte en empêchant le passage du reste de l'armée française. Gross-Aspern fut pris et repris quatre fois. Les deux armées conservèrent leurs positions, et chacune d'elles eut quinze à vingt mille tués ou blessés.

Un des ponts ayant été réparé, l'armée française qui venait de combattre à Essling repassa dans l'île de Lobau en silence et sans que l'ennemi y opposât le moindre obstacle. A onze heures du soir, Napoléon s'embarqua et rejoignit les troupes campées sur la rive droite; celles qui restèrent dans l'île eurent à souffrir pendant plusieurs jours toutes les horreurs de la faim. Ce fut après avoir mangé une partie des chevaux de trait et de selle qu'ils virent enfin arriver des bateaux chargés de vivres.

Le septième corps de l'armée autrichienne ouvrit la campagne au mois d'avril. Le prince Poniatowski, ministre de la guerre du grand-duché de Varsovie, à la tête des levées polonaises, le défit en plusieurs rencontres sur les bords de la Vistule, lui tua trois mille hommes. Au pont de Gora, il enleva la tête de pont et la ville de Sandomir, et se rendit maître de la forteresse de Zamosc (25 mai). A la fin de mai, les troupes autrichiennes avaient évacué presque toute la Gallicie.

En Italie, les hostilités commencèrent le 10 avril. Les huitième et neuvième corps de l'armée autrichienne, s'étant réunis non loin du golfe Adriatique, attaquèrent plusieurs postes sur la ligne du Tagliamento; l'armée française ne comptait encore que sept divisions présentes; le quartier-général du prince Eugène, vice-roi d'Italie, se trouvait à Udine.

La supériorité du nombre valut à l'ennemi le gain d'une bataille livrée le 15 auprès de Sacile. Les Français abandonnèrent leurs positions après plus de neuf heures de lutte; mais leur perte en tués, blessés et prisonniers, fut moindre que celle des Autrichiens.

Le 28, l'armée française était complètement organisée. Macdonald en commandait l'aile droite, formée de deux divisions et d'une brigade de dragons. Le centre, composé de deux divisions, de deux régiments et de quatre escadrons de hussards, était dirigé par le général Grenier. Les trois divisions de l'aile gauche étaient sous les ordres de Baraguay-d'Hilliers. La garde royale, une division d'infanterie et deux de cavalerie, devaient servir de réserve. Huit mille hommes occupaient en outre le fort de Palma-Nova, et la division Barbou celui de Malghera.

Les nouvelles de la guerre d'Allemagne arrêtèrent le mouvement progressif de l'archiduc Jean. Dans la nuit du 30 avril au 1er mai, l'ennemi fait un mouvement rétrograde; les Français le suivent, passent la Piave, et le battent complètement sur la rive gauche de cette rivière : dix mille Autrichiens sont tués, blessés ou faits prisonniers; plusieurs drapeaux, quinze pièces de canon, trente caissons, des munitions et des bagages tombent entre les mains des vainqueurs, qui n'eurent que deux mille cinq cents hommes hors de combat (8 mai).

L'armée autrichienne accéléra sa retraite sur la Carinthie, se bornant à disputer quelques points, afin d'avoir le temps de faire filer sa cavalerie. Du 9 au 16 mai, elle perdit, dans divers engagements, plus de six mille prisonniers et vingt-six pièces de canon; le 16, Trieste fut occupé par les Français; on y trouva des magasins d'équipement, vingt-deux mille fusils et deux cents bâtiments de commerce.

Le 18 mai, l'avant-garde, aux ordres du vice-roi, et la division Seras emportèrent d'assaut les forts de Malborghetto et de Pradel. La victoire de Tarvis (19 mai), l'occupation de Laybach (22 mai), complétèrent la conquête de la Carniole et achevèrent de décourager l'ennemi.

Le 31 mai, la division Seras opéra sa jonction avec la grande armée française. Le même jour, les deux divisions Clausel et Montrichard, qui, sous les ordres de Marmont, occupaient la Dalmatie et une partie de l'Illyrie, se réunirent à l'armée d'Italie, pour former avec elle l'aile droite de la grande armée.

Le prince Eugène reçut de Napoléon l'ordre de continuer à poursuivre en Hongrie les huitième et neuvième corps autrichiens. Il entra en Hongrie le 5 juin; le 7, un corps d'observation détaché de la grande armée et une division de cavalerie légère vinrent renforcer ses troupes, et lui permirent de poursuivre l'ennemi avec vigueur.

Le 14 juin, jour anniversaire des victoires de Marengo et Friedland, l'armée française, forte de trente-six mille hommes, se présenta devant la ville de Raab.

A vingt mille hommes, débris des deux corps qu'il commandait, l'archiduc Jean avait réuni dix mille hommes tirés des garnisons hongroises, cinq à six mille des corps de Zellachich, et quinze mille Hongrois insurgés. Ces forces occupaient Raab et les hauteurs des environs. Malgré la force de leurs positions et leur supériorité numérique, les Autrichiens furent complètement défaits; leur perte s'éleva à trois mille prisonniers et quatre mille morts ou blessés. Les Français eurent six à sept cents hommes tués et près de quinze cents blessés. La ville de Raab se rendit le 24 juin.

Le 6 juillet, toute l'armée d'Italie se réunit à la grande armée dans l'île de Lobau. Trente-sept mille prisonniers, douze drapeaux, cent quatre-vingt-dix-huit bouches à feu, quarante-cinq mille fusils, des magasins considérables de munitions et de vivres, tels étaient les trophées que le prince Eugène présentait à son père adoptif.

Depuis la bataille d'Essling, les deux grandes armées française et autrichienne étaient restées presque inactives. De nombreuses levees avaient porté les forces ennemies à cent quatre-vingt mille hommes, avec environ neuf cents pièces d'artillerie; celles des Français s'élevaient à cent cinquante mille combattants.

Les troupes françaises étaient retranchées dans l'île de Lobau, qui avait reçu le nom d'île Napoléon. Trois points parallèles de six cents pas de longueur liaient le terrain de l'île à la rive droite.

Le 5 juillet, de nouveaux ponts furent jetés sur le Danube, et l'armée française sortit de l'île et vint se ranger en bataille sur la gauche du Danube. Pendant la nuit, Napoléon rassembla une forte masse vis-à-vis le centre de la ligne ennemie établie au village de Wagram.

Le 6 juillet, la canonnade s'engagea dès le lever du soleil; les habitants de Vienne, assez près du champ de bataille pour apercevoir les mouvements des troupes, couvrirent en foule les tours, les clochers et les toits des maisons les plus élevées.

Napoléon plaça à l'aile gauche les maréchaux Masséna et Bernadotte; au centre, le prince Eugène, Macdonald, Broussier, Marmont, Oudinot, la garde impériale et la grosse cavalerie; enfin, à la droite, le maréchal Davoust.

A cinq heures du matin, l'aile gauche de l'armée autrichienne sortit de Mark-Grafen-Neusiedel. Le maréchal Davoust, au bout de deux heures d'engagement opiniâtre, réussit à la repousser.

Cependant l'aile gauche des Français est attaquée par trente-cinq mille hommes des meilleures troupes ennemies, chassée du village de Gross-Aspern, et débordée de trois mille toises. Napoléon ordonne à Davoust de tourner la position de Neusiedel, et de se diriger ensuite sur Wagram; puis il fait dire à Masséna de tenir ferme, met en mouvement le centre de l'armée française, et le dirige contre le centre de l'ennemi. Le général Lauriston s'avance, au trot et sans tirer, jusqu'à demi-portée de canon, à la tête de cent pièces d'artillerie, et decime les rangs de l'aile droite autrichienne.

En un clin d'œil les troupes qui occupaient Wagram perdirent plus d'une lieue de terrain. L'aile n'étant plus appuyée, rétrograda à la hâte, et la bataille fut gagnée. L'armée ennemie s'enfuit en Moravie, abandonnant dix drapeaux, quarante pièces de canon, près de dix-huit mille prisonniers, neuf mille blessés, et un grand nombre d'équipages; sa perte en tués s'élevait à quatre mille hommes; celle des Français était de six mille blessés et de deux mille six cents tués, dont le général de cavalerie Lasalle.

François II, qui s'était tenu à Wolkersdorf pendant la bataille de Wagram, envoya, le 11, solliciter un armistice qui fut conclu à Zanaïm, dans la nuit du 11 au 12. La paix fut signée à Vienne trois mois après.

Le traité du 14 octobre 1809 donna à la Confédération du Rhin le pays de Salzbourg et Berchtolz-Gaden, et une partie de la Haute-Autriche ; au royaume d'Italie le comté de Gorice, le territoire de Montefalcone, Trieste, la Carniole, le cercle de Wellach en Carinthie, une partie de la Croatie, de la Hongrie, de l'Istrie, et la seigneurie de Radzand. L'empereur d'Autriche céda encore à la Saxe et à la Russie quelques portions de ses Etats, et adhéra au blocus continental de l'Angleterre.

La clause la plus importante du traité était encore secrète : c'était l'union de Napoléon avec la fille aînée de François II, l'archiduchesse Marie-Louise. Un sénatus-consulte du 6 décembre 1809 déclara dissous le mariage de l'empereur des Français avec Joséphine Tascher, sa première femme ; mais ce ne fut que le 11 mars 1810 que l'Empereur épousa la jeune princesse autrichienne.

A la fin de 1809, Gustave-Adolphe IV, roi de Suède, ayant abdiqué, son oncle, Charles XII, monta sur le trône, et adopta, comme prince héréditaire de Suède, le maréchal Bernadotte.

Durant la guerre d'Autriche, de juin en septembre, les Anglais essayèrent sans succès de faire une diversion sur les côtes du royaume de Naples et à l'embouchure de l'Escaut. Ils ne furent pas plus heureux en Espagne : le 20 juillet, une armée anglo-portugaise, commandée par sir Arthur Wellesley, envahit l'Estramadure espagnole ; grossie par des bandes d'insurgés aux ordres du général Cuesta, forte de près de quatre-vingt mille hommes, elle se retrancha en avant de Talaveyra de la Reyna.

Joseph marche contre elle à la tête de quarante mille hommes, savoir : la garde royale, les premier et quatrième corps, et la division Dessoles. Une bataille livrée les 26, 27 et 28 juillet coûte dix mille hommes aux deux partis, sans que l'avantage se décide ; mais, le 2 août, les corps de Ney, Soult et Mortier taillent en pièces l'arrière-garde ennemie à Arzolispo. Le 9, le quatrième corps disperse dix mille Espagnols postés sur la montagne d'Almonacid, avec quarante pièces de canon, en tue trois mille, fait quatre mille prisonniers, et prend trente-cinq pièces, plusieurs drapeaux, cent caissons et deux cents voitures de bagages. Les Français n'eurent que cinq cents hommes tués.

Le 12 août, le sixième corps (celui de Ney), défit, au col de Banos, le détachement anglo-portugais aux ordres de sir Robert Wilson ; tous ces échecs déterminèrent sir Arthur Wellesley à rentrer en Portugal.

Pendant les mois de septembre et d'octobre, la tranquillité parut rétablie ; mais au mois de novembre une armée de soixante mille hommes, équipée et stipendiée par les Anglais, s'organisa en Espagne sous le commandement du général Azizaga. Le 12, elle attaqua à Orana une division de dragons du quatrième corps, qui demeura inébranlable. Les corps de Soult et de Mortier et la division Dessoles (trente mille hommes), suffirent pour dissiper ces redoutables assaillants, qui abandonnèrent aux vainqueurs cinquante pièces de canon et trente drapeaux, et eurent vingt mille hommes tués, blessés ou prisonniers.

En Aragon, le troisième corps, aux ordres de Suchet, détruisit, dans les combats de Maria et de Balchite, une armée de vingt mille Espagnols commandés par le général Blacke (15 et 18 juin).

En Catalogne, le septième corps, après avoir battu à Walls les troupes insurgées que dirigeait le général suisse Redding, entreprit, sous la conduite d'Augereau, le siége de Gérone. La garnison de cette place, après six mois d'une honorable résistance, capitula le 10 décembre.

CAMPAGNE DE 1810—1811.

Conquête de l'Andalousie; victoire de Vigo; succès dans la Haute-Estramadure et le royaume d'Aragon; siége et prise de Lérida; prise du fort de Mequinenza.

Invasion du Portugal; prise de Ciudad-Rodrigo et d'Almeïda; occupation de Coïmbre; l'armée anglo-portugaise se retranche dans les lignes de Torres-Vedras.

Siége de Cadix; victoires de Villagarcia, de Cala-de-Méru, de Rio-Almanzor, de Miranda; revers de la Bisbal; siége et prise de Tortose.

Prise d'Olivença; victoire de la Gebora; prise de Badajoz.

Retraite de l'armée française de Portugal; combats de Pombal et de Redicha; bataille de Fuentes-de-Onoro; belle conduite du général Brennier; le maréchal Marmont remplace Masséna.

Echec d'Albuera; siége de Badajoz par les Anglais; opérations du maréchal Soult dans le royaume de Grenade; marche des Anglais dans la Haute-Estramadure; siége de Badajoz par l'ennemi; déblocus de Badajoz; siége et prise de Tarragone; victoire de Mont-Serrat; prise de Figuières; victoire de Sagonte; prise de Sagonte et de Valence.

Pendant les mois de janvier et de février 1810, les 1ᵉʳ, 4ᵉ et 5ᵉ corps, et la réserve (division Dessoles), conquirent toute l'Andalousie, à l'exception de l'île de Léon et de Cadix.

En Catalogne, la division Souham, forte de trois mille hommes, défit à Vique quinze mille Espagnols commandés par le brigadier O'Donnell, successeur du général Blacke. Au mois de mai, Augereau, que sa mauvaise santé retenait à Barcelone, et auquel on reprochait d'avoir exposé plusieurs bataillons en les tenant isolés, fut remplacé par Macdonald, duc de Tarente.

Dans la Haute-Estramadure, le général Foi (du 2ᵉ corps) chassa les partis ennemis de la rive droite de la Guadiana.

Dans le royaume de Léon, Junot, à la tête du 8ᵉ corps, prit Astorga après quinze jours de tranchée ouverte (10 avril).

Le 3ᵉ corps, qui occupait l'Aragon, après avoir poursuivi les bandes de guérillas jusque dans le royaume de Valence, revint mettre le siège devant Lérida.

Cette ville, défendue par deux forteresses et par le Segre qui en baigne les murs du nord au sud, avait, en 1647, résisté au grand Condé. Elle contenait vingt mille habitants et une garnison de dix mille hommes sous les ordres du maréchal-de-camp Gonzalès. Le corps de Suchet ne comptait que vingt mille combattants.

Le 27 avril, O'Donnell, sorti de l'Aragon, essaie de faire lever le siège de Lérida; une charge du 4ᵉ hussards, exécutée à propos, force toute son avant-garde à mettre bas les armes; et pendant que le colonel Robert, avec le 117ᵉ, contient les assiégés, le 13ᵉ régiment de cuirassiers, guidé par le général Boussard, disperse les troupes de secours avec tant d'impétuosité, que l'infanterie française n'a pas le temps de tirer un coup de fusil. La perte totale des cuirassiers ne s'éleva qu'à vingt-trois morts et quatre-vingt-deux blessés; les Espagnols laissèrent entre les mains des vainqueurs huit colonels, deux cent soixante-onze officiers, cinq mille six cent dix-sept soldats, mille chevaux, trois bouches à feu, deux caissons, trois étendards, un drapeau, et cinq cent mille cartouches.

Cette défaite découragea la garnison; la tranchée fut ouverte dans la nuit du 29 avril, et creusée dans un espace de trois mille deux cents toises, malgré d'affreux orages et la consistance argileuse du terrain. Le 12 mai, les assiégeants enlevèrent tous les retranchements et pénétrèrent dans les rues au pas de charge; un sergent, nommé Baptiste, monta sur la barrière du quai et l'ouvrit; les 116ᵉ et 117ᵉ régiments se rendirent maîtres des ponts; les habitants se réfugièrent dans le grand fort, qui capitula le 14.

La prise de Lérida mit au pouvoir des Français cent cinq bouches à feu, un million cinq cent mille cartouches, cent cinquante milliers de poudre, dix drapeaux et huit mille prisonniers.

Le 8 juin, Suchet s'empara du fort de Mequinenza; on y trouva quarante-cinq bouches à feu, quatre cent mille cartouches de fabrication anglaise, trente milliers de poudre, une grande quantité de fer coulé, et des vivres pour deux mille hommes pendant trois mois.

L'empereur avait ordonné la formation d'une armée de soixante mille hommes pour envahir une troisième fois le Portugal. Le maréchal Masséna, prince d'Essling, fut appelé à diriger cette armée, formée des deuxième, sixième et huitième corps, commandés par Régnier, Ney et Junot, d'une forte division de cavalerie, et d'un corps de réserve.

L'armée anglo-portugaise comptait trente-cinq mille Anglais et cinquante mille Portugais, et deux espèces de milices, les unes organisées en bataillons, les autres armées de piques, de faulx et de bâtons ferrés, et levées au besoin dans les villages. Sir Arthur Wellesley, duc de Wellington, commandait toutes ces forces.

Le 6 juin, le sixième corps investit Ciudad-Rodrigo. On commença à canonner la place le 25 ; la garnison, forte de sept mille hommes, fit inutilement plusieurs sorties. Le 9 juillet, les troupes françaises allaient monter à l'assaut quand la place se rendit à discrétion.

Le 21, le maréchal Ney fit détruire le fort de la Conception, opération qui facilita l'investissement d'Almeïda, place beaucoup plus forte que Ciudad-Rodrigo, et défendue par cinq mille hommes. La tranchée fut ouverte dans la nuit du 15 au 16 août. Le 26, l'explosion d'un magasin contenant plus de cent cinquante milliers de poudre, détruisit une grande partie de la ville et amena une capitulation. La garnison, renvoyée libre avec serment de ne point servir contre les Français, abusa de la confiance de Masséna et reprit les armes quelques jours après.

Le 15 septembre, toute l'armée d'invasion pénétra en Portugal. Le 26, elle attaqua l'armée anglaise rangée en bataille sur la montagne d'Alcoba, et défendant la route de Busaco. Dix-huit cents Français furent tués, et près de trois mille blessés à l'assaut de cette position inexpugnable. Masséna reconnut trop tard qu'il avait trop facilement accordé la bataille, et tourna la montagne en se dirigeant par la route d'Avelena de Cima sur Coïmbre, où il entra le 1er octobre. La ville était déserte. Une proclamation des généraux anglais ordonnait à tous les Portugais de fuir, et d'emporter ou de détruire tout ce qui pouvait être utile aux Français ; système de guerre barbare qui, deux ans plus tard, appliqué en grand par les Russes, causa la ruine de l'empire.

Le 9 octobre, l'armée française s'empara d'Alenquer et de Sobral. Le 12, l'ennemi évacua les retranchements de Bucellas, et se retira dans trois lignes fort serrées, qui s'appuyaient au Tage par la droite, et à la mer par la gauche.

L'armée française, arrêtée devant les redoutes ennemies, ne tarda pas à manquer de vivres. On eut recours à la maraude pour se procurer des subsistances. Les moulins détruits par l'ennemi furent réparés, et tous les jours des caravanes de soldats amenaient des bœufs, des moutons, des chèvres, des cochons, du blé, de l'orge, des légumes, du vin et de l'eau-de-vie, qu'on distribuait également à toutes les compagnies.

Cependant des renforts grossissaient à chaque instant les troupes anglo-portugaises. Elles comptaient trente-six mille Anglais, trente-cinq mille Portugais, treize mille hommes de milices et six mille Espagnols. L'armée française, diminuée par les maladies, les pluies continuelles et la mauvaise nourriture, était réduite à trente-cinq mille combattants.

Après avoir tenu les Anglo-Portugais bloqués dans leurs lignes pendant six semaines, Masséna se détermina à ordonner la retraite sur Santarem.

Le neuvième corps, commandé par le général Drouet, comte d'Erlon.

partit le 12 octobre de Valladolid, pour aller au secours de l'armée de Portugal. Une seule division de ce corps parvint à opérer sa jonction avec les troupes que commandait Masséna (26 décembre).

Les événements qui se passaient en Espagne n'avaient point pour la France de résultats décisifs.

En Andalousie, le maréchal Victor forma au mois d'avril le siége de Cadix. La garnison de la place se composait de quinze mille Espagnols et de sept mille Anglo-Portugais.

En Estramadure, le général La Romana rassembla un corps de dix mille fantassins et de neuf cents chevaux, et se retrancha près de Villa-Garcia. Attaqué le 11 août par la division Gérard, il perdit deux mille cinq cents hommes, tués ou blessés, huit cents prisonniers, quatre pièces de canon, et d'immenses magasins de vivres; les Français n'eurent que deux cents hommes tués ou blessés. Le 6 septembre, renforcé par une division de troupes portugaises, La Romana se porta de nouveau en avant.

Dans le royaume de Grenade, quatre mille Anglais, débarqués à Cala de Méru (14 octobre), furent battus par trois mille hommes que le général Sébastiani réunit à la hâte. Ils laissèrent sur le champ de bataille deux cent cinquante hommes, un grand nombre de prisonniers, cinq pièces de canon, beaucoup d'outils et plusieurs caissons de cartouches.

Le 4 novembre, dix mille Espagnols, commandés par le général Blacke, vinrent prendre position au Rio-Almanzor, en Murcie, vers la frontière du royaume de Grenade. Le général Rey marcha contre eux avec deux bataillons du 32e, quatre cents hommes du 88e, douze cents hommes de la brigade Michaud, et une compagnie d'artillerie légère. En un instant les Espagnols furent culbutés. Mille prisonniers, quatre canons, quatre caissons et deux drapeaux tombèrent en notre pouvoir : plus de douze cents hommes restèrent sur le champ de bataille; les Français n'eurent que deux cents hommes tués ou blessés.

Au centre et dans le nord de l'Espagne, les généraux Hugo, Lorge, Bonnet, Jeannin, continrent les bandes des guérillas. Les Anglais essayèrent inutilement deux débarquements sur la côte des Asturies (17 et 27 octobre).

Le 29 novembre, quinze cents Français, de l'avant-garde du général Bonnet, commandés par le général Valletaux, mirent en déroute, sur la route de Miranda, six mille hommes de l'armée de Galice.

Le septième corps se maintint en Catalogne, et Macdonald établit son quartier-général à Cervera ; mais la brigade du général Schwartz fut surprise à la Bisbai par les forces décuples sorties de Tortose; tout ce qui échappa au feu de l'ennemi fut fait prisonnier. Le général O'Donnell entra en triomphe dans Tarragone, et reçut le titre de comte de la Bisbal.

Ce revers accrut l'audace des paysans catalans. Des soldats voyageant isolément sur la grande route furent impitoyablement égorgés. En représailles, plusieurs habitants furent pendus, et leurs maisons démolies ; de fortes contributions furent imposées à plusieurs villages. Les crimes et les châtiments contribuaient à irriter la fureur des deux partis et à les rendre irréconciliables.

A la fin de novembre, le septième corps se réunit au troisième corps, qui, depuis le mois de juin, manœuvrait pour bloquer Tortose, sous les ordres de Suchet et du général d'artillerie Vallée.

La garnison de Tortose, forte de six mille huit cents hommes, se rendit le 2 janvier 1811, après dix-sept jours d'investissement, treize nuits de tranchée ouverte, et quatre jours de feu. Elle avait perdu douze cents hommes pendant le siège. L'armée assiégeante était de dix mille hommes et n'en perdit que quatre cents.

Dans la nuit du 1ᵉʳ au 2 janvier 1811, la treizième et la dernière du siége, on ordonna que le feu redoublât de toutes parts ; la dernière batterie était si rapprochée que son effet était prodigieux. A midi les deux brèches étaient praticables. Le général en chef Suchet, prêt à faire mettre le feu à la mine, disposait en même temps les troupes pour l'assaut. Bientôt trois pavillons blancs flottent sur la ville et les forts ; mais comme le gouverneur avait abusé la veille de ce moyen pour faire des propositions inadmissibles, le feu n'est point suspendu. Les parlementaires sont renvoyés dans la place, et le général en chef exige, comme condition préalable de tout arrangement, que l'un des forts reçoive à l'instant garnison française.

On trouva dans la place 177 bouches à feu, 9,000 fusils, et des munitions de guerre et de bouche.

Dans les premiers jours de janvier 1811, le cinquième corps, plusieurs détachements d'infanterie et une forte réserve de cavalerie s'avancèrent en Estramadure, sous la conduite du maréchal Soult. Le but de cet habile général était de s'emparer de quelques places fortes pour s'assurer ses communications, et de se porter ensuite sur le Tage et forcer les Anglais à dégarnir le Portugal.

Un premier succès fut la prise d'Olivença, que défendaient trois mille Portugais (22 janvier). Le 29, il commença le siége de Badajoz. Le 11 février, le fort de Pardaleras, qui couvrait la droite de la ville assiégée, fut emporté d'assaut par deux cents grenadiers et deux cents voltigeurs des 21ᵉ et 103ᵉ régiments.

Les généraux Mendizabal et la Carrera avaient succédé au marquis de La Romana, mort subitement le 23 janvier. Ils étaient à la tête de sept mille hommes d'infanterie et deux mille cinq cents cavaliers portugais et espagnols, et occupaient les hauteurs en arrière de la Gébora. Soult chargea le maréchal Mortier de les attaquer. Deux grands carrés qu'ils formaient furent successivement enfoncés par la cavalerie française, aux cris de *vive l'Empereur!* Ils perdirent neuf cents morts, cinq mille deux cents prisonniers, parmi lesquels trois cent cinquante officiers, dix-sept pièces de canon, six drapeaux et sept caissons. Les Français eurent quatre cents hommes tués ou blessés.

Badajoz ouvrit ses portes le 11 mars. La garnison, forte de neuf mille hommes, fut déclarée prisonnière de guerre. On trouva en batterie ou dans l'arsenal cent soixante-dix bouches à feu, quatre-vingt mille livres de poudre, trois cent mille cartouches, beaucoup de projectiles et deux équipages de pont.

Le maréchal Soult ayant appris que l'armée de Portugal revenait en Espagne, rentra en Andalousie, laissant en Estramadure le cinquième corps, sous la direction du maréchal Mortier.

Le maréchal Victor était demeuré chargé de la conduite du siége de Cadix. Il avait fait couler des mortiers d'une dimension nouvelle, qui lançaient des bombes jusque dans la ville, et la menaçaient d'une ruine totale. Toutefois l'assemblée des Cortès, réunie dans ce centre de l'insurrection espagnole, ne perdit point courage et employa toutes les ressources dont elle put disposer pour éloigner les assiégeants.

Le 20 février, une expédition forte de cinq mille Anglais et de douze mille Espagnols, commandée par le général Pena, fut embarquée dans la rade de Cadix. Le 5 mars, ces troupes se présentèrent à Chiclana, dans le but d'enlever les lignes fortifiées de Santi-Petri.

Ces alliés échouèrent complétement dans leur entreprise. La bataille de Chiclana coûta aux Français deux mille cinq cents hommes; mais l'ennemi perdit trois drapeaux, quatre pièces de campagne et trois mille cinq cents hommes, tant tués que prisonniers (5 mars).

Après avoir longtemps souffert de la disette, les troupes françaises de Portugal firent un mouvement, le 3 mars, pour se mettre en communication avec Ciudad-Rodrigo, où étaient l'artillerie, les effets d'habillement, les munitions, les magasins et le trésor de l'armée, qui n'était pas payée depuis six mois.

Le 4, les malades et les bagages furent placés sur des mulets et des ânes, et gagnèrent deux marches.

La retraite commença le 5 mars, à 8 heures; le maréchal Ney fut placé à l'arrière-garde, avec le sixième corps.

Le 9 mars, la cavalerie anglaise vint attaquer l'arrière-garde dans une vaste plaine, à une lieue en avant de Pombal. Vers trois heures de l'après-midi, elle chassa de la ville de Pombal un bataillon du 16⁰ d'infanterie légère qui l'occupait. Ce bataillon se retirait, lorsque le maréchal Ney accourt au galop et s'écrie : « Chasseurs, vous perdez votre belle réputation, vous vous déshonorez à jamais, si vous ne chassez à l'instant l'ennemi de Pombal. Allons, que les braves me suivent! » Il pousse aussitôt son cheval vers la ville. Excitée par son exemple, l'infanterie légère se précipite au pas de course dans Pombal, et la reprend à l'ennemi.

Le 11, la deuxième division du sixième corps, postée sur les hauteurs de Redinha, soutint le choc de vingt-cinq mille Anglo-Portugais. L'arrière-garde continua sa retraite par Miranda-de-Corco. Pour se débarrasser de tout ce qui aurait pu gêner la marche, le maréchal Ney fit brûler ses voitures et tous les effets inutiles ou de luxe.

Le 23 mars, le maréchal Ney, qui était depuis quelque temps en mésintelligence ouverte avec Masséna, quitta l'armée, et fut remplacé par le général Loison dans le commandement du sixième corps.

Le 8 avril, Masséna arriva à Salamanque. Il s'occupa de réunir des vivres et des renforts, et, le 30 avril, il eut rassemblé à Ciudad-Rodrigo trente mille hommes d'infanterie et cinq mille chevaux. Ces forces furent dirigées sur Almeïda que bloquait étroitement un corps de vingt mille hommes, aux ordres du général anglais Spencer.

La bataille de Fuentès-de-Onoro, livrée le 6 mai à plus de cinquante mille Anglo-Portugais, coûta aux Français deux mille hommes, et près de quatre mille à l'ennemi; elle fut sans fruit pour le ravitaillement de la place investie.

Le 7 mai, quatre hommes de bonne volonté furent envoyés au général Brennier, gouverneur d'Almeïda, pour lui donner ordre de détruire le matériel de la ville, de faire sauter les ouvrages, de se faire jour l'épée à la main. Un seul des émissaires, nommé André Tillet, du 6ᵉ d'infanterie légère, put remplir sa mission; les trois autres furent massacrés en chemin.

Le 10, à minuit, Brennier fit sauter les fortifications d'Almeïda. Le même jour, sur les dix heures et demie du soir, la garnison, forte de onze cents hommes, était sortie en silence; elle s'ouvrit un passage à travers les troupes ennemies, et opéra sa jonction le lendemain matin.

Le maréchal Marmont, qui, le 7 mai, avait remplacé Masséna, fit entrer l'armée française dans ses cantonnements, aux environs de Salamanque.

N'ayant plus d'ennemis en Portugal, Wellington dirigea ses efforts contre le cinquième corps, qui, s'étant rendu maître des forteresses d'Albuquerque, de Valencia et de Campo-Mayor (15-17 mars), cherchait à pacifier entièrement l'Estramadure. Quinze mille Anglo-Portugais, aux ordres du général Beresford, arrivèrent, le 27 mars, à Campo-Mayor. Le général Latour-Maubourg, avec cinquante chevaux et deux bataillons du 150ᵉ de ligne, tint quelque temps les Anglais en échec, et se replia sur Badajoz, sans perdre plus de deux cents hommes tués ou blessés. Le 7 avril, les Anglais reprirent Olivença. Le 22, ils bloquèrent Badajoz.

Le maréchal Soult se hâta de rassembler des troupes pour venir au secours de cette place; toutes les forces ennemies se concentrèrent autour du village d'Albuera. Elles s'élevaient à trente-un mille hommes; savoir : 1° huit mille Anglais; 2° sept mille Portugais; 3° neuf mille Espagnols venus de Cadix, sous les ordres du général Blacke; 4° trois mille Espagnols commandés par Castanos; 5° trois mille hommes de cavalerie espagnole.

Soult les attaqua, le 16 mai, avec quinze mille fantassins et trois mille chevaux. Les Français furent accablés par le nombre, et opérant leur retraite avec ordre et précision, rentrèrent dans les positions qu'ils occupaient avant la bataille. La perte fut énorme de part et d'autre. La canonnade dura depuis onze heures et demie du matin jusqu'à onze heures du soir. Six mille cinq cents Français, dix mille Anglais, Portugais ou Espagnols, furent mis hors de combat. L'armée française alla se retrancher à Llerena, à quinze lieues de Badajoz.

Lord Wellington arriva le 19 mai à Elvas, et prit la direction du siège. La tranchée fut ouverte dans la nuit du 29 au 30 mai. Le 6 juin, à huit heures du soir, une brèche faite au fort de San-Cristoval ayant été jugée praticable, quinze cents hommes d'élite s'élancèrent dans les fossés, et voulurent appliquer les échelles. Trois fois ils revinrent à la charge, et trois fois ils furent repoussés, avec une perte énorme, par soixante-quinze grenadiers du 88ᵉ régiment, commandés par le capitaine Chauvin.

Dans la nuit du 9 au 10 juin, deux mille Anglais se présentent encore à la brèche de San-Cristoval. Jondion, capitaine au 21ᵉ régiment d'infanterie légère, commandait dans ce fort; sa garnison était de cent quarante hommes : chaque soldat avait quatre fusils chargés à ses côtés sur le rempart. Le général Philippon, gouverneur de Badajoz, avait fait disposer une grande quantité de bombes chargées sur le parapet, et le sergent Brette, du 18ᵉ d'artillerie, avait la direction de ces projectiles. Déjà les Anglais avaient appliqué quarante échelles, et la tête de leur colonne atteignait le haut de la brèche, lorsque Brette met le feu à ses bombes et à des mortiers chargés de grenades. Les bombes dans leur chute écrasent les échelles : bientôt elles éclatent ainsi que les grenades, et jettent la mort et le désordre parmi les assaillants. Quelques officiers anglais renversés implorent la générosité de leurs adversaires. Jondion leur crie de redresser une des échelles, et de monter dans le fort; les soldats français les aident eux-mêmes à gravir la brèche, et leur prodiguent les secours qu'ils réclament. L'ennemi perdit six cents hommes dans cet assaut, qui n'en coûta pas plus de trente aux assiégés.

Dès le 8 juin, l'armée de Portugal, chargée par Napoléon de soutenir les efforts du maréchal Soult pour débloquer Badajoz, arriva à Mérida, à six lieues de la ville. Vers la même époque, Drouet, qui remplaçait Mortier, alors en congé, dans le commandement du cinquième corps, amena avec lui six mille hommes détachés du neuvième corps dissous après l'expédition de Portugal.

L'ennemi leva le siége dès le 11 juin au soir. Olivença fut repris le 21. Le 23, quatre régiments de dragons, allant à la découverte du côté d'Elvas, sabrèrent six cents cavaliers anglais sortis de cette place. Après ce combat, le général Soult rentra dans son quartier-général de Séville.

Résolu de dégager entièrement le royaume de Grenade, Soult ne demeura à Séville que le temps nécessaire pour y assurer le maintien de l'ordre, et se rendit à Grenade dans les premiers jours d'août. Après avoir dispersé l'armée demeurée aux ordres du général Blacke, il chassa du camp de Santo-Roch, dans le fond de l'Andalousie, les troupes ennemies commandées par le général Ballesteros.

Wellington s'était rapproché de Ciudad-Rodrigo et avait investi cette place le 8 septembre. A cette nouvelle, le maréchal Marmont quitta l'Estramadure. Le 24, les Anglais abandonnèrent leurs positions devant Ciudad-Rodrigo. Wellington se retrancha à Fuente-Guinaldo, et détacha le général Hill sur la rive gauche du Tage.

Le général de division Girard, employé dans la Haute-Estramadure à lever les contributions, fut surpris, le 28 septembre, à deux heures du matin, à la faveur d'un brouillard épais, par la colonne du général Hill. Girard se vit obligé de se frayer un passage l'épée à la main, pour rejoindre son infanterie rassemblée sur la route d'Arrajo-Molinos à Mérida. Il battit en retraite et perdit six cents hommes tués ou prisonniers, trois pièces de canon et leurs caissons.

Le capitaine Neveu, campé à la Roca avec trois compagnies de voltigeurs, fut également forcé à la retraite, et rentra dans Mérida (27 décembre).

Dans les provinces du nord, du milieu et de l'est de l'Espagne, les Espagnols n'entretenaient pas de troupes régulières; mais les Français avaient à y combattre de fortes bandes de guérillas.

En Catalogne, les septième et troisième corps s'emparèrent du fort Saint-Philippe-de-Balagner (8 janvier).

Le 4 mai, le général Suchet, à la tête de vingt mille hommes et de deux mille chevaux, investit complètement Tarragone.

Cette ville, placée sur le rivage de la mer, est environnée de murailles, ouvrage des Romains, et défendue par trois forts détachés et une chaîne de bastions. La garnison était de vingt-un mille cinq cent quatre-vingts hommes, dont trois cent quatre-vingts canonniers servant soixante-quatre pièces de grosse artillerie.

Les attaques furent d'abord dirigées contre le fort d'Olivo, situé sur un rocher à quatre cents toises de la place : ce fort fut emporté d'assaut le 29 juin. Ce succès mit au pouvoir des Français quatre mille rations de biscuit, autant de rations de légumes, de riz, de poisson salé; cent vingt mille cartouches, dix milliers de poudre, quarante-sept bouches à feu, cinquante mille sacs à terre, trois drapeaux, neuf cents soldats, soixante-six officiers.

La première parallèle fut tracée dans la nuit du 1er au 2 juin.

Le 7 juin, trois colonnes d'élite, sous les ordres du colonel Saint-Cyr-Nugues, montèrent à l'assaut du fort Francoli. Elles franchirent le fossé ayant de l'eau jusqu'à la ceinture, et s'emparèrent du fort sans perdre plus de quinze morts.

Le 21 juin, à sept heures du soir, cinq colonnes occupèrent les fortifications du faubourg. L'assaut général fut donné le 28 juin. La résistance opiniâtre des Espagnols pendant un siége de deux mois avait tellement irrité les troupes, qu'elles massacrèrent sans pitié tout ce qui s'offrit sur leur passage : ni le sexe ni l'âge ne sauvèrent les victimes, on ne fit grâce qu'aux malades déposés dans l'église cathédrale. Plus de cinq mille hommes furent passés au fil de l'épée. De dix à douze mille qui tentèrent de se sauver par dessus les murs, un millier fut sabré ou noyé dans la mer; environ neuf mille sept cents hommes furent faits prisonniers; vingt drapeaux, trois cent quatre-vingt-quatre bouches à feu en batterie, quarante mille boulets ou bombes, cinq cents milliers de poudre et de plomb, furent les trophées de ce siège, qui valut au général Suchet le titre de maréchal de l'empire.

Le 24 juillet, le maréchal Suchet attaqua les débris de l'armée espagnole de Catalogne, retranchés sur le mont Serret, et prit deux drapeaux, dix bouches à feu de gros calibre, une immense quantité de vivres, de munitions et d'habillements.

Le 16 août, le fort de Figuières, livré à l'ennemi le 3 avril, par la trahison de deux Catalans, les frères Palapos, auxquels on avait imprudemment confié les clefs du magasin des vivres, fut repris par les Français, et la garnison, forte de trois mille hommes, se rendit à discrétion.

Après ce succès, Suchet entra dans le royaume de Valence : il défit à Sagonte, le 25 octobre, l'armée espagnole d'Aragon, commandée par le général Blacke. Les Français n'eurent que cent vingt-huit hommes tués et cinq cent quatre-vingt-seize prisonniers. Les Espagnols perdirent quatre mille six cent trente-neuf prisonniers, plus de deux mille tués ou blessés, seize pièces de canon, huit caissons, quatre mille deux cents fusils de fabrique anglaise et deux drapeaux. Le fort de Sagonte se rendit le lendemain. La ville de Valence, où s'étaient réfugiés environ vingt mille hommes débris de l'armée d'Aragon, capitula le 10 janvier 1812. La garnison défila devant le vainqueur, déposa ses armes et demeura prisonnière. Le maréchal Suchet imposa au royaume de Valence une contribution de deux cent millions de réaux (50,000,000 fr.,) et de quatre cents mulets harnachés. Cette conquête livra aux Français d'immenses munitions, de vastes magasins, et une artillerie considérable.

Napoléon nomma Suchet duc d'Albuféra, et accorda pour deux cent millions de dotations à distribuer aux soldats sur des biens situés dans la province de Valence, et réunis par un décret au domaine de l'empereur.

L'ordre du jour, publié à cette occasion par Suchet, était une preuve du changement considérable qui s'était effectué dans l'esprit des troupes depuis 1792.

La pièce que nous mentionnons se terminait par ces mots : « Versons tous notre sang pour le grand Napoléon, pour son empire et pour le roi de Rome. Notre vie peut seule être offerte en action de grâce à celui à qui nous devons notre gloire. »

Un esprit d'égoïsme et de jalousie entraînait les généraux les uns contre les autres. Chacun d'eux ne cherchait qu'à décliner l'autorité de son concours aux opérations les plus utiles. La mésintelligence de Ney et de

Masséna fut la cause la plus active de la perte du Portugal. Vingt-huit mille hommes de troupes du nord de l'Espagne furent réunis, vers le milieu de septembre, sous la direction du général Dorsenne, aux vingt-deux mille hommes qui composaient l'armée de Portugal, afin de ravitailler Ciudad-Rodrigo, et d'inquiéter les Anglo-Portugais. La crainte de jouer un rôle secondaire dans l'expédition engagea Dorsenne à manœuvrer de manière à la faire abandonner.

CAMPAGNE DE 1812-1813.

1812. — Evénements de la guerre d'Espagne ; bataille des Arapiles. Guerre de Russie ; passage du Niémen ; combats d'Ostrowno et de Mohilow ; batailles de Smolensk, de Polotsk, de la Moskowa ; entrée des Français à Moskow ; incendie de cette ville ; retraite de l'armée.

1813. — L'Empereur quitte Paris ; bataillons de Lutzen, de Bautzen et de Wurtchen, de Dresde, de Leipzig et de Hanau ; l'armée française repasse le Rhin.

Pendant le cours de l'année 1812, la guerre d'Espagne n'a plus qu'un intérêt secondaire. La célèbre et désastreuse campagne de Russie offre des événements d'une telle importance que ceux qui se passent dans la Péninsule sont complètement effacés. Nous nous contenterons d'en présenter une rapide esquisse.

Le 16 janvier, lord Wellington, à la tête de vingt-cinq mille hommes, reprit Ciudad-Rodrigo, défendue par dix-sept cents Français. Le siége de Badajoz l'occupa depuis le 16 mars jusqu'au 6 avril. La garnison, forte de quatre mille hommes, disputa le terrain pied à pied, et, cernée dans une église, se rendit enfin faute de munitions.

Les préparatifs de la campagne de Russie obligèrent l'empereur à dégarnir l'Espagne des troupes qui y combattaient depuis quatre ans. L'armée dite du *Nord*, commandée par Dorsenne, fut dissoute, et les autres armées considérablement affaiblies. A la même époque, l'ennemi recevait un renfort de vingt mille hommes.

Le 28 juin, après deux assauts, les Anglo-Portugais s'emparèrent du fort de Salamanque. Ce succès leur coûta plus de treize cents hommes : c'était près du double de la force de la garnison française, qui n'était composée que de sept cents combattants.

Au mois de juillet, la division Bonnet, forte de huit mille hommes, traverse les hautes montagnes des Asturies, et se réunit à l'armée française de Portugal. Le maréchal Marmont, ayant sous ses ordres quarante mille hommes, crut pouvoir forcer l'ennemi dans ses lignes. Cette tentative imprudente eut de funestes conséquences. La bataille livrée le 22 juillet, près du village des Arapiles, entraîna la perte de Madrid, et l'armée tout entière eût été anéantie sans les manœuvres habiles du général Clausel, qui remplaça le maréchal blessé dans le commandement des troupes.

Les Anglo-Portugais occupèrent la capitale le 12 août. Le roi Joseph l'avait quittée la veille avec l'armée du centre; le maréchal Soult se vit dans l'obligation d'évacuer l'Andalousie, où il se maintenait avec succès contre le corps d'insurgés aux ordres de Ballesteros, et se retira dans la direction de Valence. Le cinquième corps français, que commandait le comte d'Erlon, quitta les frontières de l'Estramadure, et rejoignit à Huscor l'armée française d'Andalousie.

Le 18 septembre, Clausel, souffrant d'une blessure qu'il avait reçue aux Arapiles, remit le commandement au général Souham. Celui-ci porta son quartier-général à Briviesca, après avoir laissé dans le château de Burgos une garnison de dix-huit cents hommes, sous les ordres du général Dubreton.

Les Anglo-Portugais formèrent, le 19 septembre, le siége de cette citadelle. Des attaques réitérées pendant trente-cinq jours, quatre mines, cinq brèches, cinq assauts, tout fut rendu inutile par le courage de ce faible détachement, qui, privé d'eau et sans abri, eut la gloire d'arrêter une armée nombreuse et triomphante. La perte de l'ennemi monta à près de deux mille cinq cents hommes; celle des Français ne dépassa pas six cents hommes tués ou blessés.

La réunion du corps d'armée du centre avec les troupes françaises du midi de l'Espagne rendit l'avantage à nos armes. Les Anglo-Portugais se mirent en retraite, évacuèrent Madrid, et furent poursuivis jusqu'à Ciudad-Rodrigo, où Wellington établit son quartier-général le 18 novembre.

Pendant que la valeur française soutenait en Espagne le trône chancelant de Joseph, l'expédition de Russie ébranlait celui de Napoléon.

La Russie ne s'était soumise qu'avec peine aux conditions que lui avait imposées le vainqueur. Malgré les clauses du traité de Tilsitt, le czar reculait toujours l'évacuation de la Valachie et de la Moldavie; le système continental ruinait les négociants russes et mécontentait la nation, et l'établissement du grand-duché de Varsovie faisait appréhender la résurrection complète de la Pologne.

Au mois de mars, un traité unit la Suède et la Russie. De leur côté, l'Autriche et la Prusse conclurent avec la France une alliance offensive et défensive. Une armée nombreuse fut réunie à Mayence; d'immenses services administratifs s'y organisèrent; on enrôla des gens de toutes les professions, serruriers, maçons, horlogers, etc. Enfin Napoléon quitta Saint-Cloud le 9 mai, et arriva vers la fin de ce mois à Thorn, où était réunie l'armée française, forte de trois cent cinquante mille hommes d'infanterie, et de cinquante-neuf mille cinq cents de cavalerie. Les Russes nous opposaient une armée d'occident commandée par Barclay de Tolly, une seconde armée d'occident sous les ordres du prince Bragation, et une armée de réserve sous Tormasof, ce qui formait en tout trois cent cinquante mille hommes.

L'ouverture de la campagne fut commencée à Wilkowiski, par une proclamation; le centre de l'armée passa le Niémen à Kowno.

Les Français s'avancèrent en Lithuanie, faisant fuir les Russes devant eux. Le 25 juillet, un corps de cavalerie, commandé par le général Nansouty, comprenant sept mille deux cents hommes, battit à Ostrowno l'arrière-garde du général Barclay. Cette arrière-garde fut de nouveau défaite le lendemain. L'arrière-garde de Bragation, également repoussée à Mohilow, par l'aile droite française, battit en retraite vers Smolensk.

L'armée française arriva devant Smolensk le 16 août, et s'empara de cette ville après une canonnade longue et meurtrière.

Deux jours après, l'aile gauche de l'armée française vainquit à Polotsk un corps russe aux ordres de Wittgenstein; ainsi l'armée française, triomphant de ses adversaires, s'avançait rapidement vers Moskow.

Un nouveau général, Kutusow, avait pris le commandement des deux armées de Barclay et de Bragation, et attendait les Français auprès du village de Borodino, sur les bords de la Moskowa, avec cent mille hommes d'infanterie et cinquante-cinq mille cavaliers.

Le 5 septembre, Napoléon reconnut la position de l'ennemi, et fit attaquer par la division Compans le mamelon fortifié d'Alxino, qui se trouvait en avant de la gauche des Russes. A deux heures du matin, Napoléon rassemblait un conseil de maréchaux sur les débris de cette redoute emportée.

A cinq heures et demie, le soleil se leva sans nuages. Il avait plu la veille : « C'est le soleil d'Austerlitz, » dit l'empereur; l'armée accepta cet heureux augure.

Au signal donné par les tambours, toute l'armée prit les armes, et les capitaines lurent à leurs compagnies l'ordre du jour suivant :

« Soldats! voilà la bataille que vous avez tant désirée! désormais la victoire dépend de vous; elle nous est nécessaire; elle nous donnera de l'abondance, de bons quartiers d'hiver, et un prompt retour dans la patrie. Conduisez-vous comme à Austerlitz, à Friedland, à Smolensk, et que la postérité la plus reculée cite avec orgueil votre conduite dans cette journée; que l'on dise de vous : Il était à cette grande bataille sous les murs de Moskow. »

Aussitôt après, Napoléon parcourut le champ de bataille, salué partout des cris de *Vive l'Empereur!* En traversant les bivouacs du général Pajol, il fredonnait l'air patriotique : *La Victoire, en chantant*, etc.

La bataille commença à une heure du matin, et dura toute la journée. Elle coûta aux Français vingt mille morts, aux Russes plus de trente mille et cinq mille prisonniers, et ouvrit aux Français les portes de Moskow, ville en vue de laquelle ils arrivèrent le 14 septembre.

L'armée s'arrêta dans cette vaste capitale pour en contempler les édifices. Ces édifices disposés en amphithéâtre, les clochers de ses trois cents églises, les coupoles dorées, les maisons peintes et sculptées, les palais que dominait le château impérial du Kremlin, excitèrent dans les cœurs de tous les soldats des sentiments d'admiration et d'orgueil que devaient bientôt remplacer l'abattement et le désespoir.

Après la bataille de la Moskowa, tous les habitants de Moscow avaient reçu du gouverneur l'avis d'émigrer, sous peine d'être considérés comme traîtres à la patrie. Il n'était resté à Moskow que quelques gens du peuple, et un petit nombre de négociants et artistes français ou allemands. Les Russes avaient incendié la Bourse et quelques magasins.

Napoléon entra au Kremlin à midi, à la tête de son état-major. On trouva dans l'arsenal du Kremlin quarante mille fusils anglais, autrichiens et russes, une centaine de pièces de canon, des lances, des sabres, des armures; d'autres bâtiments contenaient quatre cent millions de poudre et plus d'un million pesant de salpêtre.

Les soldats entrèrent dans les maisons abandonnées pour y chercher des vivres et s'y établir. Les cinq cents palais des boyards étaient restés ouverts et n'avaient point été démeublés.

Vers la nuit, le feu commença à se manifester dans plusieurs endroits à la fois. On reconnut bientôt que les Russes employaient un dernier moyen de salut en sacrifiant Moskow. Trois mille malfaiteurs, sortis des prisons, et munis de mèches soufrées et goudronnées, se répandaient par toute la ville pour y allumer les objets les plus inflammables, et lançaient des fusées du haut des clochers.

Un vent violent s'étant élevé, les incendiaires en profitèrent pour porter des matières combustibles dans les maisons situées sous le vent. Dès lors la conflagration devint générale, et Moskow, ville de dix lieues de tour et presque entièrement bâtie en bois, Moskow ne présenta plus que l'image d'une immense fournaise. Un océan de flammes couvrait cette vaste enceinte et chassait à la distance de plusieurs lieues, sur l'armée russe en retraite, des torrents d'une épaisse fumée, mêlée aux débris d'une cité naguère si florissante. On saisit plusieurs incendiaires, et l'on apprit d'eux qu'ils agissaient par les ordres du gouverneur Rotopchin.

L'incendie dura six jours entiers; et après quelque temps de séjour sur les ruines fumantes de la ville, le 19 au matin, tous les corps se dirigèrent sur Kaluga.

Des milliers de voitures se trouvèrent réunies à la sortie de Moskow;

pour s'en faire une idée, il faut savoir qu'il n'y avait peut-être pas un officier particulier qui n'eût la sienne : les officiers-généraux, les corps d'armée, en avaient à leur suite un nombre prodigieux, qui leur étaient au reste indispensables pour transporter des vivres et des fourrages, dont ils avaient besoin dans un pays totalement ruiné.

Qu'on joigne à tout cet attirail étranger les immenses équipages appartenant essentiellement à l'armée, comme ceux de l'artillerie, du génie, les bagages de toute espèce, et on ne pourra se représenter que très faiblement l'encombrement et le désordre auxquels ce rassemblement donna lieu.

Toutes ces voitures marchaient pêle-mêle et dans la plus grande confusion ; elles couvraient entièrement la route, qui, pratiquée sur un terrain uni, offrait une grande largeur, et se succédaient sans interruption, sur huit ou dix files, pendant l'espace de plus de quatre lieues.

Toutes, excepté celles qui étaient consacrées au transport des munitions de guerre, étaient chargées de fourrages pour les chevaux, de vivres de toute nature, principalement de farine, de vin, de sucre, de café, de thé et de liqueurs, et de riches dépouilles de Moskow.

La jeune garde était restée à Moskow, qu'elle évacua le 23, après avoir fait sauter le Kremlin ; elle laissa dans les hospices quatorze cents blessés russes et sept cents malades ou blessés français. Le général russe Ilowaiski, en venant occuper Moskow, chargea quelques paysans de conduire ces derniers à Turo ; mais on les égorgea presque au sortir de la ville pour avoir leurs habits.

La température n'était point encore froide ; l'armée était en général dans un état satisfaisant ; la cavalerie avait beaucoup plus souffert que l'infanterie ; hommes et chevaux étaient affaiblis par les privations.

Dès le deuxième jour, le temps avait changé ; la pluie qui survint rendit les chemins très difficiles ; l'artillerie et les bagages marchaient avec beaucoup de lenteur ; on fut obligé d'abandonner un grand nombre de voitures. La pénurie de vivres et de fourrages était extrême.

Le 24 octobre, le général russe Doctorow, avec le sixième corps russe, attaqua le quatrième corps français à Malojaroslavetz. Dix-sept mille hommes, que commandait le prince Eugène, soutinrent le choc de plus de quatre-vingt mille Russes, et forcèrent l'ennemi à la retraite. Il eut huit à dix mille hommes hors de combat ; les Français en perdirent quatre mille.

Le 25 octobre, huit mille Cosaques fondirent tout-à-coup sur le quartier-général de l'empereur, établi à Gorodnia. Un gros d'entre eux s'étant glissé derrière notre avant-garde, Napoléon, que ses quatre escadrons d'escorte n'avaient pas encore rejoint comme d'habitude, se trouva tout-à-coup enveloppé par ces barbares, au moment où on s'attendait le moins à une pareille surprise. Rapp saisit le cheval de l'empereur par la bride, et voulut le faire fuir ; mais la fierté de Napoléon ne put s'y décider ; il mit l'épée à la main, et les officiers qui l'entouraient l'imitèrent. Rapp n'eut que le temps de se retourner et de faire face aux Cosaques, dont le premier enfonça sa lance dans le poitrail de son cheval et le renversa.

Des aides-de-camp et quelques cavaliers de la garde dégagèrent le général; enfin les escadrons d'escorte arrivèrent, et l'empereur fut sauvé.

Cependant le froid devint de plus en plus vif; l'armée française diminuait de jour en jour, par l'effet de la disette et des maladies. La famine, et les effets non moins terribles d'une saison rigoureuse, menaçaient d'anéantir les malheureux épargnés par les chances de la guerre.

Le défaut de fourrage, qui déjà s'était fait sentir au-delà de l'ancienne capitale de la Moskovie, avait tellement affaibli les chevaux, que douze ou quinze pouvaient à peine traîner une pièce de campagne; le moindre accident devenait pour eux un obstacle insurmontable : nourris d'écorces d'arbres, ou de paille gelée et pourrie, qui leur avait servi de litière lors de la marche en avant, leur nombre diminuait incessamment.

A cette époque, ce n'était plus l'or ni les bijoux que l'on cherchait à sauver; les fourrures et les denrées avaient une valeur inappréciable; aucun sacrifice ne semblait pénible pour se procurer ces objets de première nécessité. L'arrière-garde avait ordre de brûler tous les équipages abandonnés; à des distances très rapprochées en entendait l'explosion des caissons, et la nuit on avançait à la lueur des feux qui consumaient les bagages.

Partie au point du jour, l'armée, après une marche longue et pénible, s'arrêtait sur un sol couvert de neige, et attendait que l'aurore parût pour se remettre en route, et le plus souvent sans avoir pris la moindre nourriture.

Mais si ceux qu'avaient épargnés le froid, les privations ou les hasards de la guerre avaient autant à souffrir, combien plus horrible encore était la situation des malheureux blessés, entassés pêle-mêle sur des voitures dont les chevaux succombaient de fatigue et d'inanition! ils se voyaient, la plupart du temps, abandonnés dans les bivouacs, sur le grand chemin, et livrés sans secours aux rigueurs du climat.

Les corps ne tardèrent pas à se débander; les soldats jetèrent leurs armes, quittèrent leurs rangs, et portèrent le trouble dans toutes les colonnes. Ils se réunirent en sociétés plus ou moins nombreuses. Les chevaux périssaient, non par centaines, mais par milliers; plus de trente mille succombèrent en peu de jours. Dès qu'il en tombait un, on courait auprès, et l'on s'en disputait les lambeaux; l'eau de neige était la seule boisson, et l'on n'avait pour se chauffer que les décombres des maisons que l'on incendiait sur la route.

Quand l'armée atteignit Smolensk, elle avait déjà perdu près de trente mille hommes. Napoléon quitta Smolensk le 15 novembre, avec sa garde, y laissant le maréchal Ney, le troisième corps, et la dernière division du premier corps. Ce ne fut qu'après des fatigues et des efforts inouïs que Ney rejoignit le gros de l'armée à Orscha. Napoléon l'avait cru perdu, et, en le voyant reparaître, il s'écria : « J'ai donc sauvé mes aigles! j'aurais donné cent millions de mon trésor pour racheter la perte d'un tel homme! »

Le 26 novembre, on arriva sur les bords de la Bérésina; le 2 décembre, dans l'après-midi, deux ponts avaient été jetés sur la rivière, et les débris de la grande armée la traversaient avec un effroyable désordre. Tous les corps étaient dans un état complet de désorganisation. Napoléon, un bâton à la main, marchait encore à la tête du reste de ses grenadiers, accompagné d'un nombreux état-major : il était, comme la plupart des officiers-généraux qui l'entouraient, couvert d'une pelisse, et il portait sur sa tête un bonnet fourré à la polonaise. Le froid était trop vif pour qu'on pût tenir longtemps à cheval, et il cheminait à pied presque constamment. Au reste il avait toujours le même embonpoint, et sa figure n'était point altérée.

Le 5 décembre, après avoir réuni en conseil le roi de Naples, le prince Eugène et les principaux généraux, il se détermina à partir pour la France, afin d'aller y créer de nouvelles ressources; il partit, confiant le commandement à Murat.

Ce départ excita parmi les soldats un mécontentement profond qui acheva de les démoraliser. La garde elle-même se débanda, et se confondit avec la foule des fuyards en désordre.

Dans les journées des 5, 6, 7 et 8 décembre, le thermomètre descendit jusqu'à 26 et 27 degrés au-dessous de glace.

On avait hâte d'arriver à Wilna : on voyait des malheureux dont les mains et les pieds étaient gangrenés par la congélation, se traîner presque sans connaissance sur la route, dans l'espoir de gagner cette ville, où ils mourraient, disaient-ils, contents.

Trente à quarante mille hommes entrèrent successivement dans Wilna; en peu de temps toutes les maisons furent encombrées par les misérables qui s'y réfugiaient à mesure qu'ils les atteignaient : les rues, les cours, les hangars, tout ce qui pouvait servir d'abri, se couvrait d'hommes épuisés, mourants, qui ne pouvaient se porter plus loin.

Cette ville était la première habitée qu'on eût rencontrée depuis Moskow. Centre des autorités militaires françaises, elle renfermait des ressources immenses dont on ne retira que peu de profit.

Les magasins de biscuit et d'eau-de-vie furent pillés par les habitants; les Juifs surtout, craignant la vengeance des Russes, refusèrent leurs secours ou chassèrent de leurs maisons des malheureux hors d'état de leur résister, et que les Polonais voulurent en vain défendre.

Il y avait à peine deux heures que l'armée était réunie dans Wilna, lorsque le canon ennemi se fit entendre; à l'instant une affluence considérable se porta sur la route de Kowno. Des maraudeurs répandus dans la ville se précipitèrent dans les magasins qui n'étaient plus gardés, enfoncèrent les portes, et se chargèrent de tout ce qu'ils purent emporter.

Le 14 décembre, les Cosaques parurent devant Kowno. Le maréchal Ney ramassa un fusil, et avec quelques soldats arrêta l'ennemi, jusqu'à ce qu'un détachement vint le dégager. Le Niémen fut franchi le 18 décembre.

L'aile gauche de l'armée française, forte de vingt mille hommes, campée entre Friedkirchstadt et Mittau, ne commença son mouvement de retraite que le 19 décembre; le corps prussien en faisait partie : le général Yorck, qui le commandait, négocia, le 30 décembre, avec le général russe Diebitch, préludant par cette perfidie à la défection complète de la Prusse.

Au 31 décembre, le quartier-général de l'armée française était à Kœnigsberg.

Le 1er janvier 1813, Murat abandonna Kœnigsberg, n'y laissant que la division Heudelet (du neuvième corps). Le sixième corps arriva à Kœnigsberg le 3. La division Granjean et quelques bataillons prussiens qui la composaient furent, avec la division Heudelet, dirigés sur Dantzig.

Le 18, Murat retourna à Naples et laissa le commandement au prince Eugène. Celui-ci rassembla à Thorn environ dix-sept mille hommes en état de porter les armes, restes des premier, deuxième, troisième, quatrième et sixième corps, et se dirigea vers la capitale de la Prusse. Il trouva à Francfort-sur-l'Oder un nouveau corps organisé en Prusse, et composé de dix-huit mille hommes d'infanterie et de mille chevaux, sous les ordres du général Grenier.

L'approche de l'armée russe de Wittgenstein obligea les Français à se replier sur l'Elbe. Un nouveau quatrième corps, commandé par le général Bertrand, en se réunissant à l'armée du prince vice-roi, porta les forces françaises à cinquante-deux mille hommes.

Les alliés avaient cent cinquante-cinq mille hommes sur l'Oder et sur l'Elbe. La déclaration de guerre de la Prusse, rendue publique le 22 mars, y ajouta quatre-vingt-douze mille combattants.

Cependant un sénatus-consulte, rendu le 10 janvier, avait mis à la disposition de Napoléon trois cent mille hommes, pris dans les gardes nationales, dans les conscriptions antérieures à 1813, et dans celle de 1814.

Un nouvel acte du 5 février pourvut au gouvernement et aux soins de l'intérieur, en conférant la régence à l'impératrice et autorisant le couronnement du roi de Rome.

Avant d'ouvrir la campagne, Napoléon soumit ses projets à la sanction du Corps législatif, et déclara, le 14 février, que les Anglais étaient forcés d'évacuer l'Espagne, et qu'il avait triomphé en Russie de tous les obstacles créés par la main des hommes; mais que la rigueur excessive et prématurée de l'hiver avait tout fait changer. « J'ai fait de grandes pertes, dit-il; elles auraient brisé mon âme, si j'avais dû être accessible à d'autres sentiments qu'à l'intérêt, à la gloire, à l'avenir de mes peuples. »

Une nouvelle levée de cent quatre-vingt mille hommes est ordonnée; on appelle au-delà des frontières quatre-vingt mille hommes de ce premier ban. A s'en rapporter aux calculs officiels, Napoléon devait ouvrir la campagne avec environ six cent mille hommes, en y joignant le contingent de ce qui lui restait d'alliés ; il est vrai que les deux tiers environ se composaient de nouvelles levées. Les places de la Pologne et de l'Oder étaient restées en outre occupées par de nombreuses garnisons.

Chaque matin, l'empereur passait en revue les nouveaux régiments, et cherchait à exciter leur enthousiasme. « Je suis sûr de battre les Russes avec des hommes comme vous, leur disait-il ; partez, braves enfants de la France, vous avez des bâtons de maréchaux dans vos gibernes. »

Napoléon partit de Paris le 15 avril 1813, et se hâta de chercher l'ennemi, qui avait poussé ses premiers corps jusque au-delà de Leipsig.

L'armée française était composée de douze corps, et comptait dans ses rangs huit cent quatre-vingt-six mille combattants, parmi lesquels cinq divisions de Badois et de Hessois, une de Wurtembergeois, une d'Italiens et une de Bavarois. Le premier corps était cantonné sur l'Elbe inférieur, et le deuxième près de Magdebourg.

Le 2 mai, Napoléon, avec quatre-vingt-cinq mille hommes, attaqua auprès de Lutzen l'armée ennemie forte de cent sept mille hommes. La perte des Français s'éleva à douze mille tués et blessés, et six cents prisonniers. Les Russes et les Prussiens eurent quinze mille tués ou blessés et deux mille prisonniers.

Le 8 mai, Napoléon entra à Dresde, et de là, croyant que l'ennemi allait se porter derrière l'Oder, il dirigea ses troupes de manière à l'en empêcher. Les Russes s'arrêtèrent dans de fortes positions près de Bautzen. Ils étaient au nombre de cent soixante mille, et comm.. ..dés par l'empereur Alexandre en personne.

L'armée française s'était augmentée du septième corps, et en y comprenant les troupes qui n'étaient pas entrées en ligne à Lutzen, présentait un total d'environ cent cinquante mille hommes.

La canonnade commença le 20 mai à midi. La bataille dura jusqu'à quatre heures du soir ; elle coûta aux Français douze mille hommes tués ou blessés, et à l'ennemi dix-huit mille tués et trois mille prisonniers.

Le 22 mai, l'armée française se mit à la poursuite de l'ennemi, dont elle atteignit et culbuta l'arrière-garde à Reichenbach. Pendant leur retraite, les Prusso-Russes n'obtinrent qu'une seule fois l'avantage, à Hainau, où un bataillon d'avant-garde fut pris en flanc et mis en désordre par trois mille hommes de cavalerie prussienne.

Le 31 mai, un armistice fut conclu entre les puissances belligérantes, et l'on convint de s'en rapporter à la médiation de l'Autriche. En imposant les conditions, les souverains de Russie et de Prusse comptaient déterminer l'Autriche en faveur de la coalition ; en les acceptant, Napoléon espérait trouver dans son beau-père des dispositions pacifiques qui amèneraient la fin d'une lutte hasardeuse ; mais, le 12 août, le gouvernement autrichien fit remettre au ministre des relations extérieures sa déclaration de guerre.

A la rupture de l'armistice, les coalisés avaient sur pied cinq cent six mille quatre cent cinquante combattants, répartis dans les trois armées de

Bohême, de Silésie et du Nord, sous les ordres de Schwartzenberg, Blücher et Bernadotte.

	Infanterie	Cavalerie.
Autrichiens.	110,000	44,500
Russes.	123,600	21,840
Prussiens.	152,800	29,110
Suédois.	19,800	4,800
	406,200	100,250

Les Français n'avaient à leur opposer que cent quarante-cinq mille neuf cents fantassins et cinquante-huit mille cinquante chevaux.

Les quatrième, septième et onzième corps, et le troisième de cavalerie (soixante-dix mille hommes), commandés par Oudinot, étaient destinés à agir contre les cent dix mille Russes et Suédois réunis aux environs de Berlin sous le commandement en chef de Bernadotte; les troisième, cinquième et onzième corps (cent mille hommes), sous la conduite de Macdonald, étaient en Silésie, où l'ennemi avait cent trente mille hommes. Les premier, deuxième et huitième corps, les premier et deuxième de cavalerie (soixante-dix mille hommes), se trouvaient aux environs de Zitau, opposés à l'armée alliée de Bohême. Napoléon était à Dresde avec sa garde au nombre de vingt-huit mille quatre cents hommes d'infanterie et de cinq mille cavaliers; le quatorzième corps (cent soixante-dix mille hommes), occupait le camp de Pirna.

En Silésie, les premières hostilités coûtèrent sept mille hommes à l'ennemi, plus de cinq mille aux Français. Le 16 août, l'armée russo-prussienne de Silésie défit, sur les rives de la Katzbach, les corps qui lui étaient opposés. Les Français perdirent dix mille hommes tués et blessés, quinze mille prisonniers et trois pièces de canon.

Napoléon vengea cet échec à la bataille de Dresde, le 17 août, sur l'armée de Bohême, forte de cent quatre-vingt mille fantassins, et de trente-cinq mille chevaux; elle y fut mise en pleine déroute par une armée qui lui était inférieure de soixante-dix mille hommes. L'ennemi perdit plus de quarante mille hommes, dont dix-huit mille prisonniers, vingt-six pièces de canon, cent trente caissons et dix-huit drapeaux. Moreau, l'ancien général des armées républicaines, qui combattait dans les rangs des alliés, y eut les deux jambes emportées par un boulet, et mourut quatre jours après.

Cependant le général Vandamme s'était avancé en Bohême avec le premier corps (vingt-cinq mille hommes); il fut subitement enveloppé, le 30 août, à Culm, par soixante-dix mille hommes, Autrichiens, Russes et Prussiens, de l'armée du prince de Schwartzenberg. Trois mille Français demeurèrent sur le champ de bataille. Le général Corbinau, blessé et armé d'un sabre enlevé à un Prussien, vint apprendre ce désastre à l'empereur, pendant que les Russes emmenaient triomphalement à leur quartier-général les généraux Vandamme, Haxo et Guyot, et sept mille prisonniers français.

La campagne avait été également commencée en Prusse. Oudinot, défait le 23 août près du village de Gross-Beeren, fut remplacé par le prince de la Moskowa. Celui-ci ne fut pas plus heureux que son prédécesseur. Le corps qu'il commandait, diminué par la désertion survenue des divisions saxonnes, fut attaqué sur la chaussée de Juterburgk, et perdit dix mille hommes tués, blessés ou prisonniers, vingt-cinq pièces de canon et dix-sept caissons. Sept mille hommes périrent du côté des Russo-Prussiens.

Ainsi tous les lieutenants de Napoléon avaient été défaits, et les trois armées ennemies du Nord, de Silésie, de Bohême, pouvaient se concentrer pour écraser les troupes françaises. Le 26 septembre, une quatrième armée, formée en Pologne et commandée par Beningsen, opéra sa jonction avec le corps de Schwartzenberg.

L'empereur n'attendit pas que toutes les forces alliées fussent réunies. Le 5 octobre, il marcha contre Bernadotte et Blücher avec la garde et les deuxième, troisième, cinquième, sixième, septième, huitième et onzième corps, formant en tout cent vingt-cinq mille hommes.

Le 12 octobre, le troisième corps, dirigé par le prince de la Moskowa, attaqua et prit la ville de Dessau. Blücher et Bernadotte passèrent la Souabe, abandonnant leurs ponts, leurs parcs, leurs magasins, leurs dépôts, leurs équipages. Tout semblait présager des succès; mais, le 14, Napoléon apprit à Duben la déclaration de guerre de la Bavière, qui devait nécessairement entraîner celle du grand-duché de Bade et du Wurtemberg. Les frontières de France étaient menacées, il fallait s'en rapprocher et songer à les défendre.

L'armée française se rebattit donc sur Leipsig, et dans les plaines qui environnent cette ville. Elle était forte de cent trente-quatre mille hommes d'infanterie et vingt-deux mille hommes de cavalerie. Le 16 octobre, l'armée alliée de Bohême attaqua l'aile droite sur le plateau de Wachau, pendant que l'armée de Silésie repoussait l'aile gauche du village de Mockern. Ces deux combats, dans lesquels il n'y eut qu'environ cinquante mille hommes d'engagés du côté des Français, et soixante-quinze mille du côté des ennemis, n'étaient que le prélude d'une bataille décisive.

Le 17 au soir, toutes les forces ennemies, présentant un total de trois cent mille combattants, se trouvèrent réunies près des faubourgs de Leipsig. Forcée à la retraite, avec une perte de vingt mille morts et trente mille prisonniers, n'ayant plus que onze mille coups de canon dans les parcs, l'armée française commença son mouvement rétrograde, rencontra à Hanau quarante mille Austro-Bavarois qui voulurent en vain lui barrer le passage, et repassa le Rhin le 2 novembre.

Dresde, Stettin, Torgau, Zamosc, Modlin et Dantzig furent défendus avec courage, mais sans succès. Il ne resta plus à la France, au-delà du Rhin, que les places d'Hambourg, Magdebourg, Wittemberg, Custrin, Glogau, et les citadelles de Wurtzburg et d'Erfurth.

En Italie, le prince Eugène, avec quarante-cinq mille hommes d'infanterie et quinze cents chevaux, eut à lutter contre des corps autrichiens, commandés par le général Hiller, contre des détachements anglais debarqués sur la côte de Toscane, et enfin contre des troupes napolitaines ; car Murat, oubliant ce qu'il devait à sa patrie et à l'empereur son beau-frère, traita, au mois de novembre, avec les ennemis de la France.

Soixante mille Anglo-Portugais, commandés par Wellington, et cinquante mille Espagnols, avaient fait évacuer l'Espagne aux quatre-vingt mille Français disséminés dans la Péninsule. Vaincue, le 21 juin, devant Vittoria, l'armée était rentrée sur le sol français, où le duc de Dalmatie en avait pris le commandement. Le 31 août, la ville de Saint-Sébastien avait été occupée et livrée au pillage par les Anglo-Portugais, et les troupes françaises s'étaient cantonnées dans les Pyrénées.

Après le passage du Rhin, Napoléon ordonna la formation à Strasbourg, Mayence et Cologne, de trois grands corps, sous le commandement des maréchaux Victor, Macdonald et Marmont. Une réserve fut rassemblée à Metz, et l'organisation en fut confiée à Kellermann.

L'empereur quitta Mayence le 8 novembre, arriva le 9 à Saint-Cloud, et présida le 10 le conseil des ministres.

Un sénatus-consulte, publié le 17 dans le *Moniteur officiel*, mit à la disposition du ministre de la guerre trois cent mille conscrits des classes de 1814 et des années antérieures, jusqu'à l'an XI, la moitié pour compléter les corps, le reste pour former des réserves.

CAMPAGNES DE 1814-1815.

1814. — Combats de Saint-Dizier, de Brienne, etc. ; siège et prise de Paris ; rentrée des Bourbons.

1815. — Retour de Napoléon ; les Cent-Jours ; bataille de Waterloo.

Dans la campagne de 1814, Napoléon déploya inutilement toutes les ressources de son génie. A la tête d'environ soixante-douze mille hommes, il marche contre les alliés, qui avaient passé le Rhin, les chasse de Saint-

Dizier le 27 janvier, défait deux jours après à Brienne l'armée de Silésie, et disperse en quatre jours, du 10 au 14 février, dans les combats de Champ-Aubert, de Montmirail et de Vauchamp, les corps des généraux prussiens Blücher, Kleist et Yorck, et des généraux russes Sacken et Langeron.

Dans la nuit du 16 au 17 février 1814, Napoléon, accompagné d'une faible escorte de lanciers polonais de sa garde, reconnaissait la ligne ennemie, lorsqu'il fut attaqué, en sortant d'Arcis, par un corps de cuirassiers russes et de Cosaques. Les Polonais, commandés par le chef d'escadron Skrzinecki, forment rapidement le carré autour de l'empereur; et quoique ayant en tête un ennemi six fois supérieur en nombre, ils le repoussent et sauvent enfin Napoléon de ce danger imminent.

Le 18 février 1814, le général Bianchi avait pris position, avec deux divisions autrichiennes et deux divisions wurtembergeoises, sur les hauteurs en avant de Montereau, couvrant les ponts de la ville. Le général Château l'attaqua vainement; il dut se retirer : les troupes du général Gérard soutinrent le combat toute la matinée. Napoléon arriva au galop sur le champ de bataille, et fit aussitôt attaquer le plateau. Le général Pajol arriva, chargea les alliés, et les jeta dans la Seine et dans l'Yonne. Les ponts furent passés au pas de charge. Le général Bianchi fut poussé dans toutes les directions, et perdit neuf mille hommes, dont quatre mille prisonniers, quatre drapeaux et six canons. L'armée française défila sur les ponts que l'ennemi n'avait pu faire sauter.

L'armée du prince de Schwartzenberg se trouva aussi entamée par la défaite du corps du général Kleist, et par celle des généraux Witgenstein et Bianchi, qui en faisaient partie.

Cette série de triomphes inattendus releva les espérances de Napoléon. Au dernier de ces combats décisifs, l'empereur se prit à dire : « Mon cœur est soulagé, je viens de sauver la capitale de mon empire. »

Pendant ce temps, des colonnes ennemies s'emparaient de Nogent-sur-Seine, de Sens, de Pont-sur-Yonne, de Laon et de Montereau, et l'armée de Bohême était en marche sur Paris.

Le 22 février 1814, jour de mardi-gras, les soldats du 45° régiment de ligne trouvèrent un grand nombre de masques dans la boutique d'un papetier de Méry-sur-Seine, et se mirent à faire gaîment le carnaval. Le corps de Sacken, faisant partie de l'armée de Silésie, étant venu attaquer la division Boyer, de laquelle dépendait le 45°, ces soldats coururent au combat sans quitter leurs masques, se battirent toute la journée, et repoussèrent les Prussiens.

Pendant le mois de mars, Napoléon vainquit de nouveau les alliés en plusieurs rencontres. A la bataille de Craonne, le 7, il battit cent mille hommes avec trente mille ; mais déjà les alliés dirigeaient un corps de troupes vers la capitale.

Le 29 mars, entre trois et quatre heures du matin, les tambours, parcourant les rues de la capitale, font entendre aux citoyens le bruit insolite de la générale. Tous prennent les armes, tous remplissent leurs gibernes et leurs poches de cartouches, et volent aux barrières. Le seul sentiment qu'on éprouve, c'est que l'étranger ne doit point entrer dans Paris, et que pour l'en empêcher tout est possible, dans cet instant de crise, à l'immense population d'une vaste cité, renforcée par près de deux cent mille citoyens réfugiés de la Picardie, de l'Alsace, de la Lorraine, de la Champagne, de la Brie, de la Bourgogne, du Gatinais et de l'Ile de France, dont un bon tiers encore a porté les armes au service de l'Etat, et qui demandent en vain qu'on utilise leurs bras et leur courage.

Une multitude d'ouvriers se présentèrent aux postes de réunion, coururent jusqu'aux barrières, demandant partout des armes et n'en trouvant nulle part. On fit attendre un de ces rassemblement sur la place Vendôme, depuis cinq heures jusqu'à neuf, et alors seulement on vint offrir des *piques* aux gens de bonne volonté, pour aller au feu. Presque tous se retirèrent en criant avec raison à la trahison : enfin, Paris se montra tout disposé à se bien défendre ; mais tout se passa dans Paris comme si l'on n'avait pas voulu qu'il fût défendu.

Le feu de l'artillerie se fit entendre entre cinq et six heures du matin. On commença par débusquer de Romainville quelques troupes que l'ennemi y avait fait avancer pendant la nuit. La canonnade était soutenue, et bientôt le feu de l'infanterie roula et s'entretint avec une grande vivacité. Nos plus grandes forces étaient jetées sur le pont de Belleville. Ce fut aussi là que se portèrent la chaleur de l'attaque et la plus opiniâtre résistance.

Les hauteurs voisines de Paris furent plusieurs fois prises et reprises dans la matinée du 30 mars. Un détachement de jeunes conscrits, qui se battaient pour la première fois, reprit trois fois le bois de Romainville à la baïonnette. La garde nationale montra beaucoup de résolution, ne refusa aucun service, et fournit aux principales attaques un très grand nombre de tirailleurs qui firent beaucoup de mal à l'ennemi ; enfin elle laissa pour sa part environ deux cents hommes sur le champ de bataille, sans parler d'un assez bon nombre de blessés. Ce furent la 8e, la 10e, la 11e légion, et un détachement de la 2e, qui fournirent le plus de monde aux postes extérieurs, et virent l'ennemi de plus près.

Les positions de Pantin, Belleville, Romainville et de la Butte-Saint-Chaumont, où l'action s'était engagée, avaient été successivement enlevées dans la matinée même ; Pantin nous avait été pris à la baïonnette.

Cependant chaque avantage n'était obtenu qu'après une vigoureuse résistance, et notre artillerie était principalement servie par des Polonais, ainsi que par des élèves de l'Ecole Polytechnique qui n'avaient que quelques semaines d'exercice, et montraient partout l'enthousiasme du courage.

Du côté de Vincennes, un régiment de Cosaques réguliers fit mine, vers une heure, de vouloir insulter le faubourg Saint-Antoine. Le ministre de la police y était venu en personne vers midi répandre la nouvelle de l'approche de l'armée impériale. Les esprits, extrêmement échauffés, étaient disposés à opposer la plus opiniâtre résistance à l'ennemi. On fit sortir vingt-huit canons pour aller à sa rencontre; mais les dispositions étaient si mal prises que toute cette artillerie aurait été sa proie, sans le courage avec lequel trois ou quatre cents hommes de la 8ᵉ légion se portèrent en avant pour la reprendre ou protéger sa rentrée. Ce fut là que des élèves de l'École Polytechnique, restés un instant sans soutien avec leurs pièces, les défendirent avec une remarquable intrépidité. Un détachement de cuirassiers vint à propos à leur secours; l'ennemi cependant emmena neuf canons, qu'on le força le lendemain d'abandonner lorsqu'il voulut leur faire traverser le faubourg. Sur le soir, une colonne fila vers Charenton. Quelques troupes et les élèves de l'École vétérinaire défendirent le pont avec résolution, et il y eut là cent cinquante jeunes gens de tués; mais les forces supérieures de l'ennemi ne permettant plus de résistance, on mit le feu aux fougasses préparées pour le faire sauter. La communication des mèches avec le puits se trouva interrompue. L'ennemi passa et se répandit sur la droite de la Seine, vis-à-vis le Port-à-l'Anglais, où il ne trouva pas de moyen de traverser le fleuve. Les nouvelles de l'armistice vinrent arrêter ces mouvements.

L'attaque de Montmartre et du centre avait été confiée au maréchal Blücher. Il ne se mit en mouvement qu'à onze heures. Dès sept heures du matin la 10ᵉ légion s'était rendue au pas de charge sur Montmartre, où elle devait appuyer un régiment de conscrits habillés et armés de la veille. Dans la matinée elle avait fait de fortes reconnaissances vers Clichy, et envoyé cinquante hommes en tirailleurs. A deux heures, un détachement de la même légion, un autre de la 11ᵉ et celui de la 2ᵉ occupèrent la hauteur; et bientôt après ce qui était en reconnaissance dans la plaine fut obligé de se replier en arrière du mamelon.

Malgré les avantages de la grande armée du côté de Pantin, nous occupions encore à notre centre la ferme de Rouvroy en avant du canal. Cette position était fortifiée par dix-huit pièces en batterie. L'ennemi fit reculer notre infanterie de Rouvroy; mais l'artillerie le contint jusqu'à ce qu'il eût fait approcher la sienne: ce qui n'eut lieu qu'à trois heures.

On opposait aussi avec succès à la Villette notre artillerie à une attaque des réserves des grenadiers et des gardes de la grande armée, soutenus par six bataillons. Mais les corps d'Yorck et de Kleist étant venus prendre part à l'affaire, et enfilant nos batteries, nous nous concentrâmes à la Villette, d'où nous essayâmes une charge de cavalerie, soutenue par de l'artillerie et de l'infanterie. La cavalerie des alliés vint nous charger à son tour, et pénétra dans la Villette. Quatre bataillons de la réserve de Woronsoff y entrèrent en même temps au pas de charge. Nous fûmes chassés et perdîmes notre artillerie. En général notre cavalerie fut peu employée dans cette affaire. L'ennemi de son côté n'avait plus d'obstacles jusqu'aux murs de Paris, et il y marchait, lorsque des parlementaires, envoyés par le corps municipal, annoncèrent à ses avant-postes que la ville demandait à capituler. Il y eut une suspension d'armes pour dresser les articles de la capitulation.

Cependant les corps d'Yorck et de Kleist s'étaient tournés contre la Chapelle, qu'ils emportaient avant d'avoir pu être instruits de l'armistice. M. de Langeron, qui attaquait Montmartre sur un point plus éloigné, n'en avait point non plus connaissance. Il entretenait contre ce poste, depuis trois heures, un feu dont le détachement de la 11e légion souffrit le plus, et auquel nous ne répondions qu'avec les deux canons placés sur la hauteur, les munitions des quatre autres pièces ne s'étant pas trouvées propres à leur calibre.

Neanmoins quatre cents hommes de la vieille garde, placés en tirailleurs, contenaient ces troupes légères; mais ces braves, attaqués par deux régiments de cavalerie, et forcés de se former en bataillon carré pour les recevoir, après en avoir soutenu et repoussé deux charges, furent dispersés à la troisième, et l'ennemi s'élança sur la montagne. La garde nationale, qui en occupait le sommet, résista encore quelques instants et repoussa la première charge. Voyant cependant des forces supérieures accourir de tous côtés, elle rentra dans Paris vers six heures avec ce qui restait de troupes, ramenant deux canons après avoir encloué les quatre autres.

Le pont de Neuilly était gardé par un poste de cinquante grenadiers de la garde; ils étaient presque tous estropiés. A deux heures ils avaient été attaqués par deux mille hommes et quatre canons. Sommés plusieurs fois de se rendre, ils répondirent toujours que les Russes devaient savoir que la vieille garde, même en nombre inférieur, n'avait jamais fléchi devant eux; et ils conservèrent le pont, qui ne fut abandonné que le lendemain matin.

Mais enfin la connaissance de l'armistice arrêta de toutes parts les mouvements de l'ennemi, et une capitulation lui ouvrit pour le lendemain les portes de Paris.

Le 31 mars, à six heures du matin, Napoléon se trouvait à Fontainebleau. On ne prit dans le château qu'un logement militaire; les grands appartements restèrent fermés; Napoléon s'était établi dans son petit appartement, situé au premier étage, le long de la galerie de François Ier.

Cependant, dans la soirée et dans la matinée du lendemain, on vit arriver par la route de Sens la tête des colonnes que Napoléon ramenait de la Champagne, et par la route d'Essonne l'avant-garde des troupes qui sortaient de Paris. Ces débris se groupèrent autour de Fontainebleau.

Le 2 avril, le Sénat, dont les membres, en très grande majorité, n'avaient point quitté Paris, prononça la déchéance de Napoléon Bonaparte, et, le 6 avril, le rappel au trône, au nom de la nation française, de la dynastie des Bourbons.

Néanmoins Napoléon ne se décourageait point. Il rassembla ce qui lui restait de troupes, et les passa en revue dans la cour du château de Fontainebleau.

Après avoir parcouru tous les rangs, Napoléon se plaça au milieu de la cour ; il fit former un cercle à tous les officiers et sous-officiers de sa garde, et leur parla en ces termes :

« Officiers, sous-officiers et soldats de la vieille garde, l'ennemi vous a dérobé trois marches, il est entré à Paris ; j'ai fait offrir à l'empereur Alexandre une paix achetée par de grands sacrifices à la France avec ses anciennes limites, en renonçant à toutes ses conquêtes, et perdant tout ce que nous avons gagné depuis la révolution. Non-seulement il a refusé, mais il a fait plus encore : par des suggestions perfides d'hommes à qui j'ai accordé la vie, que j'ai comblés de bienfaits, il les autorise à porter la cocarde blanche, et bientôt il voudra la substituer à notre cocarde nationale. Dans peu de jours j'irai l'attaquer à Paris..... je compte sur vous ; ai-je raison ? (Ici des cris de : Vive l'empereur ! Oui, à Paris ! à Paris ! se firent entendre.) Nous irons leur prouver que la nation française sait être maîtresse chez elle ; que si elle l'a été souvent chez les autres, elle le sera toujours sur son sol, et qu'enfin elle est capable de défendre son indépendance, sa cocarde et l'intégrité de son territoire. Allez communiquer ces sentiments à vos soldats. »

De nouvelles acclamations répondirent à ce discours ; après quoi la garde défila et se porta sur la route de Paris au son de la musique, qui jouait la *Marseillaise*, le *Chant du Départ*, et autres chansons des premières années de la révolution.

Dans la nuit du 3 au 4 avril, un courrier apprit à l'empereur que le Sénat avait prononcé sa déchéance. Le 4, les ordres étaient donnés pour transférer le quartier impérial entre Ponthiéry et Essonne. Après la parade, qui avait eu lieu tous les jours à midi dans la cour du Cheval-Blanc, à Fontainebleau, les principaux de l'armée avaient reconduit Napoléon dans son appartement. Le prince de Neufchâtel, le prince de la Moskowa, le duc de Dantzig, le duc de Reggio, le duc de Tarente, le duc de Bassano, le duc de Vicence, le grand-maréchal Bertrand, et quelques autres, se trouvaient réunis dans le salon ; on semblait n'attendre que la fin de cette audience pour monter à cheval et quitter Fontainebleau. Mais une conférence s'était ouverte sur la situation des affaires ; elle se prolongea dans l'après-midi. L'abdication y fut résolue, et Napoléon la rédigea en ces termes :

« Les puissances alliées ayant proclamé que l'empereur Napoléon était le seul obstacle au rétablissement de la paix en Europe, l'empereur Napoléon, fidèle à son serment, déclare qu'il est prêt à descendre du trône, à quitter la France, et même la vie, pour le bien de la patrie, inséparable des droits de son fils, de ceux de la régence de l'impératrice, et du maintien des lois de l'empire.

» Fait en notre palais de Fontainebleau, le 4 avril 1814. »

Succombant à l'agitation de cette journée, Napoléon s'était enfermé dans sa chambre ; il lui restait à recevoir les coups les plus sensibles. Le général

Gourgaud vient lui annoncer que, après être entré en pourparlers, le 2, avec Talleyrand et Schwartzenberg, le duc de Raguse a traité avec l'ennemi; que ses troupes, mises en mouvement par des ordres inconnus, traversent les cantonnements russes, et que Fontainebleau est à découvert. « L'ingrat, s'écrie Napoléon, il sera plus malheureux que moi! »

Napoléon, par un dernier effort, propose à ses maréchaux de quitter la France et de le suivre en Italie; et voyant son offre accueillie par un muet refus, il renonce au trône pour lui et ses enfants, en disant aux généraux : « Vous voulez du repos; eh bien! ayez-en; vous ne savez pas combien de chagrins vous attendent sur un lit de duvet; et puis quelques années de paix, que vous allez payer cher, moissonneront un plus grand nombre d'entre vous que n'aurait fait la guerre la plus désespérée et la plus longue (11 avril). »

Marie-Louise et son fils furent conduits à Vienne. La souveraineté de l'île d'Elbe fut accordée à Napoléon, avec deux millions par an. Après la première abdication, l'empereur avait demandé en quel lieu les étrangers voulaient qu'il se retirât; et sur cette réponse de Ney : « Sire, à l'île d'Elbe, avec une pension de deux millions, » il avait ajouté : « C'est beaucoup trop pour moi, puisque je ne suis qu'un soldat; un louis par jour est bien suffisant. »

Presque tous les courtisans abandonnèrent successivement l'empereur. Berthier lui demanda la permission de se rendre à Paris pour des détails relatifs à ses fonctions de major-général, disant qu'il reviendrait le lendemain, et partit sans s'expliquer davantage. « Il ne reviendra pas, » dit froidement Napoléon au duc de Bassano. — « Quoi! sire, seraient-ce là les adieux de Berthier! — Oui, vous dis-je, il ne reviendra pas. »

Le 16, les commissaires des puissances alliées, chargés d'accompagner l'empereur jusqu'au port où il devait s'embarquer, arrivèrent à Fontainebleau.

Le 20, à midi, les voitures de voyage viennent se ranger dans la cour du Cheval-Blanc, au bas de l'escalier du Fer-à-Cheval. La garde impériale prend les armes et forme la haie; à une heure, Napoléon sort de son appartement; il trouve rangé sur son passage ce qui reste autour de lui de la cour la plus nombreuse et la plus brillante de l'Europe; ce sont le duc de Bassano, le général L... liard, le colonel de Bussy, le comte Bertrand, le comte Drouot, le lieutenant-général comte Corbineau, le colonel Anatole Montesquiou, le comte de Turenne, le général Fouler, le baron Mesgrigny, le colonel Gourgaud, le baron Faim, le chef de bataillon Athalin, le baron de la Place, le baron Lelorgne-d'Ideville, le chevalier Jouanne, le général Kosakowski et le colonel Vonsowitch : ces deux derniers Polonais.

Napoléon tend la main à chacun, descend vivement l'escalier, et, dépassant le rang des voitures, s'avance vers la gauche. Il fait signe qu'il veut parler; tout le monde se tait, et dans le silence le plus religieux on écoute ses dernières paroles :

« Généraux, officiers, sous-officiers et soldats de ma vieille garde, dit-il, je vous fais mes adieux. Depuis vingt ans je vous ai trouvés constamment sur le chemin de l'honneur et de la gloire. Dans ces derniers temps, comme dans ceux de notre prospérité, vous n'avez cessé d'être des modèles de bravoure et de fidélité. Avec des hommes tels que vous notre cause n'était pas perdue, mais la guerre était interminable : c'eût été la guerre civile, et la France n'en serait devenue que plus malheureuse. J'ai donc sacrifié tous nos intérêts à ceux de la patrie ; je pars : vous, mes amis, continuez de servir la France. Son bonheur é ait mon unique pensée ; il sera toujours l'objet de mes vœux ! Ne plaignez pas mon sort. Si j'ai consenti à me survivre, c'est pour servir encore à votre gloire. Je veux écrire les grandes choses que nous avons faites ensemble !.... Adieu, mes enfants, je voudrais vous presser tous sur mon cœur ; que j'embrasse au moins votre drapeau ! »

A ces mots, le général Petit s'avance, suivi du porte-aigle Forti. L'empereur reçoit le général dans ses bras, baise le drapeau et ajoute d'une voix émue :

« Mes vieux compagnons, adieu encore une fois ; que ces derniers baisers retentissent dans le cœur de tous les braves ! »

Puis il donne sa main à baiser à tous les officiers qui l'entourent, monte ensuite en voiture avec le grand-maréchal du palais Bertrand, et prend la route du Midi. Il s'embarqua, le 28 avril, pour l'île d'Elbe, sur une frégate anglaise.

Les alliés étaient maîtres partout. Murat avait accédé à la coalition ; le prince Eugène n'avait pu défendre l'Italie ; Augereau avait livré Lyon, et un détachement anglais était entré à Bordeaux.

Au commencement de 1814, le maréchal Soult avait conçu deux grands plans de campagne pour défaire l'armée de Wellington avant qu'elle fût sortie des gorges de la Biscaye ; pensant avec raison que la question militaire se débattrait principalement sur les bords du Rhin, il proposa à l'empereur de diriger vers ce point une partie des troupes employées en Espagne. La mauvaise volonté de Suchet s'opposa au succès des projets du duc de Dalmatie.

Après avoir disputé le terrain pied à pied, le maréchal, avec trente mille hommes d'infanterie et trois mille chevaux, arriva, le 24 mars, sous les murs de Toulouse, poursuivi par soixante-cinq mille ennemis. Il fut forcé à la retraite, après deux jours de combat (11 et 12 avril), pendant lesquels il montra le plus noble courage et la plus grande capacité militaire. Les Français perdirent à la bataille de Toulouse trois mille deux cent trente-un hommes, et les alliés quatre mille quatre cent cinquante-huit, dont deux mille cent vingt-quatre Anglais, dix-sept cent vingt-sept Espagnols et six cent sept Portugais.

Le gouvernement de Louis XVIII se constituait sous le patronage des puissances étrangères, lorsque la réapparition de Napoléon vint troubler de nouveau la paix européenne.

Déterminé à reconquérir sa couronne, Napoléon partit de l'île d'Elbe, à cinq heures du soir, sur le brick de guerre l'*Inconstant*, avec onze cents soldats, le 20 février 1815.

Son voyage fut sans danger. Seulement le 27, à six heures du soir, l'*Inconstant* se croisa avec un brick qu'on reconnut être le *Zéphir*, capitaine Andrieux. On proposa d'abord de parler au brick, et de lui faire arborer le drapeau tricolore. Cependant l'empereur donna ordre aux soldats de la garde d'ôter leurs bonnets, et de se cacher sous le pont. Les deux bricks passèrent bord à bord. Le lieutenant de vaisseau Taillade était très connu du capitaine Andrieux. Dès qu'on fut à portée, on parlementa; on demanda au capitaine Andrieux s'il avait des commissions pour Gênes; on se fit quelques honnêtetés, et les deux bricks, allant en sens contraire, furent bientôt hors de vue, sans que le capitaine Andrieux se doutât de ce que portait ce frêle bâtiment.

Le 1er mars, à cinq heures du soir, on débarque au golfe Juan, près de Cannes (Var). La troupe de l'empereur arbore la cocarde tricolore, et bivouaque au bord de la mer. Napoléon adresse à l'armée française une proclamation par laquelle il lui annonce son retour.

« Soldats, leur dit-il, venez vous ranger sous les drapeaux de votre chef. Son existence ne se compose que de la vôtre; ses droits ne sont que ceux du peuple et les vôtres; son intérêt, son honneur, sa gloire, ne sont autres que votre intérêt, votre honneur et votre gloire. La victoire marchera au pas de charge; l'aigle, avec les couleurs nationales, volera de clocher en clocher jusqu'aux tours de Notre-Dame; alors vous pourrez montrer avec honneur vos cicatrices; alors vous pourrez vous vanter de ce que vous aurez fait : vous serez les libérateurs de votre patrie.

» Dans votre vieillesse, entourés et considérés de vos concitoyens, ils vous entendront avec respect raconter vos hauts faits; vous pourrez dire avec orgueil : Et moi aussi je faisais partie de cette grande armée qui est entrée deux fois dans les murs de Vienne, dans ceux de Rome, de Berlin, de Madrid, de Moscou; qui a délivré Paris de la souillure que la trahison et la présence de l'ennemi y ont empreinte. »

La marche de l'empereur fut triomphale. Il fit vingt lieues le premier jour. Ses proclamations, répandues avec profusion, rallièrent à sa cause tout le Dauphiné. Il rencontra près de Vizille huit cents hommes de la garnison de Grenoble qu'on envoyait contre lui. Il mit pied à terre, alla droit au bataillon, suivi de sa garde portant l'arme sous le bras, et dit : « Le premier qui veut tuer l'empereur peut le faire. » Ce bataillon, qui avait été sous les ordres de Napoléon lors de la campagne d'Italie, répondit par des acclamations. La garde et les soldats s'embrassèrent; ceux-ci tirèrent de leurs sacs et du creux des tambours des cocardes tricolores, et les arborèrent les larmes aux yeux. « C'est la même, disaient les uns, en passant devant l'empereur, c'est la même que nous portions à Austerlitz ! Celle-ci, disaient d'autres, nous l'avions à Marengo ! »

Peu de temps après, le colonel Labédoyère vint avec tout son régiment doubler les forces impériales. Le 6 mars, à dix heures du soir, Napoléon entra dans Grenoble. Le 8, il était à Lyon. Il arriva le 20 mars, à neuf heures du soir, aux Tuileries, que Louis XVIII avait quittées dans la nuit du 19 au 20.

On reçut à Vienne, le 8 mars, la nouvelle du débarquement de l'empereur. Le 26 mars, les plénipotentiaires de toute l'Europe, à l'exception de la Suède et du Portugal, signèrent une nouvelle coalition.

Napoléon réunit toutes les troupes disponibles, fit de nouvelles levées, mobilisa la garde nationale, et au 1er juin l'effectif des troupes françaises était de cinq cent cinquante-neuf mille hommes.

Le 12 juin, Napoléon partit de Paris. Les appels faits à Avesnes constatèrent la présence de cent vingt-deux mille quatre cent quatre hommes. Les troupes ennemies étaient tranquilles dans leurs cantonnements. L'armée prusso-saxonne, forte de cent vingt mille hommes, formait la gauche, et l'armée anglo-hollandaise la droite ; cette dernière comptait cent quatre mille deux cents hommes dans les rangs.

Napoléon manœuvra pour isoler les deux armées alliées ; le 16 juin, il attaqua les Prussiens au village de Ligny, et leur tua près de vingt-cinq mille hommes. Le maréchal Grouchy, avec environ quarante mille hommes, fut chargé de poursuivre l'armée prussienne, et lui-même, avec environ soixante-neuf mille, marcha contre les Anglais, dont le quartier-général était à Waterloo.

Pendant la nuit du 17 au 18, Napoléon donna des ordres pour livrer bataille le lendemain : on pensait que Wellington, général en chef des troupes anglaises, allait se retirer vers Bruxelles ; mais, le 18, au point du jour, on reconnut qu'il avait conservé toutes ses positions. Il avait fait garnir le plateau du mont Saint-Jean, jusqu'à la ferme de la Haye-Sainte, de ses masses d'infanterie. Cette ferme servait de point d'appui à son centre, commandé par le prince d'Orange ; l'aile gauche s'appuyait sur la ferme de Merkebraine, ayant devant elle celle d'Haugoumont ; elle s'étendait sur la route de Nivelles. L'aile droite était défendue par un ravin et la ferme de Terre-la-Haye ; elle s'appuyait sur Richemont.

Pendant la nuit, l'armée française avait eu beaucoup à souffrir des pluies. Napoléon, après avoir reconnu les dispositions du général anglais, expédia l'ordre au maréchal Grouchy, qui était à Gembloux, de se porter sur Ohain avec le troisième corps et la division Teste du sixième, afin d'appuyer le comte de Lobau qui, avec ce qui lui restait de son corps d'armée, devait commencer l'attaque en enlevant le plateau du mont Saint-Jean. Le deuxième corps, destiné à marcher contre l'aile droite de l'armée anglo-belge, se porta sur le terrain entre Nivelles et Bruxelles. Il se joignait par sa droite au premier corps, qui s'étendait en face Terre-la-Haye. Le comte de Lobau tenait l'extrême droite ; presque toute la cavalerie était flanquée sur les deux ailes. La garde était en réserve sur les hauteurs de Planchenois. A dix heures, Napoléon jugea nécessaire de changer son plan d'attaque, et fit dire au maréchal Grouchy de venir le joindre avec toutes ses forces, et de ne laisser à Vanvres qu'une seule division. Le maréchal Ney fut chargé du commandement des premier et deuxième corps.

L'attaque commença à midi. Un général qui faisait partie du deuxième corps se porta avec sa division sur la ferme d'Haugoumont, dont les bâtiments avaient été percés de meurtrières : une fusillade très vive s'engagea. Le général, en gagnant du terrain, perdit une partie de sa division. L'aile gauche et l'aile droite s'avançaient graduellement. A deux heures, l'ennemi avait perdu sa première ligne de bataille, et ses ouvrages étaient couronnés par l'artillerie française. Cependant la ferme d'Haugoumont n'était pas encore au pouvoir des Français. Le bois auquel elle était appuyée était couvert de morts, et le maréchal Grouchy n'arrivait pas. Le feu qui s'engagea à deux heures trois quarts, dans la forêt de Soigne, fit présumer que cette mousqueterie était celle du maréchal Grouchy, dont les Prussiens voulaient gêner la marche, et Napoléon donna ordre d'enlever le plateau du mont Saint-Jean. La cavalerie, flanquée sur les ailes, eut ordre de charger sur les pièces. Cinq cents bouches à feu vomissaient partout la mort. L'infanterie s'opposait à l'infanterie, la cavalerie à la cavalerie ; et dans ces chocs terribles, des régiments entiers furent détruits. A trois heures et demie le plateau du mont Saint-Jean était à l'armée française. Cependant le feu de mousqueterie de la forêt de Soigne avait cessé, et le corps du général Grouchy n'était pas arrivé. La nuit qui approchait donnait l'espoir non-seulement de conserver les positions qu'on avait enlevées, mais de s'emparer de toutes celles qui restaient à l'ennemi, avant qu'il pût s'apercevoir du petit nombre de nos soldats. Il était cinq heures et demie, le combat allait changer de face. Le corps de Bulow, qui avait été dirigé par Saint-Lambert et Frichemont, arriva à Ohain sur la ligne d'opérations. Le comte de Lobau ayant reconnu le corps de Bulow, se porta à sa rencontre avec la cavalerie du général d'Aumont. Napoléon forma alors une quatrième colonne composée de la garde, et donna des ordres pour soutenir ce mouvement. Enfin, ces vieux enfants de la victoire s'ébranlèrent. A leur tête on voyait les vainqueurs de l'Egypte, de l'Allemagne, de l'Italie ; des légions de héros qui avaient triomphé dans cent batailles marchaient les uns comme chefs, les autres comme soldats. A des colonnes aussi imposantes succédèrent d'autres colonnes. La mitraille moissonnait partout les braves. Le général Cambronne s'étant avancé avec quelques-uns des siens, fut sommé de se rendre, et du milieu d'un bataillon partit, dit-on, ce cri : « *La garde meurt et ne se rend pas!* »

Les alliés perdirent cinquante mille hommes, et les Français trente-six mille cinq cents hommes tués, blessés ou faits prisonniers. Le 21 juin, le maréchal Blücher et le duc de Wellington entrèrent sur le territoire français.

Par suite d'une convention d'armes signée à Saint-Cloud, le 3 juillet 1815, les débris de l'armée française durent se retirer derrière la Loire. Le

8 juillet, Louis XVIII rentra dans la capitale ; forcé à une nouvelle abdication, Napoléon se confia à la générosité des Anglais, qui le reléguèrent à Sainte-Hélène.

L'armée française fut licenciée le 1er août. Par un traité du 20 novembre 1815, le gouvernement de Louis XVIII céda aux alliés le territoire et les places de Philippeville, Marienbourg, Sarre-Louis et Landau, restitua la Savoie au roi de Sardaigne, accorda la démolition des fortifications d'Huningue, s'engagea à payer une indemnité de sept cent millions, et à entretenir pendant trois ou cinq ans, à la volonté des alliés, une armée de cent cinquante mille hommes occupant une ligne le long des frontières.

Ainsi se termina cette belle période de l'histoire militaire des Français, cette ère de grandes victoires et de grands revers, qui s'ouvre en 1792 dans les plaines de Belgique et de Champagne, enserre toute l'Europe, et revient finir vingt ans plus tard où elle avait commencé, laissant après elle une auréole de gloire qui devait illustrer le nom de Napoléon et immortaliser sa mémoire

DERNIERS MOMENTS DE NAPOLÉON.

Il nous est impossible de terminer cette esquisse rapide, sans entretenir nos lecteurs des derniers moments de Napoléon.

En le reléguant à Sainte-Hélène, on avait voué l'empereur à une mort prochaine.

« Il paraîtrait, dit le docteur O'Meara, que l'île Sainte-Hélène joint à ses causes générales d'insalubrité pour les Européens, causes inséparables d'un climat sous le tropique, une insalubrité locale et particulière, ainsi que le prouve la grande mortalité dont je vais parler.

» Le plus léger froid, la moindre irrégularité, sont fréquemment suivis de violentes dyssenteries, d'inflammations d'entrailles, ou de fièvres qui deviennent funestes en peu de jours.

» Une plénitude d'humeurs dans un enfant, qui, en Europe, n'exigerait qu'un peu d'eau chaude pour produire l'évacuation, devient dans l'île une maladie épouvantable. Le climat est surtout contraire aux Européens; il n'est à la vérité pas plus favorable à la longévité des indigènes. En examinant les registres de la paroisse, on verra que peu de personnes passent la quarante-cinquième année.

» Parmi les maladies qui règnent à Sainte-Hélène, la dyssenterie surtout et les maladies de foie, qui se trouvent fréquemment réunies, s'y montrent avec les symptômes les plus concentrés et les plus fâcheux; elles trompent l'effet des remèdes les plus actifs.

» Pendant les douze ou treize premiers mois de son arrivée à Sainte-Hélène, le deuxième bataillon du 66ᵉ régiment perdit cinquante hommes par cette maladie; en dix-huit mois *le Conquérant* perdit cent dix hommes sur six cents de son équipage.

» Les vaisseaux *Morquite* et *Racoon* vinrent stationner à Sainte-Hélène; chacun de ces bâtiments avait cent hommes d'équipage; sur l'un la mort enleva soixante hommes, et sur l'autre vingt-quatre.

» *Le Liverot* perdit onze hommes sur soixante-quinze, et *le Griffon* quinze sur quatre-vingt-cinq, sans compter les invalides et ceux envoyés en Angleterre par suite de maladies. »

Le grand-maréchal du palais Bertrand, les généraux Montholon et Gourgaud, et la famille Las-Cases, avaient suivi Napoléon.

Napoléon se plaignait en ces termes au docteur O'Meara :

« Les temps barbares n'ont pas de plus lâches cruautés à raconter. On a envoyé un homme, diront les siècles futurs, sur le rocher le plus affreux du monde pour lui imposer des conditions dont on n'a jamais eu l'idée, même du temps des tribunaux révolutionnaires : du moins on permettait que les condamnés se procurassent des journaux et des livres ; ils n'expiraient pas dans l'agonie la plus douloureuse, et prolongée assez longtemps pour qu'elle ressemble à une mort naturelle. Ce raffinement de cruauté était inconnu aux Billaud-Varenne, aux Collot-d'Herbois. »

Quand Napoléon arriva dans l'île, on plaça des sentinelles sous ses fenêtres. D'après les instructions des ministres anglais, on voulait le forcer d'avoir un officier anglais à sa table, et de ne point monter à cheval sans être accompagné. Mais on s'abstint de ces mesures barbares, parce que l'empereur déclara qu'en ce cas il ne mangerait que dans sa chambre, et qu'il ne monterait jamais à cheval.

Le 20 décembre 1815, Napoléon fut installé à l'habitation de Longwood. C'était une ancienne ferme de la compagnie des Indes, maison de campagne du sous-gouverneur. Sans cesse exposé aux vents, couvert de nuages, inculte, le plateau sur lequel Longwood est placé est dans une des parties les plus élevées de l'île.

L'eau y est amenée par un conduit, et si malsaine qu'on est obligé de la faire bouillir avant de la boire.

Les familles Montholon et Las-Cases furent logées dans Longwood même. Celle du grand-maréchal demeura à deux milles de distance, dans une maison appelée *Huts-Gate*.

Le domestique de l'empereur était composé de onze personnes : Santini, huissier ; Marchand, Saint-Denis dit Aly, et Noverraz, valets de chambre ; Archambault aîné et cadet, piqueurs ; Gentilini, valet de pied ; Cypriani, maître-d'hôtel ; Pierron, officier de bouche ; Lepecq, cuisinier, et Rousseau, argentier. Le grand-maréchal était chargé de la surveillance générale, le général Montholon des détails domestiques, le général Gourgaud de l'écurie, et le comte de Las-Cases du mobilier.

Le 30 décembre 1815, le capitaine polonais Piontkowski vint augmenter le nombre des exilés volontaires.

Dès 1818, la santé de Napoléon s'altéra ; à la fin de 1819, le défaut d'exercice et le chagrin avaient développé le principe d'une maladie de foie ; on soupçonna le docteur O'Meara de servir d'intermédiaire à quelque correspondance avec l'Europe, et le gouverneur résolut de le renvoyer en Angleterre.

Bonaparte refusant de recevoir un autre médecin, représenta que nul ne connaissait comme le docteur O'Meara la nature et le remède de sa maladie, et que c'était lui donner la mort que de le priver de ses secours. Ces représentations, répétées pendant plusieurs mois, furent inutiles : le docteur quitta Sainte-Hélène, et fut rayé de la liste des chirurgiens de l'armée.

Le général Gourgaud fut également congédié et revint en Angleterre. Ce général écrivit à l'archiduchesse Marie-Louise, qu'il suppliait de solliciter l'intercession de l'empereur d'Autriche auprès du congrès d'Aix-la-Chapelle, pour faire changer la résidence du captif; mais cette lettre demeura sans réponse.

Pas un navire ne partait de l'île sans qu'on ne s'assurât au moment même qu'il mettait à la voile si Napoléon était dans sa maison; aucun bâtiment ne pouvait approcher des rochers sans être exposé à être coulé bas.

Le 7 mars 1821, les forces de Napoléon diminuèrent sensiblement. A la fin d'avril, la maladie fit de nouveaux progrès. Le 1er mai, il s'était levé, mais une faiblesse l'obligea à se faire remettre au lit. Il avait fait placer devant son lit le buste de son fils sur lequel il avait constamment les yeux fixés. Le 3, les symptômes devinrent plus alarmants. Le lendemain on eut quelque espoir; il fallut y renoncer le 5. Jamais agonie ne fût plus calme; aucun signe de douleur ne se manifesta sur son visage; aucune plainte n'échappa de sa bouche : son regard était serein, son âme tranquille. Sa faible voix fit entendre souvent ces mots : « *Nation française! rien à mon fils que mon nom!.... Mon fils!.... France!.... France!....* » A six heures du soir, au moment où le soleil quittait l'horizon, Napoléon croisa les bras avec effort, prononça les mots de *tête..... armée.....* jeta un dernier regard sur le buste de son fils, et expira.

Ses dernières volontés portent : « Je désire d'être enterré sur les bords de la Seine, au milieu des Français que j'ai tant aimés. » Mais le congrès d'Aix-la-Chapelle avait décidé, par avance, que Napoléon serait enterré à Sainte-Hélène.

Ses dépouilles mortelles furent exposées pendant deux jours; il était revêtu de l'uniforme des chasseurs de sa garde, et couvert en partie par le manteau qu'il portait à Marengo. Les honneurs funèbres lui furent rendus au moment de son inhumation. Napoléon, habillé comme il avait coutume de l'être pendant sa vie, repose au fond d'un site romantique, appelé la *Vallée du Geranium*, au-dessous *Huts-Gate*. Son corps fut placé dans une caisse de fer blanc, garnie d'une espèce de matelas, d'un oreiller, et revêtue de satin blanc; il a l'épée au côté et un crucifix sur la poitrine. Le chapeau n'ayant pu être placé sur sa tête, le fut à ses pieds; on y mit aussi des aigles, des pièces de toutes les monnaies frappées à son effigie, son couvert, son couteau, une assiette avec ses armes, etc. Le cœur, déposé dans un vase d'argent, et les intestins, placés dans un cylindre de même métal, furent mis au pied du cercueil. La caisse de fer blanc, fermée et soudée, fut placée dans une caisse en acajou, qu'on mit dans une troisième en plomb, laquelle fut elle-même déposée dans une quatrième d'acajou, qu'on scella avec des vis en fer.

La tombe de Napoléon est de forme quadrangulaire, plus large dans le haut que dans le bas; sa profondeur est d'environ douze pieds. Le cercueil est placé sur deux fortes pièces de bois, et triplé d'un haut en pourtour. Ses pieds sont vers l'orient et sa tête à l'occident.

. . . .

Aujourd'hui les dépouilles mortelles de l'Empereur reposent, protégées par son neveu, Napoléon III, héritier du beau trône qu'il avait perdu, sous le dôme des Invalides, au milieu de ces vieux guerriers qui tant de fois se sont pressés autour de lui sur le champ de bataille pour lui faire un rempart de leurs corps ou pour recevoir les éloges que leur noble conduite avait mérités. Il était bien juste, après tout, que le héros qui avait consacré des autels expiatoires aux mânes de toutes les races royales de France, et rétabli leurs tombeaux, fût présent au milieu d'eux, et s'élevât entre les trois dynasties comme un géant dont les successeurs devront à jamais interroger les actions, les vertus, les talents, les fautes et les bienfaits, comme la plus éloquente des leçons du trône.

FIN.

TABLE.

Campagne de 1792.	5
— de 1793.	10
— de 1794.	25
— de 1795.	43
— de 1796.	57
— de 1797.	77
— de 1798.	82
— de 1799.	95
— de 1800.	119
— de 1801-1804.	150
— de 1805.	160
— de 1806.	172
— de 1807.	179
— de 1808-1809.	186
— de 1810-1811.	202
— de 1812-1813.	212
— de 1814-1815.	223
Derniers moments de Napoléon.	235

FIN DE LA TABLE.

Limoges. — Imp. EUGÈNE ARDANT et Cie.

LE

BERQUIN

DE L'ENFANCE

CONTES CHOISIS POUR LES ENFANTS

LIMOGES
EUGÈNE ARDANT ET Cⁱᵉ, ÉDITEURS

www.ingramcontent.com/pod-product-compliance
Lightning Source LLC
Chambersburg PA
CBHW061956180426
43198CB00036B/1288